RAY BEVAN

GNADE
RUFT LAUTER

Wie Verurteilung, Entmutigung
und Schmerz verstummen

Grace
today
VERLAG

INHALT

DANKSAGUNG

Als Erstes möchte ich den Menschen der Kings Church Newport dafür danken, dass sie für einen Großteil der Wahrheiten, die ich in diesem Buch niedergeschrieben habe, impulsgebend waren. Während ich ihnen in den letzten 25 Jahren gepredigt habe, haben sie mich immer wieder dazu motiviert, Tag für Tag in mein Arbeitszimmer zu gehen, um nach Gold zu graben. Gott segne euch, Leute.

Vielen Dank an meine Frau Laila für ihre anhaltende Ermutigung und Unterstützung.

Vielen Dank an meine sehr geduldige persönliche Assistentin Hayley Corley für ihr unermüdliches Engagement, jedes Kapitel so abzutippen, wie ich es ihr diktiert habe.

Vielen Dank an mein fantastisches Redaktionsteam, bestehend aus Lindsay Bruce, Pete Jobes und Susan Hinton – ihr habt dazu beigetragen, dass dieses Buch glänzt.

Vielen Dank auch an Mark und Darlene Zschech für ihre ermutigenden Worte im Vorwort und für ihre Freundschaft über viele, viele Jahre hinweg.

VORWORT

von Darlene Zschech

Gnade. Das scheint ein Wort zu sein, das wir in der Gemeinde heutzutage oft zu hören bekommen. Es beunruhigt die Religiösen und schenkt uns allen zugleich sehr viel Hoffnung. Dieses eine Wort lässt uns wissen, dass die Liebe Gottes keine Belastungsgrenze kennt und in ihrer Kapazität grenzenlos ist; ohne Gottes großer Gnade uns gegenüber sind wir alle den Regeln eines äußeren Gesetzes überlassen, das wir aus eigener Kraft unmöglich halten können. Gott sei Dank ist sein inneres Gesetz – seine lebensverändernde Liebe und rettende Gnade, gestützt durch den Heiligen Geist und durch jede Zusage im Wort Gottes – in unser aller Leben am Werk.

Mit einigen seiner letzten Worte brachte Jesu die Gnade voll zum Ausdruck. Er betete:»Vater, vergib ihnen, denn sie wissen nicht, was sie tun« … Seine Liebe geht IMMER über unsere Grenzen hinaus … Solche Gnade können wir mit unserem Herzen kaum begreifen. Doch auch unser Unverständnis schmälert diese göttliche Gnade uns gegenüber nicht.

Mark und ich kennen Pastor Ray Bevan schon seit sehr vielen Jahren und haben seine Lebensreise über viele Berge und auch durch viele Täler gehen sehen. Seine Beständigkeit und Hingabe an das Reich Gottes haben uns immer inspiriert, und seine heitere Art zu leben hat uns alle stark beeinflusst UND uns viele, viele Male Tränen lachen lassen.

Doch die revolutionärste Phase, die wir in seinem Leben beobachtet haben, war die der jüngsten Zeit – als die Botschaft der GNADE Jesu Christi Rays Leben buchstäblich auf den Kopf gestellt und von innen nach außen gekehrt hat. Die Offenbarung, die seither aus seinem Leben hervorfließt, ist nichts weniger als ein Wunder. Als er über das lehrte, was nun zum Inhalt dieses Buches geworden ist, hingen wir buchstäblich an jedem Wort, das als Sprache der Freiheit und Gnade aus der Tiefe seines Herzens hervordrang.

Sei darauf gefasst, herausgefordert zu werden. Sei bereit, die Dinge anders zu betrachten und auf eine neue Art und Weise in Gottes Wort einzutauchen. Und lass den Heiligen Geist im tiefsten Inneren deines wahren Ichs sein herrliches Werk tun. Gnade ist zweifellos erstaunlich, und noch so viel mehr.

Danke, Pastor Ray, für ein wichtiges Buch, von dem wir wissen, dass es jedem Leser VIEL Befreiung und Segen bringen wird.

In immerwährender Liebe,
Darlene Zschech

EINLEITUNG

General Jonathan Wainwright war der einzige US-General, der im Zweiten Weltkrieg vom Feind gefangen genommen wurde. Sein Vorgesetzter, General Douglas MacArthur, hatte ihm das Kommando für die philippinische Insel Corregidor übertragen und war dann nach Australien geflohen, um den massiven Gegenschlag der Streitkräfte zu organisieren, der Japan besiegen sollte. MacArthurs Befehle an Wainwright waren sehr klar gewesen: Niemals aufgeben – kämpfen bis zum Ende.

Wainwright war sehr bemüht, sich an den Wortlaut dieses Befehls zu halten, aber die massive, gnadenlose, systematische Zerstörung, die er mit ansehen musste, zwang ihn schließlich dazu, gegen seine Überzeugungen zu verstoßen und zu kapitulieren. Er und das, was von seiner bunt zusammengewürfelten Armee übrig geblieben war, wurde über Kriegsgefangenenlager in ganz Asien verstreut. Wainwright selbst landete in der Mongolei in einem solchen Lager.

Da er sich wegen der Kapitulation wie ein Versager fühlte, schuftete Wainwright in diesen schrecklichen Jahren der Gefangenschaft unter der Last der Schuld seiner Entscheidung. Sein Körper begann zu verfallen, bis er sich schließlich nur noch auf eine Krücke gestützt fortbewegen konnte; doch es war seine Seele, die den größten Schaden erleiden würde.

Zu gegebener Zeit führte MacArthur seine Truppen zum Gesamtsieg. Schließlich besetzte er Japan und ließ sich in Tokio nieder, in beträchtlicher Entfernung zur Mongolei, wo Wainwright noch immer festgehalten wurde. Infolgedessen konnte der Lagerkommandant seinem Gefangenen die Wahrheit vorenthalten und Wainwright in Unwissenheit versklavt lassen.

Das Einzige, was es dem japanischen Kommandanten ermöglichte, seinen Schwindel aufrechtzuerhalten, war Wainwrights Unkenntnis der Wahrheit. Wainwright war befreit worden, aber das war ihm nicht klar. Die Macht des Kommandanten über ihn gründete auf einer Lüge; Wainwright war frei, wusste es aber nicht.

Als ich diese Geschichte zum ersten Mal las, regte sich angesichts Wainwrights Situation etwas in mir.

Ich konnte nachvollziehen, dass Wainwright ein schuldbeladenes Gewissen hatte, weil er sich entgegen seiner Überzeugung ergeben hatte. Er hatte versprochen, sich nie zu ergeben, aber unter dem Druck war er eingeknickt. Die überwältigende Last in Wainwrights Leben waren weder die Zustände im Lager noch die Behandlung durch seine Entführer und noch nicht einmal die körperlichen Schmerzen – ihm war fast so, als hätte er all das verdient. Nein, das größte Gewicht, das auf ihm lastete, war die Schuld, die bedrohlich flüsterte, dass er das Ziel verfehlt habe, weil er sich gegen seine Überzeugung ergeben hatte. Er hatte etwas versprochen, hatte ein Gelöbnis abgelegt und es nicht gehalten. Er hatte versagt.

Viele Jahre lang lebte ich mein Leben als Christ mit dem gleichen fortwährenden Schuldgefühl wie Wainwright, weil mein Verhalten nicht zu meiner Selbstverpflichtung passte. Ich war im Leistungsstrudel gefangen und fühlte mich gezwungen, meinen eigenen religiösen Zirkus zu gründen. Ich sprang durch meine eigenen religiösen Reifen, balancierte dabei auf meinem eigenen religiösen Drahtseil und drehte dazu noch meine religiösen Teller, alles in der Hoffnung, dass das Publikum des Himmels in Begeisterungsstürme ausbrechen würde … aber stattdessen fühlte ich die Peitsche meiner verlogenen Emotionen, die mich verhöhnten und noch mehr Kunststücke von mir forderten.

Es war frustrierend. Ich arbeitete wie verrückt! Ich verstärkte meine Bibellektüre, erhöhte die Zahl meiner Kirchenbesuche, änderte meine Kleiderordnung und passte sogar meinen Tonfall an. Ich nahm an jeder möglichen Veranstaltung teil, in der Hoffnung, dies würde meine Gunst beim Himmel erhöhen. Ich wurde ein Pfingstler-Mönch und lebte in meinem eigenen mobilen Kloster der Distanziertheit und Schinderei. Ich begann, mich mit Martin Luther zu identifizieren, der wie John Forbes Nash, der Mathematiker aus dem Film *A Beautiful Mind – Genie und Wahnsinn*, seine eigenen destruktiven emotionalen Stalker hatte.

Luther glaubte, dass der einzige Weg, um in den Genuss von Gottes Lächeln zu kommen, darin bestand, den Himmel mit seinem arbeitswütigen Lebensstil als Geistlicher zu beeindrucken. In seinem Streben nach Heiligkeit beschloss er nicht nur, ein katholischer Mönch zu werden, sondern auch, jeden erdenklichen Berg geistlicher Disziplin zu erklimmen, um fit für den Himmel zu werden.

Er schlief nur wenige Stunden, ließ immer öfter Mahlzeiten aus, verbrachte zunehmend Zeit im Beichtstuhl, bis man ihn eines Tages schließlich dem Tode nahe und von seinen religiösen Werken und Gefühlen der Verzweiflung ausgezehrt, auf dem Boden seines Zimmers liegend vorfand.

Aufgewachsen in einem katholischen Umfeld voller Mystik und religiöser Pflichterfüllung war ihm beigebracht worden, dass Jesus, Maria und die Heiligen sich auf Erden viel besser verhalten hatten, als sie es mussten, um zusätzliche »Heiligkeitspunkte« im Himmel zu sammeln; der auf diese Weise mit zusätzlicher Heiligkeit gefüllte Speicher stände jedem zur Verfügung, der hart genug arbeitete oder reich genug war, um dafür zu bezahlen.

Doch egal, wie viel Luther tat, die Religion schien immer noch mehr zu verlangen.

Schließlich kam ihm der Säbel des Heils zur Rettung, der in seinem Werdegang als Leistungsheiliger einen Schnitt setzte und Seele von Geist trennte.

»Der Gerechte wird aus Glauben leben.« – Römer 1,17 LUT

Ein geschickter Hieb durch des Meisters Schwert und Luther war frei. Seine Seele war sauber von seinem Geist getrennt, sein Leben wurde verwandelt und die religiöse Welt reformiert; damit kam die Entdeckung, dass die von seinen Gefühlen geforderte Währung der Buße für immer ignoriert werden konnte, denn sein Geist nahm die Wahrheit der Rechtfertigung durch den Glauben an.

Genau wie Luthers Werdegang erinnerte mich auch die Geschichte von Wainwright daran, wie Satan es geschafft hatte, mich durch Unkenntnis der Wahrheit jahrelang auf diese Weise leben zu lassen – indem er mir die Freiheit und den Frieden raubte, die mir Christus durch sein vollbrachtes Werk mit seinem Sieg erkauft hatte. Ich war befreit worden, wusste es aber nicht und lebte daher als versklavter Gläubiger, so wie Lazarus, der das Leben wiedererhalten hatte, aber immer noch ins Grabtuch der Gesetzlichkeit und Verdammnis eingewickelt war.

Dieses Buch ist ein Zeugnis der Wahrheit, die mich befreit hat und mich immer weiter frei macht. Das Evangelium von der Gnade Gottes offenbart zu bekommen hat mein Leben mit neuer Kraft und Lebendigkeit erfüllt.

Die Gnade entwaffnet den Vollstrecker des Todesurteils.

Die Gnade entlässt das Erschießungskommando.

Die Gnade demontiert den Galgen.

Eine Offenbarung des Evangeliums der Gnade Gottes befreit uns davon, mit der Mentalität eines Kriegsgefangenen leben zu müssen. Es zu verstehen macht den Unterschied zwischen einem Henker, der mit seinem Henkersbeil in deine Zelle kommt, und einem Verteidiger, der mit einem Schlüssel in deine Zelle kommt.

Meine Hoffnung ist, dass dieses Buch dazu beitragen wird, das Evangelium der Gnade Gottes in der Gemeinde zu fördern und neu aufleben zu lassen. Und ich bete, dass auch du die befreiende Kraft des Evangeliums erfährst und dich einer wachsenden Armee von Gläubigen anschließen wirst, die glauben, dass »Gnade lauter ruft«.

Ich könnte dieses Vorwort nicht beschließen, ohne Pastor Joseph Prince von der New Creation Church in Singapur zu danken, der sich von Gott als Impulsgeber in meiner persönlichen Offenbarung über das Evangelium der Gnade Gottes hat gebrauchen lassen. Er war mein Ananias.

Als wir uns in Südafrika einmal die Bühne teilten, fiel es mir wie Schuppen von den Augen, als Joseph in seinen Predigten und in unseren privaten Gesprächen die Schrift erklärte. Ich dachte, ich sei ein Gnadenprediger; ich war stolz auf mein Verständnis der Gnade Gottes. Ich war gedemütigt und zugleich beschwingt, während ich dem Evangelium der Gnade Gottes lauschte, das aus diesem Mann in einer Weise herausfloss, wie ich es noch nie zuvor gehört hatte.

Zuerst hatte ich Angst, einige der Dinge, die er sagte, anzunehmen, da sie fast wie Ketzerei klangen: »*Der Heilige Geist* überführt *nicht den Gläubigen der Sünde ...*«, »*Die Zehn Gebote sind dem Gläubigen nicht zur Heiligung gegeben ...*«, »*Es ist unmöglich, die eigene Errettung zu verlieren ...*«

Während ich ihm zuhörte, verstand ich allmählich, wie sich der Apostel Paulus gefühlt haben muss, als ihm die religiöse, gesetzesbasierte, leistungsorientierte Matte regelrecht unter den Füßen weggezogen wurde.

Während mir Fragen wie Formel-1-Wagen beim Großen Preis von Monaco durch den Kopf rasten, war eine seiner Aussagen der Schlüssel, der die Tür zu den persönlichen, offenbarungsträchtigen Entdeckungen öffnete, die ich in diesem Buch niedergeschrieben habe. Und zwar sagte er Folgendes:

»Verurteilung und Schuld haben keinen Platz im Leben eines Gläubigen.«

Sofort konzentrierte sich mein Verstand auf Römer 8,1:

So gibt es jetzt keine Verdammnis mehr für die, welche in Christus Jesus sind, die nicht gemäß dem Fleisch wandeln, sondern gemäß dem Geist.

Ich hatte das Gefühl, dass ich ihn hierzu kritisch befragen müsse.

»Ich stimme zu«, sagte ich, »aber der Segen, dass es für den Gläubigen keine Verdammnis mehr gibt, ist an eine Bedingung geknüpft. Das steht in Römer 8,1 ganz deutlich.« Ich zitierte die Bibelstelle und zeigte es ihm sogar in meiner Bibelausgabe.

»So gibt es jetzt keine Verdammnis mehr für die, welche in Christus Jesus sind«, und mit großem Nachdruck las ich den letzten Punkt von Vers eins, »die nicht gemäß dem Fleisch wandeln, sondern gemäß dem Geist.«

Ich dachte im Stillen: »Erklär das mal!«

Mit einem Lächeln auf dem Gesicht sagte er: »Ray, was steht da neben dem letzten Teil von Vers eins am Rand?«

Etwas Erstaunliches geschah in meinem Geist, als ich folgende Worte in der Randspalte las:

»NU-Text lässt den Rest von Vers eins aus.«[1]

Als Joseph mich ansah, wie ich dort in fassungsloser Stille da-saß, öffnete der Heilige Geist eine Tür der Offenbarung und bat mich, hindurch an einen Ort zu gehen, an dem ich noch nie ge-wesen war.

Vielen von euch mögen diese Worte bereits bekannt sein, aber für mich war dieser Moment wirklich eine Offenbarung. So wie der Heilige Geist den Apostel Paulus nach dessen Bekehrung dazu veranlasste, während seines Aufenthalts in Arabien in die Schrif-ten einzutauchen, und ihm dabei das seit Ewigkeiten verborgene Geheimnis enthüllte, hat der Heilige Geist auch mich in den Jah-ren nach dieser Begegnung mit Joseph Prince an der Hand ge-führt und mir die erstaunliche Vielfalt der Landschaft des Evan-geliums von Gottes Gnade gezeigt.

Seitdem habe ich das Buch *Zur Herrschaft bestimmt* von Joseph Prince und alles, was ich sonst noch über die Lehre von der Gna-de Gottes finden konnte, förmlich verschlungen. Der Kommentar von Dr. Martyn Lloyd Jones zum Römerbrief enthüllte die Wahr-heit in einer Tiefe, wie sie mir jahrelang entgangen war. Als ich gemeinsam mit Dr. Jones die Goldmine des Römerbriefs betrat, raubten mir die Goldstücke der Wahrheit, die mir ins Herz fielen, den Atem und schufen einen unstillbaren Hunger, nach mehr zu graben. Ich beabsichtige, diese Mine für den Rest meines Lebens nicht mehr zu verlassen, und ich bin entschlossen, meine Funde mit der Gemeinde zu teilen, um sie zu bereichern und ihr zu hel-fen, in der Gnade zu wachsen.

---

1 Der NU-Text (Nestle-Aland Novum Testamentum Graece [N]/United Bible Society [U]) beruht auf den ältesten erhaltenen griechischen Handschriften des Neuen Testaments. Er enthält den zweiten Teil von Römer 8,1 nicht; viele moderne Übersetzungen lassen diesen Versteil ebenfalls aus.

Wie bei mir wurde auch bei vielen anderen die Stimme der Gnade von der Stimme der Religion, der Gesetzlichkeit, der Verdammnis und des leistungsorientierten Christentums überlagert. Ich bete, dass dieses Buch die Lautstärke aufdreht, um zu zeigen, dass »Gnade lauter ruft«.

Ich glaube, es ist an der Zeit, unsere Stimmen mit der wachsenden Armee von zur Gnade befreiten Gläubigen zu vereinen, um einen Klang zu erzeugen, der so laut ist, dass alle anderen Stimmen übertönt werden, und um – wie Josua – zu erleben, wie die Mauern der Schuld, Angst und Unsicherheit zu einem Trümmerhaufen zerfallen, wenn Gottes Volk seinen Befehl ausruft.

Egal, welche Stimmen dich trotzig von den ummauerten Festungen in deinem Leben aus anbrüllen, »Gnade ruft lauter«. Es ist der einzige Ruf, der Festungen zerstört und die Pläne des Feindes, dich zu behindern, zu berauben und zu bestehlen, vereitelt.

Die Stimme der Verfolgung dröhnte in den Ohren des Apostels Paulus sogar so laut, dass er Gott anflehte, ihr unerträgliches Brüllen zum Schweigen zu bringen. Gottes Antwort darauf: »*Meine Gnade ist alles, was du brauchst!*«

Verfolgung, Prüfung und Bedrängnis mögen darauf bestehen, dass du aufgibst, nachgibst und umkehrst; in deiner Verzweiflung hast du vielleicht, wie Paulus, Gott darum gebeten, dich aus der Schusslinie zu nehmen oder die Lautstärke ihrer erbarmungslosen, verurteilenden Stimmen herunterzudrehen.

Seine Antwort an dich ist die gleiche: »*Meine Gnade ruft lauter, meine Gnade reicht aus.*«

Darüber, als Jesus vor dem Grab von Lazarus stand, sagt die Bibel:

Jesus nun, indem er wieder bei sich selbst seufzte ...
– Johannes 11,38

In der *Amplified Bible* steht:

Jesus seufzte immer wieder und war zutiefst beunruhigt.

Alle, die Jesu Reaktion am Grab seines Freundes beobachteten, konnten erkennen, dass er beunruhigt, aufgewühlt und wütend war. Seine innere Erregung drückte sich auch körperlich nach außen aus, sodass sie deutlich wahrnehmbar war. Tatsächlich sind diese Übersetzungen laut Timothy Keller zu schwach, um treffend zu beschreiben, wie Jesus an jenem Tag reagierte (siehe dazu Tim Keller, *The Grieving Sisters*).

Die griechische Übersetzung in ihrer ursprünglichen Form lautet:»vor Wut aufbrüllen«.»Aufbrüllen«, so heißt es im Wörterbuch, bedeutet»ein tiefes lautes Geräusch machen wie ein Stier, oder wie unter Schmerzen wütend aufschreien«.

Eigentlich sagt uns Johannes, dass Jesus sich dem Grab von Lazarus nicht in einem Zustand unkontrollierbarer Trauer, sondern unbändiger Wut näherte. Er stand da angesichts von Tod und Verfall und brüllte auf wie ein wütender Stier.

Wenn du wissen willst, was Gott von den Räubern des Lebens, wie er es entworfen hat, hält – da siehst du es.

Wenn du wissen willst, wie sehr Jesus will, dass du geheilt, gesegnet und mit Überfluss-Leben gefüllt bist – da siehst du es.

Als ich über diese Szene im Licht des Themas dieses Buches nachdachte, sah ich es – das perfekte Bild der Gnade, die alles übertönt. Durch gesetzesbasierte, schulderzeugende Predigten lag die Gemeinde hinter dem Stein des Gesetzes, in Grabtücher gewickelt, gefangen gehalten vom Dienst des Todes.

Bevor Lazarus das Leben im Überfluss genießen konnte, mussten zwei Dinge geschehen:

1. Der Stein musste weggerollt werden.
2. Die Gnade musste laut rufen.

Es ist an der Zeit, dem Befehl zu gehorchen und den Stein wegzurollen, und für die Gnade ist der Moment gekommen, durch das befreiende Evangelium von Jesus Christus alles zu übertönen. Es ist an der Zeit, Gnade in eine Gemeinde hineinzusprechen, die schon so lange hinter einem gesetzlichen Dienst der Verdammnis vor sich hin fault und stinkt.

In Johannes 11,39–44 heißt es:

Jesus spricht: Hebt den Stein weg!
Martha, die Schwester des Verstorbenen, spricht zu ihm:
Herr, er riecht schon, denn er ist schon vier Tage hier!
Jesus spricht zu ihr: Habe ich dir nicht gesagt: Wenn du
glaubst, wirst du die Herrlichkeit Gottes sehen? Da hoben
sie den Stein weg, wo der Verstorbene lag. Jesus aber hob die
Augen empor und sprach: Vater, ich danke dir, dass du mich
erhört hast. Ich aber weiß, dass du mich allezeit erhörst;
doch um der umstehenden Menge willen habe ich es gesagt,
damit sie glauben, dass du mich gesandt hast.
Und als er dies gesagt hatte, rief er mit lauter Stimme:
Lazarus, komm heraus! *Und der Verstorbene kam heraus,*
an Händen und Füßen mit Grabtüchern umwickelt und sein
Angesicht mit einem Schweißtuch umhüllt. Jesus spricht zu
ihnen: Bindet ihn los und lasst ihn gehen!

Ich dachte früher, ich würde auf Gesetzlichkeit und gesetzesbasierte Sklaverei in der Gemeinde zu empfindlich reagieren, bis ich las, wie Jesus reagierte, als er mit dem Feind des überfließenden Lebens sowohl auf geistliche als auch auf natürliche Weise konfrontiert wurde. Jetzt bin ich mehr denn je entschlossen, mit dem Evangelium der Gnade bewaffnet, dem Stein des Gesetzes zu befehlen, aus allen Gemeinden zu verschwinden, damit die Gläubigen hören können, dass »Gnade lauter ruft« und auf ihre Entlassung in die Freiheit besteht.

Steve Brown sagte etwas in seinem wunderbaren Buch *A Scandalous Freedom*, das mich innehalten ließ. Mit seiner Beschreibung der wunderbaren Freiheit, die wir durch die Gnade Gottes haben, öffnete er mir eine weitere Tür der Offenbarung. Er sagte: »Die Gnade lädt uns zum Tanzen ein.«

Das ist der Unterschied zwischen Gesetz und Gnade. Das eine befiehlt dir, zu marschieren, die andere lädt dich ein, zu tanzen.

Die Gnade lenkt unser Augenmerk weg von unserem Bedürfnis, auf so unerträgliche Weise auf unser Wohlverhalten, unsere Hingabe und unsere Korrektheit bedacht zu sein, und lädt uns stattdessen zum Tanzen ein, mit dem Heiligen Geist als unserem Partner der Wahl.

Ein guter Tanzpartner kann einen schlechten Tänzer gut aussehen lassen. Die beliebte Fernsehsendung *Let's Dance* ist ein schönes Beispiel dafür. In dieser Show sehen selbst die schlechtesten Tänzer dank der Fähigkeiten und der Darbietungskünste ihrer professionellen Tanzpartner gut aus.

Wenn du marschierst, sind es deine Fehler, die Befehle, die du missachtest, die hervorgehoben werden. »Du fällst zurück ...«, »Bemüh dich, Schritt zu halten ...« usw. Auf einem Marsch hat der Ausbilder die Befehlsgewalt. Bei einem Tanz übernimmt dein Partner die Führung. Er wird dich in die ganze Wahrheit **führen**, nicht treiben.

Ich habe früher immer mit meiner Mutter getanzt, wenn sie und mein Vater Samstagabends von einem Tanzabend in ihrem örtlichen Club nach Hause kamen. Sie wollte zu Hause weitermachen und ich war dann ihr Tanzpartner.

Ich war ein hoffnungsloser Fall. Ich wusste nicht, wie man Walzer tanzt, aber meine Mutter wollte tanzen. Da sie die Führung übernahm, fand ich, dass es so aussah, als könnte ich tanzen, obwohl ich keine Ahnung hatte. Nicht, weil ich Befehle befolgte, sondern weil ich mich von ihr führen ließ.

Jesus lädt uns zum Tanzen ein. Die Religion hat den Tanz in einen Marsch verwandelt. Mit kritischem Blick überprüft sie ständig, ob wir es richtig machen, ob wir im Gleichschritt und in Reih und Glied mit den anderen Soldaten gehen. Wir wissen, dass ein Tanz mehr Spaß macht, aber die Religion verlangt, dass wir weiter marschieren.

Beim Tanzen mit meiner Mutter kam es vor, dass ich ihr auf die Zehen trat; ich wollte mich vielleicht in eine andere Richtung drehen, aber mit einem Lächeln auf ihrem Gesicht wirbelte sie mich dann manchmal mit einem lauten »Huiiii« herum, und wenn ich auf ihre Zehen trat, lachte sie einfach nur. Wenn ich mich in die entgegengesetzte Richtung bewegte, hielt sie mich einfach fester und lenkte mich in die richtige Richtung.

Wenn du marschierst, bist du auf dich allein gestellt und gehorchst einem Befehl. Wenn du tanzt, hast du einen Partner und genießt die Musik. Was ist nur passiert? Wie konnten wir eine Botschaft nehmen und sie von einem Tanz in einen Marsch verwandeln? Eine Botschaft, die so gut, so aufregend, so befreiend war, wurde zu einer Religion gemacht, die Menschen hervorbringt, denen eine bittere Pille verabreicht wurde und die dann die Anweisung bekamen, den Rest der Welt mit derselben Pille zu behandeln.

Schon mal jemanden nach einem langen Marsch gesehen? Derjenige ist nur noch froh, dass es vorbei ist. Er ist müde, erschöpft und in mancherlei Hinsicht demoralisiert. So jemand sagt nicht: »Lass uns das nochmal machen!«

Vergleiche so jemanden mit einem, der die ganze Nacht getanzt hat. Er ist müde, aber auch beschwingt, voll Freude und sagt: »Ich kann es kaum erwarten, das noch einmal zu tun.«

Das Gesetz marschiert. Die Gnade tanzt.

Manchmal verhalten sich christliche Lehrer wie Kompaniefeldwebel, wenn sie immer wieder auf die Enttäuschung Jesu über unseren mangelnden Eifer, unsere seichte Theologie und unsere Anbiederung an die herrschende Kultur hinweisen.

Oft sieht die Gemeinde eher wie ein Paradeplatz als wie eine Tanzfläche aus. Ein Ort der Plackerei statt eines Ortes der Freude. Es wirkt ziemlich neurotisch, wenn Christen ihre ganze Zeit auf dem Paradeplatz verbringen und verzweifelt versuchen, Gott mit ihrem Marsch zu gefallen und zu beeindrucken, obwohl Gott doch auch so schon mit uns zufrieden ist. Kaum etwas wird dich stärker niederdrücken und dich mehr deiner Freiheit berauben als deine Bemühungen, besser zu werden und Gott auf die falsche Weise gefallen zu wollen.

Gott ist kein Militär-Ausbilder. Er ist dein Tanzpartner.

Bei all der Lehre, die ich auf dem Paradeplatz über Heiligkeit, Gehorsam und Hingabe gehört habe, bei dem ganzen Marschieren im Gleichschritt zur Vervollkommnung meines Verhaltens, hat mich das Tanzen mit der Gnade mehr gelehrt. Es hat mich Jesus näher gebracht, mir mehr Sicherheit als Gläubiger gegeben, mich vom Schuldgefühl aufgrund unvollkommener Leistung befreit und meine Freude wiederhergestellt.

Wenn du befiehlst, bist du distanziert. Wenn du tanzt, bist du involviert.

Das ist der Unterschied zwischen der Beziehung, die Gott zu den Menschen unter dem alten Bund hatte, und der Beziehung, die Gott jetzt zu uns unter dem neuen Bund hat.

Unter dem alten Bund schien es, als wäre er seinem Volk gegenüber ein distanzierter, gebieterischer und anspruchsvoller Ausbilder. Im neuen Bund hat er sich selbst eingebracht. Er wurde Fleisch. Die Bibel sagt, »das Gesetz wurde durch Mose gegeben; Gottes Gnade und Wahrheit kamen« (Joh 1,17 NLB).

Das Gesetz fordert. Die Gnade versorgt.

Dieses Buch ist kein weiterer Katalog von Anweisungen, die dir helfen sollen, effektiver zu marschieren, sondern eine Einladung, mit jemandem zu tanzen, der dich gut aussehen lässt, auch wenn du echt schlecht warst. Jemand, der dich stärker festhält, wenn du in eine andere Richtung strebst. Mit jemandem, der dich bedingungslos liebt – auch dann noch, wenn du ihm auf die Zehen trittst.

Gnade singt in der Stille. Gnade sieht im Dunkeln. Gnade betet ohne Worte. Gnade hilft ohne Zutun. Gnade gibt bedingungslos. Gnade bleibt, wenn andere gehen. Gnade tanzt und lädt dich zum Mittanzen ein.

KAPITEL EINS

GNADE RUFT LAUTER

»Auch wenn die Sünde überhandnimmt,
ruft die Gnade nur umso lauter.«

Während der Vorbereitung auf eine Reihe von Veranstaltungen wurde ich eingeladen, in einer Gemeinde in Kapstadt, Südafrika, zu predigen.

Mich hat die Reaktion eines blinden Bettlers auf einen Haufen selbstgerechter Rüpel herausgefordert, die ihn schikanierten, bloß weil er eine Frage über Jesus stellte. Seine Reaktion auf ihr schikanöses Verhalten war der Anlass für mich, dieses Buches zu schreiben.

Die Einzelheiten seiner mutigen Trotzhaltung gegenüber diesen Rüpeln finden wir in Lukas 18,35–43:

Es geschah aber, als er sich Jericho näherte, da saß ein
Blinder am Weg und bettelte. Und als er die Menge
vorüberziehen hörte, erkundigte er sich, was das sei. Da
verkündeten sie ihm, dass Jesus, der Nazarener vorübergehe.
Und er rief und sprach: Jesus, du Sohn Davids, erbarme dich
über mich!

Und die vorangingen, geboten ihm, er solle schweigen;
er aber rief noch viel mehr: Du Sohn Davids, erbarme dich

über mich! Da blieb Jesus stehen und befahl, dass er zu ihm gebracht werde. Und als er herangekommen war, fragte er ihn und sprach: Was willst du, dass ich dir tun soll?
Er sprach: Herr, dass ich sehend werde!
Und Jesus sprach zu ihm: Sei sehend! Dein Glaube hat dich gerettet. Und sogleich wurde er sehend und folgte ihm nach und pries Gott; und das ganze Volk, das dies sah, lobte Gott.

Die Geschichte ist simpel, doch die Lektion tiefgründig. Ein blinder Bettler, der genug von seinem tagtäglichen Elend hatte, hörte, dass eine wundersame Lösung für sein Problem nur wenige Meter entfernt war. Als er dort saß, blind, isoliert, ignoriert, misshandelt und zermürbt wegen des Staubs, der in sein Gesicht getreten wurde, begann beim Klang des einen Namens – Jesus – Hoffnung in seinem Herzen aufzusteigen.

»Was soll der Aufruhr?«, rief er. »Was ist los?«

»Jesus von Nazareth kommt vorbei«, antworteten sie.

Ich weiß nicht, woher Bartimäus vom Ruf Jesu wusste, Wunder zu vollbringen, besonders für die Unterdrückten und Ausgestoßenen der Gesellschaft, aber offensichtlich war ihm das bekannt. Tatsächlich hatte Bartimäus eine größere Offenbarung darüber, wer Jesus war, als jeder andere in dieser geschäftigen Menge. Er mag körperlich blind gewesen sein, aber geistlich hatte er die volle Sehkraft. Das sind die Augen, durch die wir schauen und verstehen, dass die Gnade immer lauter ruft.

Aus der Position der Hilflosigkeit und Hoffnungslosigkeit heraus schreit Bartimäus: »Jesus, du Sohn Davids, erbarme dich über mich!«

Die Reaktion derer, die Jesus umgaben, war nicht gerade informativ oder hilfreich, tatsächlich sagten sie ihm nicht nur, er solle ruhig sein, sie bedrohten und schikanierten ihn auch. »Hey, du blinder Bettler, halt die Klappe, sonst setzt es was!«

Er brachte sie jetzt gegen sich auf; dieses hartnäckige Geschrei reizte sie so sehr, dass sie bereit waren, ihm etwas anzutun.

Vielen hätte das gereicht. Die Gefahr weiteren Schadens für sich selbst, zusätzlich zu einem sowieso schon kräftezehrenden Leben, wäre zu viel gewesen, um überhaupt noch irgendwas in Betracht zu ziehen. »Besser den Mund halten, es ist so schon schlimm genug.« »Einfach gut sein lassen, lieber blind und beweglich als blind und lahm.«

Bartimäus' Antwort auf die Rüpel macht jedoch sehr deutlich, dass das nicht seine Art zu denken war. Er hatte es satt, zu betteln und herumgeführt zu werden. Er war oft genug niedergebrüllt worden, also erhob er seine Stimme und rief noch lauter als die Stimmen, die ihn niederschrien.

»Jesus, du Sohn Davids, erbarme dich über mich!«
– Lukas 18,38

Da traf mich die Offenbarung. Die Gemeinde ist lange genug schikaniert worden. Du wurdest lange genug schikaniert. Hast lange genug gesagt bekommen, du seist ein Bettler und werdest es immer sein. Schluss mit dem unterdurchschnittlichen Lebensstil, wenn du in deinem tiefsten Herzen doch weißt, dass überfließendes Leben das ist, was versprochen wurde.

Danke, Bartimäus, dass du uns ein Beispiel dafür gegeben hast, was der Schrei nach der Gnade, die alles übertönt, bewirkt.

Er erregt die Aufmerksamkeit des Himmels. »Da blieb Jesus stehen ...« (Lk 18,40).

Dieser Schrei bringt alle Widerstände zum Schweigen und führte hier zu dem Befehl, direkt zu Jesus gebracht zu werden.

Er bringt uns in die Gegenwart Gottes. »Und als er herangekommen war ...«

Er gibt uns Mut, konkret zu sein: »Was willst du, dass ich dir tun soll?« (Lk 18,41).

Die Gnade betont Jesu Leistung, nicht unsere. »Was soll ICH FÜR DICH tun?«, nicht: »Das hier musst DU FÜR MICH tun, bevor ich dich heile.«

Der Glaube an die Gnade Gottes setzt die Kraft Gottes frei. »Sei sehend! Dein Glaube hat dich gerettet« (Lk 18,42).

Was die Sicht auf mein eigenes Leben mit Gott betrifft, fand sich eine der größten Offenbarungen jedoch in Vers 43, und die schlug wie eine Granate bei mir ein. Dort heißt es nämlich: »Und sogleich wurde er sehend und folgte ihm nach und pries Gott.«

Die Gnade ist der einzige Beweggrund für Jüngerschaft. Nicht Angst, nicht Leistung, nicht Werke, sondern Gnade.

Wie viele Christen, mich und die Gläubigen in Galatien eingeschlossen, erhalten ihr Augenlicht, indem sie sich in ihrem Glauben allein auf die Gnade stützen? Die Gläubigen, die auf die religiös-schikanösen Stimmen hören, folgen Jesus im Vertrauen auf ihr Fleisch. Paulus hat es den Galatern so dargelegt: »Seid ihr so unverständig? Im Geist habt ihr angefangen und wollt es nun im Fleisch vollenden?« (Gal 3,3).

Es wird viele Christen geben, die stolz sagen: »Aber ich glaube doch an die Gnade ... sehr sogar!«

Ich habe dieses Buch nicht geschrieben, damit du *sehr* an die Gnade zu glauben, sondern um dich zu ermutigen, *allein* an die Gnade zu glauben.

Ich bete, dass dieses Buch dir helfen wird, dich deinen Rüpeln zu stellen und ihre Drohungen zu übertönen. Du hast schon zu lange gebettelt; Gott hat uns nicht zum Betteln berufen, sondern zum Glauben. Er hat uns nicht dazu bestimmt, vor den verbalen

Angriffen einer Vielzahl bedrohlicher Stimmen in die Knie zu gehen, sondern dazu, uns von der Offenbarung, dass die Wahrheit
fest auf der Seite der Gnade steht, anspornen zu lassen. Und wenn
wir das tun, werden wir es erleben – auch wenn die Sünde überhandnimmt, ruft die Gnade nur umso lauter.

KAPITEL ZWEI

GNADE RUFT LAUTER ALS JEDES »TU'S!«

»Das Gesetz sagt ›tu‹, die Gnade sagt ›getan‹.«

Es heißt, dass das Leben als Christ nicht auf dem Opfer gründet, das wir erbringen, sondern auf dem Opfer, dem wir vertrauen. Als ich mir den Kriegsfilm-Klassiker »Der Soldat James Ryan« ansah, wurde ich an diese Aussage erinnert, die so voller Wahrheit ist.

Der Film basiert auf der wahren Geschichte einer Eliteeinheit von Soldaten, die hinter die feindlichen Linien geschickt wurden, um einen jungen Soldaten namens Ryan nach Hause zu bringen. Ryan war einer von fünf Brüdern, von denen vier bereits im Kampf gefallen waren. Er war der letzte verbliebene Sohn einer bereits tief betrübten Mutter. Die Erkenntnis, dass der Tod ihres verbliebenen Sohnes für die Mutter nicht mehr zu ertragen wäre, veranlasste das Kriegsministerium dazu, eine besondere Mission auszuarbeiten, um ihren einzigen noch lebenden Sohn wieder zurückzubringen.

Ein kleiner Spezialtrupp wurde eingesetzt, dessen sämtliche Mitglieder bei dieser Mission ihr Leben verloren. Als der letzte noch lebende Retter, von Tom Hanks gespielt, in Ryans Armen im Sterben lag, kurz bevor er seinen letzten Atemzug machte, flüsterte er dem jungen Soldaten etwas ins Ohr.

Ryan wurde sicher zu seiner Mutter zurückgebracht und lebte den Rest seines Lebens in Frieden – so schien es jedenfalls. Obwohl er vor den verheerenden Folgen des Krieges gerettet wurde, verbrachte er den Rest seines Lebens damit, sich mit einem inneren Krieg zu befassen, der ihn bis ins hohe Alter hinein plagte. In einer Szene, in der er einen seiner regelmäßigen Besuche am Grab des Mannes macht, der ihn gerettet hat, entdecken wir den Grund für seinen lebenslangen inneren Kampf.

Jetzt, als älterer Mann, blickt er unter Tränen auf das Grab seines Retters und murmelt die einzig angemessene Antwort auf die Worte, die ihm sein Retter mit dem letzten Atemzug ins Ohr geflüstert hat:

>*Ich habe versucht, das Beste aus meinem Leben zu machen. Und ich hoffe, es war gut genug. Ich hoffe, dass ich wenigstens in Ihren Augen verdient habe, was Sie und die anderen damals für mich taten.*«

Sein ganzes Leben lang hatte Ryan mit der erdrückenden Erwartung der Wiedergutmachung gelebt. Die Worte, die ihm ins Ohr geflüstert worden waren, sollten den Rest seines Lebens bestimmen: »Verdienen Sie sich das.« Jedes Jahr kehrte er in der Hoffnung zum Grab zurück, dass er sein Leben irgendwie so gelebt hatte, dass es das Opfer jener Männer wert war, die ihr Leben gegeben hatten, um ihn zu retten. »Habe ich genug getan?« »Habe ich dieses Opfer mit dem Leben verdient, das mir verschont geblieben ist?«

Dank dem Opfertod dieser heldenhaften Männer führte Ryan sein Leben als freier Mann, wurde aber von Schuldgefühlen gefangen gehalten; er versuchte täglich zu begleichen, was er zu schulden glaubte. Wären nur die letzten Worte, die von den Lippen seines Retters zu ihm gesprochen wurden, »Wissen Sie dies zu schätzen« gewesen, dann hätte das Ryan aus einem Leben der Selbstkasteiung befreit.

Als ich diese Friedhofsszene sah, wurde mir eine Wahrheit, die viele Christen hören und verstehen müssen, mit Nachdruck neu vor Augen geführt: Gnade ruft lauter als alles Tun. Wie viele leben im Hinblick auf das Opfer ihres Erlösers Jesus mit dem lähmenden Gefühl, in der Schuld zu stehen? Wie viele interpretieren Jesu letzte Worte »Es ist vollbracht« als »Jetzt verdient es euch« und achten darauf, ihr Leben möglichst mit der Rückzahlung dessen zu verbringen, was einmalig geopfert wurde, um uns das ewige Leben zu geben?

Tullian Tchividjian formuliert in seinem Buch *Glorious Ruin* wunderbar, was wir hören müssen, um uns davor zu bewahren, den gleichen Fehler wie Ryan zu machen. Er schreibt:

Beim christlichen Leben geht es nicht in erster Linie um unser Verhalten, unseren Gehorsam, unsere Erwiderung oder unseren täglichen Sieg über die Sünde. Es geht in erster Linie um Jesus. Es geht um seine Person, sein stellvertretendes Werk, seine Fleischwerdung, sein Leben, seinen Tod, seine Auferstehung, seine Rückkehr in den Himmel und seine verheißene Wiederkunft. Wir sind gerechtfertigt und geheiligt allein aus Gnade durch den Glauben, den Glauben allein an das vollendete Werk, das allein von Christus vollbracht wurde.

Schon jetzt lautet das Banner, unter dem Christen leben, »Es ist vollbracht«. Alles, was wir brauchen und was wir in Dingen suchen, die kleiner sind als Jesus, gehört uns bereits in Christus. Was also wirklich unter die Lupe genommen werden sollte, ist unsere natürliche Neigung, ständig bei unseren eigenen Leistungen zu verweilen – mein Gehor-

sam oder der Mangel daran, meine gute oder meine schlech-
te Leistung. Meine Heiligkeit anstatt Christus und sein Ge-
horsam, seine Leistung und seine Heiligkeit für mich. Die
Anziehungskraft der Bedingtheit ist so stark, unsere innere
Verdrahtung mit dem Gesetz so tiefreichend, dass wir echte
Freunde brauchen, die uns jeden Tag an die gute Nachricht
erinnern.

Die gute Nachricht ist: Gnade ruft lauter als alles Tun. »Verdien dir das« hat in der Ökonomie Gottes nichts zu suchen. Es ist an der Zeit, dass wir auf praktische Weise verstehen, was es bedeutet, unser Leben zu leben und dabei nicht *von* der schuldbewussten Forderung des »Verdien dir das« gebunden zu sein, sondern *an* die kettenzerbrechende Freiheit des »Es ist vollbracht«.

In einem Interview mit dem Journalisten Michka Assayas sprach der U2-Leadsänger Bono eloquent über Gesetz und Gnade, tun und getan im Sinne von Karma.[2] Er sagte:

Im Zentrum aller Religionen steht die Vorstellung von Kar-
ma. Du weißt schon, wie du gibst, so kommt es zu dir zu-
rück – Auge um Auge, Zahn um Zahn. Oder wie bei physi-
kalischen Gesetzen – jede Handlung zieht eine gleichwerti-
ge oder eine entgegengesetzte Reaktion nach sich. Für mich
ist klar, dass Karma das Herzstück des Universums ist. Ich
bin mir absolut sicher, doch dann kommt da diese Idee um
die Ecke, die man Gnade nennt, und stellt das alles auf den
Kopf. Wie du erntest, so wirst du auch säen. Gnade wider-
setzt sich aller Vernunft und Logik. Die Liebe unterbricht,
wenn man so will, die Folgen unserer Handlungen, was in

---

2 Bono über Bono: *Gespräche mit Michka Assayas*, Köln: Kiepenheuer & Witsch, 2005.

meinem Fall wirklich eine sehr gute Nachricht ist, weil ich eine Menge dummes Zeug gemacht habe. Ich wäre in großen Schwierigkeiten, wenn Karma letztendlich mein Richter sein würde. Es entschuldigt nicht meine Fehler, aber ich halte daran fest, dass Jesus meine Sünden mit ans Kreuz genommen hat, weil ich weiß, wer ich bin, und ich hoffe, dass ich nicht von meiner eigenen Religiosität abhängig sein muss.

Die innere Stimme, die sagt, tu dies und lebe, wird niedergeschrien und durch den Ruf unseres Erlösers am Kreuz übertönt: »Es ist vollbracht!« (Joh 19,30). Nichts ist schwieriger für uns zu verstehen als die bedingungslose, uneingeschränkte Gnade Gottes. Tatsächlich widersetzt sie sich unserer Vernunft und Logik. Sie widerstrebt unserem Fairness-Empfinden und beleidigt unsere tiefsten Instinkte, besonders wenn es um Menschen geht, die uns Schaden zugefügt haben.

Wie Hiobs Freunde beharren wir darauf, dass die Realität nach der berechenbaren Ökonomie von Belohnung und Bestrafung funktioniert (siehe Buch Hiob, Altes Testament). Gnade ist das bedingungslose Geschenk ohne Wenn und Aber. Es ist für unser geistliches Wohlbefinden von entscheidender Bedeutung, dass wir als Empfänger dieser erstaunlichen Gnade die praktischen Auswirkungen jener letzten Worte Jesu »Es ist vollbracht« verstehen. Wenn wir die die Bedeutung dieser Worte, die unser Retter in seinem menschlichen Körper vom Kreuz aus gesprochen hat, nicht verstehen, werden wir uns alles rauben lassen, was Gott uns genießen lassen möchte, und die Botschaft des Evangeliums, die wir mit der Menschheit teilen sollen, wird verzerrt werden.

Die griechische Übersetzung des Satzes »Es ist vollbracht« ist das Wort *Tetelestai*. Es bedeutet »beenden«, »fertigstellen«, »zum Abschluss bringen«, »erfüllen« und »vollenden«.

Jesus schrie nicht: »Ich bin am Ende, Satan hat gewonnen. Welch eine Zeitverschwendung.«

Er schrie auch nicht: »Ihr seid erledigt«, und wandte sich dabei an ein blutrünstiges religiöses Publikum, das ihn am Kreuz umringte.

Er blickte nicht mit rachedurstigem Zorn vom Kreuz herab und sagte: »Wartet nur ab, in drei Tagen werde ich auferstehen, und in etwas mehr als einem Monat werde ich auf dem Thron des Universums sitzen – mit dem ersten Tagesordnungspunkt, euch auszulöschen.«

Er schrie einer feindseligen, sündigen Welt nicht zu: »Ihr seid erledigt.« Ganz im Gegenteil, er rief: »Euch ist vergeben.«

Um diese alles verändernde Worte vollständig zu verstehen, ist es hilfreich, etwas Zeit zu investieren und herauszufinden, worauf sich Jesus tatsächlich bezog. Ich glaube, Jesus bezog sich auf die Beendigung von fünf Dingen.

Erstens: Er erklärte die Erfüllung seines Auftrags.

Jesus ist nicht in erster Linie für die Welt gestorben; er ist nicht gestorben, um einen persönlichen Ego-Trip zu vollenden. Er starb zuallererst für seinen Vater. In seinem leidenschaftlichen persönlichen Gebet zu seinem Vater, in Johannes 17,4, sprach er folgende Worte aus, die meine soeben gemachte Aussage bestätigen: »Ich habe dich verherrlicht auf Erden; ich habe das Werk vollendet, das du mir gegeben hast, damit ich es tun soll.«

Ich habe mal jemanden sagen hören, dass in früheren Zeiten ein Diener, der auf eine Mission geschickt wurde, für gewöhnlich »Tetelestai« sagte, wenn er später zu seinem Dienstherrn zurückkehrte. Mit anderen Worten: »Ich habe genau das getan, was du verlangt hast« oder »Auftrag erfüllt«. Das Erstaunliche an dem Erlösungsplan aus himmlischer Sicht war, dass er fertig war, bevor alles begann.

In Epheser 1,4 (NLB) heißt es: »Aus Liebe hat Gott uns schon vor Erschaffung der Welt in Christus dazu bestimmt, vor ihm heilig zu sein und befreit von Schuld.«

Diese erstaunlichen Worte deuten darauf hin, dass es einen großen ewigen Rat innerhalb der Dreieinigkeit gab. Der Vers informiert uns darüber, wann dieser Rat abgehalten wurde: »vor Erschaffung der Welt«. Unsere Errettung wurde geplant, bevor die Welt erschaffen wurde. Sie war *kein* Gedanke, der Gott kam, nachdem der Mensch in Sünde gefallen war.

In diesem Rat wurde die Arbeit innerhalb der Dreieinigkeit aufgeteilt; jede ihrer Personen stimmte zu, gewisse Aufgaben zu übernehmen.

Der Part des Vaters ist in Epheser 1,4–6 beschrieben, der Part des Sohnes in Epheser 1,7–12 und der Part des Geistes in Epheser 1,13–14.

In jedem dieser Fälle endet der Ratschluss mit »zum Lob und zur Ehre seiner Gnade«. Die praktische Schlussfolgerung ist: Wenn Gott unsere Errettung geplant hat, bevor wir geboren wurden, warum sollte man eine Sekunde damit verschwenden, sich um irgendetwas zu sorgen? In diesem Rat schuf Gott einen großartigen Bund, der der Bund der Gnade genannt wird. Im Garten konnte Gott Adam von diesem Bund erzählen. Er war bereits geplant, weshalb ihn Gott vor seiner Inkraftsetzung Adam verkünden konnte. Später wurden bestimmte ergänzende Vereinbarungen getroffen. Mit Noah, Abraham und Mose wurde jeweils ein Bund geschlossen, aber diese Bündnisse waren nicht der einzig wahre ursprüngliche Bund. Das Original war der, der zwischen Vater und Sohn vor Erschaffung der Welt geschlossen wurde.

Alle anderen Bündnisse waren vorübergehend und verwiesen auf seinen ewigen Gnadenbund. Es gab ein Lamm, das vor Grundlegung der Welt geschlachtet wurde (Offb 13,8). Unsere Errettung wurde unterzeichnet, versiegelt und besiegelt, bevor Jesus auf die Erde kam. Sein Ruf vom Kreuz: »Es ist vollbracht«, ließ die Menschheit wohlwollend wissen, dass es so ist.

Zweitens: Satans Herrschaft über die Menschheit war zu Ende.

Diese wunderbare Wahrheit werden wir in einem späteren Kapitel behandeln, wenn es um die »positionelle Versorgung« geht, in der eine schurkische Regierung entthront wird, womit Satans Herrschaft über die Menschheit gemeint ist. Der Herrschaft von Satans Reich wurde Tetelestai erklärt. »Es ist vollbracht.« Folgende wunderbare Verse, die in Kolosser 2,14–15 (NLB) zu finden sind, sind es wert, dass wir ihnen Zeit widmen und über sie nachsinnen.

Er hat die Liste der Anklagen gegen uns gelöscht; er hat die Anklageschrift genommen und vernichtet, indem er sie ans Kreuz genagelt hat. Auf diese Weise hat Gott die Herrscher und Mächte dieser Welt entwaffnet. Er hat sie öffentlich bloßgestellt, indem er durch Christus am Kreuz über sie triumphiert hat.

Diese Verse sollten regelmäßig proklamiert werden, nämlich jedes Mal, wenn der Teufel mit seinen Lügen von der Herrschaft über dein Leben ankommt. Die Bibel sagt, dass unsere Macht, die Anschuldigungen des Feindes zu überwinden, in der Verkündung des vollbrachten Werkes Jesu und in der Tatsache liegt, dass wir dessen Adressaten sind.

Und sie haben ihn überwunden wegen des Blutes
des Lammes und wegen des Wortes ihres Zeugnisses,
und sie haben ihr Leben nicht geliebt bis zum Tod!
– Offenbarung 12,11

Drittens: Eine ausstehende Forderung ist ebenfalls erfüllt.

Im weltlichen Sinne wurde Tetelestai in der Geschäftswelt verwendet, um die vollständige Bezahlung einer Schuld zu bezeichnen. Wenn eine Schuld beglichen worden war, wurde das Pergament, auf dem die Schuld festgehalten war, mit Tetelestai gestempelt – vollständig bezahlt. Als Jesus rief: »Es ist vollbracht«, war das eine Deklaration, dass die Sündenschuld vollständig beglichen war. Die wunderbare, unbegreifliche Tatsache in Bezug auf das Evangelium der Gnade Gottes ist, dass eine Schuld, die wir nicht bezahlen konnten, von Jesus voll und ganz für uns bezahlt wurde.

In Kolosser 1,14 heißt es: »… in dem wir die Erlösung haben durch sein Blut, die Vergebung der Sünden.«

Viele denken, dass die einzigen Sünden, die vergeben wurden, diejenigen waren, die man *vor* seiner Errettung begangen hat. Doch gemäß diesem Vers vergab Gott *alle* Sünden, noch bevor ich geboren wurde. Von wie vielen Sünden wusste Gott, bevor du geboren wurdest? Von allen. Wie viele hat er am Kreuz ausgelöscht? Alle. Wie viele lagen damals noch in der Zukunft? Alle.

Ein Vorfall im Leben unserer Gemeinde brachte mir diese Wahrheit auf anschauliche Weise nahe. Damals hatten wir im Vergleich zu anderen Gemeinden keine große Hypothek auf unserem Grundstück, aber für eine kleine Gemeinde von ein paar hundert Menschen waren 400.000 Pfund eine große Summe Geld. Erstaunlicherweise konnten wir durch die Großzügigkeit und das Opfer unserer Mitglieder die Schulden in relativ kurzer Zeit tilgen. Um die Freude zu feiern, die Hypothek endlich abbezahlt zu haben, haben wir den Hypothekenvertrag eines Morgens während unseres Gottesdienstes öffentlich verbrannt. Als die Flammen die schriftlichen Vereinbarungen über unsere Verantwortung für die Zahlung der Hypothek verschlangen, flüsterte der Heilige Geist:»Das hat Jesus für dich am Kreuz getan – er hat die Schuld vollständig bezahlt und den Schuldschein verbrannt.« Tetelestai.

Was den Himmel betrifft, so gibt es hinsichtlich deiner Sünde keine Schuld mehr. Es ist erledigt. Stell dir vor, wir würden nach dem Verbrennen der Hypothekenurkunde und dem Feiern einer beglichenen Schuld im darauffolgenden Monat die monatlichen Zahlungen für die bereits beglichene Schuld an die Bank aufrechterhalten. Die Bank würde uns für verrückt halten! Wie viele Gläubige versuchen immer noch, eine Schuld zu bezahlen, die bereits beglichen wurde? Jeden Tag bringen sie ihre regelmäßigen Pflichten und Verhaltensweisen in bußfertiger Haltung vor die Bank des Himmels. Das beleidigt den Geist der Gnade – mit schuldbewussten »Bußgeldern« und Besserung gelobenden Versprechungen zu erklären, dass das, was Jesus getan hat, nicht genug war. Es ist an der Zeit, die Tatsache zu akzeptieren, dass so weit, wie der Osten vom Westen ist, so weit auch unsere Sünden von uns entfernt wurden. Es ist an der Zeit, die Tatsache zu akzeptieren, dass Jesus das, was gegen uns geschrieben stand und nach Bezahlung verlangte, nahm und öffentlich auf einem Hügel vor Jerusalem verbrannte, damit alle es bezeugen konnten. In dieser Realität müssen wir leben.

Er hat die Liste der Anklagen gegen uns gelöscht; er hat die
Anklageschrift genommen und vernichtet, indem er sie ans
Kreuz genagelt hat. – Kolosser 2,14 NLB

Es ist erledigt. Uns ist vergeben. Es ist vollbracht.

Paulus ermutigt die Kolosser weiter, nicht mehr zu versuchen, eine Schuld zurückzuzahlen, die bereits bezahlt wurde.

»Hört auf, religiöse Regeln zu befolgen«, sagt er ihnen in Kolosser 2,20.

Hört auf, auf diejenigen zu hören, die von euch verlangen, ein Leben in frommer Selbstverleugnung und gruseligem Mystizismus zu führen (siehe Kol 2,18).

Hört auf zu versuchen, Speisegesetze und Feiertage einzuhalten und sie als Zahlungsmittel zu betrachten, damit Gott eine Beziehung zu euch aufrechterhält (siehe Kol 2,16).

Denn diese sind nur ein Schatten des Zukünftigen. **Die**
Wirklichkeit aber ist Christus selbst. *– Kolosser 2,17* NLB

Viertens: Ein unvollkommenes Opfersystem ist zu Ende.

Das Wort Tetelestai entsprach dem hebräischen Wort, das der Hohepriester sprach, wenn er ein Opferlamm ohne Fleck und Makel präsentierte. Jährlich sprengte der Hohepriester das Blut dieses makellosen Lammes auf den Gnadenstuhl, was für ein Jahr vorübergehende Sündenvergebung bot. Im folgenden Jahr musste man das Ganze wiederholen. Jesus, das Lamm Gottes, brachte mit seinem eigenen Blut ein derart vollkommenes Opfer dar, dass Gott nie wieder das Blut von Tieren zur Vergebung verlangte.

In Hebräer 9,9–12 (NLB) heißt es:

Dies ist ein Gleichnis für unsere Gegenwart: Die Gaben und
Opfer der Priester können das Gewissen der Menschen,
die sie darbringen, letztlich nicht von Schuld befreien.
Denn diese alten Satzungen beziehen sich nur auf Essen
und Trinken und rituelle Waschungen – auf äußere
Bestimmungen, die nur gelten, bis eine neue Ordnung
kommt, die besser ist.
　So ist Christus nun der Hohe Priester für all das Gute
geworden, das gekommen ist. Er hat das große, vollkomme-
ne Heiligtum im Himmel betreten, das nicht von Menschen
erbaut wurde und nicht Teil dieser Schöpfung ist. Ein ein-
ziges Mal brachte er Blut in jenes Allerheiligste, aber nicht
das Blut von Böcken und Kälbern, sondern sein eigenes Blut,
durch das er uns die Rettung brachte, die für alle Zeiten gilt.

Als Jesus also ausrief: »Es ist vollbracht«, erklärte er das Ende des Tempelopfers, weil das *endgültige Opfer* gebracht worden war. Das Opfer für unsere Sünden – vergangene, gegenwärtige, zukünftige – war vollendet. Vollständig ausgeführt. Ein für allemal. Für immer.

Als der Apostel Johannes während seiner Gefangenschaft auf der Gefängnisinsel Patmos in den Himmel versetzt wurde, sah er inmitten all der Wunder der Wohnstätte Gottes auch einen Regenbogen, der den Thron umgab. In Offenbarung 4,3 (NLB) wird der Moment beschrieben:

Und der auf dem Thron saß, war so strahlend wie
Edelsteine – wie Jaspis und Karneol. Und ein Glanz wie
der eines Smaragds umleuchtete seinen Thron wie ein
Regenbogen.

Was mir beim Lesen und Nachdenken über dieses Bild auffiel, war die Tatsache, dass der Regenbogen ein geschlossener Kreis war. Normalerweise nehmen wir einen Regenbogen eben als Bogen und nicht als Kreis wahr. Gewissermaßen ein halber Regenbogen, kein voller. Unter dem alten Bund lebten die Menschen unter einem halben Regenbogen. Gottes bunter Bogen eines Versprechens an die Welt zeigte seine Entschiedenheit an, den Bund auch einzuhalten. 1500 Jahre lang versuchten die Kinder Israels, ihren Teil der Abmachung einzuhalten, und scheiterten dabei kläglich. Trotz ihres Gehorsams, ihrer Opfer und ihrer religiösen Pflichterfüllungen konnten sie den Regenbogen doch nie vollenden. Unter dem alten Bund hieß es: »*Wenn* mein Volk« – es gab Bedingungen, um in Gottes Gunst zu bleiben. Sie mussten sozusagen den Regenbogen vervollständigen. Sie mussten ihren Teil des Bundes durch ihren Gehorsam perfekt erfüllen.

Unter dem neuen Bund leben wir unter einem vollen Regenbogen. Warum? Weil Jesus das tat, was wir nie tun konnten. Er, mit seinem vollkommenen Gehorsam gegenüber dem Gesetz, einem makellosen Opfer vor dem Vater, vollendete den Regenbogen. »Wenn wir untreu sind, so bleibt er doch treu« (2Tim 2,13).

Gemäß dieser entspannenden Offenbarung hängt der Segen Gottes in unserem Leben nicht mehr von unserer Treue ab, sondern von seiner. Jahrelang war ich von einem Schuldgefühle erzeugenden, Leistung fordernden Predigen gebunden; ich versuchte, den Regenbogen durch meine Bemühungen zu vervollständigen. Aber in welch wunderbare, von der Last befreienden Realität führt es doch, wenn man erkennt, dass Jesus den Regenbogen für uns vervollständigt hat. Ich liebe es, wie Eugene Peterson seine Paraphrase von Matthäus 11,28–30 in der Bibelübertragung *The Message* formuliert:

Bist du müde? Erschöpft? Von Religion ausgebrannt? Komm
zu mir. Geh mit mir gemeinsam fort und du wirst dein Leben
zurückgewinnen. Ich zeige dir, wie du dich wirklich ausruhen
kannst. Geh mit mir und arbeite mit mir – sieh mir zu, wie
ich die Dinge tue. Erlerne den ungezwungenen Rhythmus
der Gnade. Ich werde nichts Schweres oder Unpassendes auf
dich legen. Bleibe bei mir und du wirst lernen, wie man frei
und leicht lebt.

Wundervoll! Es ist Zeit für die Gemeinde, die Wahrheit des
vollen Regenbogens zu bedenken und sie zu leben. Das Christen-
leben ist nicht mehr das Opfer, das wir bringen. Es geht um das
Opfer, dem wir vertrauen.

Fünftens und letztens: Ein alter Bund ist beendet.

Im Altgriechischen beschrieb das Wort Tetelestai einen Wendepunkt, an dem eine Periode endete und eine andere begann. Als
Jesus rief: »Es ist vollbracht«, war das der Wendepunkt für die gesamte Menschheit. Ab diesem Zeitpunkt endete das Alte Testament und das Neue Testament begann. In diesem göttlichen Moment erfüllten sich alle alttestamentlichen Prophetien über das irdische Wirken Jesu. In diesem Moment hörten die Opfer des Alten Testaments als Mittel zur Annäherung an einen heiligen Gott
dauerhaft auf. Der alte Bund war beendet und der neue Bund begann. Es war die Erfüllung des einen und der Anfang des anderen.
In Hebräer 10,5–10 steht etwas dazu (NLB):

Deshalb sprach Christus, als er in die Welt kam: »Du wolltest
keine Opfer und keine Gaben, doch du hast mir einen Leib

gegeben. Du hattest keine Freude an Brandopfern oder
an anderen Sündopfern. Da sprach ich: ›Sieh her, ich bin
gekommen, um deinen Willen zu erfüllen, o Gott – so wie es
in deinem Buch über mich geschrieben steht.‹«

Christus sagte: »Du wolltest keine Opfer und keine Gaben
und keine Brandopfer und keine anderen Sündopfer, noch
hattest du Freude daran«, obwohl sie nach dem Gesetz
gefordert waren. Und er fügte hinzu: »Sieh her, ich bin
gekommen, um deinen Willen zu tun.« Er hebt den ersten
Bund auf, um den zweiten einzusetzen. Und Gott will, dass
wir durch das Opfer des Leibes von Jesus Christus ein für alle
Mal geheiligt werden.

Und auch in Hebräer 8,7–12:

Hätte der erste Bund keine Mängel gehabt, wäre es nicht
nötig gewesen, ihn durch einen zweiten zu ersetzen. Aber
Gott tadelte sein Volk und sagte:

»Es wird ein Tag kommen, spricht der Herr, an dem ich
einen neuen Bund mit dem Volk Israel und mit dem Volk
Juda schließen werde. Dieser Bund wird nicht so sein wie der,
den ich mit ihren Vorfahren schloss, als ich sie an der Hand
nahm und aus Ägypten führte. Sie sind meinem Bund nicht
treu geblieben, deshalb habe ich mich von ihnen abgewandt,
spricht der Herr. Doch dies ist der neue Bund, den ich an
jenem Tag mit dem Volk Israel schließen werde, spricht der
Herr: Ich werde ihr Denken mit meinem Gesetz füllen, und
ich werde es in ihr Herz schreiben. Ich werde ihr Gott sein
und sie werden mein Volk sein. Und keiner wird mehr seinen
Mitbürger oder Bruder belehren müssen: ›Du musst den
Herrn erkennen.‹ Denn jeder, vom Kleinen bis zum Großen,

wird mich bereits kennen. Und ich werde ihr Unrecht
vergeben und nie wieder an ihre Sünden denken.«

Wenn Gott von einem neuen Bund spricht, bedeutet das, dass er den ersten überflüssig gemacht hat. Er ist jetzt veraltet und wird bald verschwinden.

Was sich in dem Moment im Tempel abspielte, als Jesus jene umwälzenden Worte sprach, war nicht weniger als atemberaubend. Um die Besiegelung der Tatsache, dass der alte Bund beendet war und der neue Bund begonnen hatte, sichtbar herauszustellen, zeichnet Matthäus ein erstaunliches Ereignis auf; in Kapitel 27,50–51 heißt es in der *Schlachter Übersetzung*:

Jesus aber schrie nochmals mit lauter Stimme und gab den
Geist auf. Und siehe, der Vorhang im Tempel riss von oben
bis unten entzwei, und die Erde erbebte, und die Felsen
spalteten sich.

Genau in dem Moment, in dem Jesus rief: »Es ist vollbracht«, stand Kaiphas, der Hohepriester, an seinem Platz vor dem großen Vorhang, der die Heiligkeit Gottes vor einer sündigen Welt abschirmte. Dieser große, wuchtige Vorhang, von dem ich gehört habe, dass er bis zu dreißig Zentimeter dick gewesen sein könnte, riss plötzlich von oben nach unten entzwei und fiel zu einem Haufen zusammen, mittendrin ein schockierter, verängstigter Hoherpriester, der jetzt arbeitslos war. Stell dir vor, was ihm durch den Kopf gegangen sein muss, als er sah, wie sich der Weg zum Allerheiligsten auftat, und damit auch die Erkenntnis einsetzte, dass Gottes Gegenwart dort nicht mehr zu finden war.

Das Kreuz war nun zum ewigen Gnadenstuhl geworden, der mit dem makellosen, ewigen Blut Jesu besprenkelt war. Nachdem dieses Opfer dargebracht worden war, war es nicht mehr notwendig, dass ein Hohepriester jedes Jahr erneut Opfer bringt. Das Blut Jesu hat das Sündenproblem für immer gelöst. Gott selbst riss den Vorhang des Tempels entzwei, indem er erklärte, dass der Weg ins Allerheiligste nun für jeden zugänglich sei, der durch das Blut Jesu zu ihm käme. Deshalb sagte Paulus in Epheser 2,13–15 (GNB):

Damals wart ihr fern von Gott, jetzt aber seid ihr ihm nahe durch die Verbindung mit Jesus Christus, durch das Blut, das er vergossen hat. Christus ist es, der uns allen den Frieden gebracht und Juden und Nichtjuden zu einem einzigen Volk verbunden hat. Er hat die Mauer eingerissen, die die beiden trennte und zu Feinden machte. Denn durch sein Sterben hat er das jüdische Gesetz mit seinen zur Trennung führenden Vorschriften beseitigt. So hat er Frieden gestiftet. Er hat die getrennten Teile der Menschheit mit sich verbunden und daraus den einen neuen Menschen geschaffen.

Wenn du in Gottes Gegenwart stehst, schaut er nicht auf deine Unvollkommenheit. Er schaut auf die Vollkommenheit des Lammes – Jesus, das Lamm Gottes. Die Religion wird dich stets dazu bringen, dich auf deine eigene unvollkommene Leistung zu konzentrieren, wobei du immer schlecht abschneidest und in einen Zustand ständigen Schuldbewusstseins versetzt wirst. Die Religion wird sich immer auf die Tatsache konzentrieren, dass das, was du tust, nie genug ist. Adam und Eva hatten alles, was sie brauchten, aber Satan überzeugte sie, dass es nicht genug sei. Wenn Satan dich wegen deiner Unkenntnis der Wahrheit davon überzeugen kann, dass das vollbrachte Werk Jesu nicht ausreicht, kann er dich in die Knechtschaft der Gesetzlichkeit führen.

Eva wurde gesetzlich. Sie glaubte der Lüge, mit der Satan unterstellte, dass Gottes versprochene Versorgung nicht genug sei. »Du wirst wie Gott sein«, behauptete er. Eva schluckte den Köder und war überzeugt, dass sie, um wie Gott zu sein, etwas tun musste, damit es auch passiert (siehe 1Mo 3,5). Sie wollte das Richtige, aber sie ging es falsch an. Die Unwissenheit über das vollbrachte Werk Jesu sät Unsicherheit, die zu Gesetzlichkeit führt. Die Frucht der Gesetzlichkeit wiederum ist geistliche Ungewissheit, denn man weiß nie, ob man genug gebetet, genug geopfert oder genug Buße getan hat.

»Tetelestai«– es ist vollbracht – als Folge dieser drei lebensverändernden Worte müssen wir dafür sorgen, dass die Steine arbeitslos bleiben.

Lass mich das erklären. In Lukas 19,36–40 (NLB) heißt es:

Die Menschen breiteten ihre Mäntel vor Jesus auf der Straße aus. Als sie die Stelle erreichten, an der der Weg den Ölberg hinabführte, fingen alle seine Anhänger an, Gott mit lautem Jubel für die großen Wunder zu loben, die sie gesehen hatten.

»Gepriesen sei der König, der im Namen des Herrn kommt! Friede in der Höhe und Ehre im höchsten Himmel!« Einige der Pharisäer in der Menge forderten ihn auf: »Meister, rufe deine Jünger zur Vernunft!« Doch er entgegnete ihnen: »Würden sie schweigen, dann würden die Steine schreien!«

Dieser Ausruf – »Es ist vollbracht!« – löste Beben aus, die bis ins Herz der Schöpfung nachwirkten. Das war eine derart durchschlagende Aussage, dass sie Schockwellen durch die Schöpfung sandte, die eine Reaktion auslösten:

Jesus aber schrie nochmals mit lauter Stimme und gab den Geist auf. Und siehe, der Vorhang im Tempel riss von oben bis unten entzwei, und die Erde erbebte, und die Felsen spalteten sich. – Matthäus 27,50–51

Obwohl Israel Jesus ablehnte und die Römer ihn kreuzigten, hat die Schöpfung ihn erstaunlicherweise immer anerkannt. Während seines irdischen Lebens gehorchten ihm die Wellen (siehe Mk 4,35–40), das Wasser hatte keine andere Wahl, als sich auf seinen Befehl hin in Wein zu verwandeln (siehe Joh 2,1–11), die Fische gehorchten seiner Anweisung, in Netze zu schwimmen (siehe Lk 5,4). Brot vermehrte sich, als er es in den Händen hielt (siehe Mt 14,13–21). Wassermoleküle erstarrten, damit sie sein Gewicht tragen und er auf dem See gehen konnte (siehe Mt 14,22–33). Winde legten sich (siehe Mt 8,23–27) und Feigenbäume wurden fruchtlos (siehe Mk 11,12–14), als er es ihnen gebot. Die Bibel sagt sogar, dass die Bäume in die Hände klatschen (siehe Jes 55,12) und, wie wir am Anfang dieses Abschnitts erfahren haben, selbst Steine das Potenzial haben, ihn zu loben.

Bei der Auferstehung brach die Schöpfung erneut in Jubel aus und konnte ihre Freude nicht zurückhalten; Sünde und Tod, die einer gefangenen Menschheit Angst und Gebundenheit zugeschrien hatten, wurden vom lauten Ruf der Gnade übertönt.

Es ist an der Zeit, sich der Schöpfung anzuschließen und unsere Stimmen zu erheben, in unsere Hände zu klatschen und von den drei Worten, die das Universum verändert haben, absolut ergriffen zu sein. Es ist vollbracht.

Gnade ruft lauter als alles Tun.

Gnade ruft lauter als alles andere.

KAPITEL DREI

GNADE RUFT LAUTER
ALS DEIN SCHMERZ

»Eine der größten Segnungen der Gnade ist,
dass Jesus dein Lied wiederherstellt.«

»Jedoch unsere Leiden – er hat sie getragen, und unsere Schmerzen – er hat sie auf sich geladen« (Jes 53,4a ELB), das steht im Wort Gottes. Mit Sicherheit bezieht sich der Schmerz, den Jesus am Kreuz für uns trug, nicht nur auf das Körperliche, sondern auf jeden Bereich unseres Lebens. Wie gehen wir mit dem Leid und dem Schmerz um, die uns das Leben bereitet? Dem Schmerz, der von düsteren Erinnerungen, von Angst, Zweifel, Verrat oder Bedauern hervorgerufen wird? Du kannst es mit Realitätsflucht, Rache, Willenskraft versuchen, oder du verzweifelst einfach am Leben, wie es leider viele tun. Oder du kannst, wie Paulus, wenn der Schmerz des Lebens gegen ihn wütete, Gottes Gnade vertrauen – weil Gnade lauter ruft als der Schmerz.

Gottes Antwort auf Paulus' Bitte, von ungerechtfertigter Verfolgung, von Verrat, Angst und Bedauern befreit zu werden, war schlicht, aber kraftvoll:

Meine Gnade genügt dir, denn meine Kraft kommt in
Schwachheit zur Vollendung. – 2. Korinther 12,9 ELB

Paulus beendete seinen Lauf trotz aller Tragödien und Schmerzen des Lebens, indem er auf Gottes heilende Gnade vertraute, und das können wir auch.

Nach diesem übernatürlichen Osterbeben – der Auferstehung Jesu – wurden die Menschen von Angst, Enttäuschung, Zweifel, Wehmut und Bedauern wie von einem Tsunami überwältigt. Sie verloren ihren Gesang und ihre Leidenschaft. Die erstaunliche Wahrheit über die Nachwirkungen der Ostergeschichte ist, dass Jesus, nachdem er sein Blut vor seinem Vater dargebracht und unsere ewige Erlösung gesichert hatte, in seinem auferstandenen Körper auf die Erde zurückkehrte. Er blieb vierzig Tage lang, in denen er Menschen aufsuchte und ihnen half, mit Trauer, Unglauben und sogar mit dem Verrat an ihrem eigenen Herzen umzugehen.

Das Leben mit dem drückenden Schmerz des persönlichen Versagens und der gnadenlosen Verfolgung zu führen, ist, wie ein Schriftsteller es ausdrückt, wie »Klavierspielen mit Fäustlingen«.

Viel Lärm – kein Lied.

Viel Energie – keine Melodie.

Der schlimmste Teil beim Klavierspielen mit Fäustlingen ist die Frustration; du weißt, dass du die Fähigkeit hast, die Musik zu erzeugen, die deine Finger und Ohren begehren, aber du bringst sie einfach nicht zustande.

In seinem auferstandenen Körper half Jesus den Menschen, die Fausthandschuhe auszuziehen, und stellte ihre Fähigkeit, Musik zu machen, wieder her. Eine der größten Segnungen der Gnade ist, dass Jesus dein Lied wiederherstellt. Er ruft lauter als dein Schmerz und stärkt dich, damit du deinen Lauf vollenden kannst.

Einige von denen, die diese Worte lesen, haben ihr Lied verloren. Sie leben nicht in Epheser 5,18–19 (NLB):

Betrinkt euch nicht mit Wein; sonst ruiniert ihr damit euer Leben. Lasst euch stattdessen vom Heiligen Geist erfüllen. Singt miteinander Psalmen und Lobgesänge und geistliche Lieder, und in euren Herzen wird Musik sein zum Lob Gottes.

Stattdessen leben sie in Psalm 137,1–4 (NLB):

An den Flüssen Babylons saßen wir und weinten, wenn wir an Jerusalem dachten.
An die Äste der Weiden hängten wir unsere Harfen.
Denn die uns gefangen hielten, wollten, dass wir singen, und die uns peinigten, wollten Freudenlieder hören: »Singt doch eins der Lieder von Jerusalem!«
Doch wie können wir in einem fremden Land die Lieder des Herrn anstimmen?

Statt Melodien anzustimmen, ist dein Herz nun still, weil Schmerz und Leid es entführt und zum Verstummen gebracht haben. Und einer der Mitwirkenden, die dein Herz gefangen halten, ist ein Kerkermeister namens Verrat.

Manche haben ihr Lied durch den Schmerz des Verrats verloren.

Die einzige Person, die dir helfen kann, mit diesem vermummten Kidnapper fertigzuwerden, ist die verkörperte Gnade.

Gnade ruft lauter als der Verrat.

Die Gnade kommt uns zu Hilfe und demaskiert den Kidnapper, indem sie uns zeigt, wie Jesus mit Verrat und dem dadurch verursachten Schmerz umgegangen ist. Wenn die Auswirkungen des Verrats in unserem Leben durch die Gnade nicht operativ entfernt werden, wird sich der Krebs der Bitterkeit entwickeln und die potenzielle Kraft der Gnade, dich zu heilen, zunichtemachen.

Paulus drängt die Gläubigen in Korinth, »die Gnade Gottes nicht vergeblich zu empfangen« (2Kor 6,1), und bittet dann die Neubekehrten, sowohl Juden als auch Heiden, eindringlich, »bei der Gnade Gottes zu bleiben« (Apg 13,4). Warum? Weil sie das Einzige ist, was dich mit dem auferstandenen Christus verbunden hält. Sie ist die einzige Sache, die dich vor den Tragödien und Schmerzen des Lebens schützen und stärken wird. Später warnt er auch die Galater, dass die Rückkehr zu einer leistungsorientierten Beziehung mit Gott durch das Gesetz sie tatsächlich von ihrer Lebensquelle abschneiden wird. Er spricht nicht davon, dass sie ihre Errettung verlieren, sondern vielmehr davon, dass sie ihr gnadenerfülltes Lied verlieren.

Denn wenn ihr durch das Gesetz vor Gott bestehen wollt, seid ihr von Christus getrennt und aus Gottes Gnade gefallen.– Galater 5,4 NLB

Und hier ist der Grund, warum man »aus Gottes Gnade gefallen« ist:
Dein christliches Leben ist ...
1. leistungsabhängig statt gnadenabhängig,
2. auf Selbstgerechtigkeit statt auf geschenkte Gerechtigkeit gegründet,
3. auf menschliche Tugend statt auf göttliche Gnade gegründet.

Ein selbstgerechter Lebensstil, ein leistungsorientierter Lebensstil oder ein gesetzlicher Lebensstil trennt dich von der Genüge der Gnade.

Aus der Gnade zu fallen bedeutet nicht, in Unmoral zu verfallen, sondern zur Gesetzlichkeit zurückzukehren, als Mittel zur Vervollkommnung deiner Heiligkeit.

Wir werden durch Gnade gerettet und durch Gnade bewahrt.

Unsere Erlösung und Heiligung wird vollständig und absolut durch Gottes unverdiente Gunst vermittelt – durch seine Gnade. Ich sage das, um deine Aufmerksamkeit auf die grundlegende Notwendigkeit der Gnade als das zu lenken, was uns rettet, bewahrt und schützt.

Uns vor was schützt? Bitterkeit.

Gnade ruft lauter als die Bitterkeit.

Der Schreiber an die Hebräer ermahnt seine Leser, sich der zerstörerischen Kraft der Bitterkeit bewusst zu sein. Er warnte vor ihrer Macht, die Kraft der Gnade in unserem Leben tatsächlich außer Wirkung zu setzen.

In Hebräer 12,15 (NLB) steht:

Achtet aufeinander, damit niemand die Gnade Gottes versäumt. Seht zu, dass keine bittere Wurzel unter euch Fuß fassen kann, denn sonst wird sie euch zur Last werden und viele durch ihr Gift verderben.

Bitterkeit verdirbt und vernichtet; Gnade ist das einzige Gegenmittel, um mit diesem geistlichen Krebs umzugehen und ihn aus unserem Leben auszumerzen. Aber wie gehen wir mit der Bitterkeit um, die sich durch Verrat entwickeln kann? Jesus kommt uns mit einem persönlichen Zeugnis zu Hilfe, das im Wort so geschildert wird: »In der Nacht, in der unser Herr Jesus verraten wurde, ... dankte [er] ...« (1Kor 11,23–24 HFA).

Jesus dankte nicht für den Verrat, sondern für den Thron. Jesus lebte mit der Offenbarung der Souveränität Gottes in seinem Leben – sogar in seinem Beziehungsleben. Er stand immer wieder vor seinem Vater, vertraute ihm fortwährend und lebte dabei mit der Gewissheit, dass der Vater alle Beziehungen überblickte, die in sein Leben kamen – und dazu gehörten auch seine Verräter.

Aber es sind etliche unter euch, die nicht glauben. Denn Jesus wusste von Anfang an, wer die waren, die nicht glaubten, und wer ihn verraten würde. Und er sprach: Darum habe ich euch gesagt: Niemand kann zu mir kommen, es sei ihm denn von meinem Vater gegeben! – Johannes 6,64–65

»Niemand kann zu mir kommen, es sei ihm denn von meinem Vater gegeben!« Wow! Jesus wusste, dass sogar Judas notwendig war, damit sein Vater den Plan für sein Leben erfüllen konnte.

Wenn du mit dieser Offenbarung lebst, scheint es, dass Gott selbst die schlimmsten Beziehungen zu deinem Besten wenden kann. Wenn du mit dieser Offenbarung lebst, werden menschliche Beziehungen nie zu Götzen werden und auch niemals zu einer Notwendigkeit für die Entwicklung deines Selbstwerts, deiner Sicherheit oder deines Schicksals.

Nachdem Jesus diese Aussage über die Souveränität in seinem Beziehungsleben gemacht hat, sagt die Bibel, »zogen sich viele seiner Jünger zurück und gingen nicht mehr mit ihm« (Joh 6,66).

Als er ihnen erklärte, dass sie für die Erfüllung seines göttlichen Auftrags in seinem Leben nicht unentbehrlich seien, wurde ihr aufgeblähtes Gefühl der Bedeutsamkeit demoliert und ihre wahren Motive kamen ans Licht.

Jesus brauchte nicht die Bestätigung der Menge, um zu wissen, was und wer er war. Seine Sicherheit in Bezug auf sein Beziehungsleben zeigte sich auch, als er sich an seine Jünger wandte und fragte: »Wollt ihr nicht auch weggehen?« (Joh 6,67).

Verrat führte nie dazu, dass sich Jesus beziehungsmäßig verschloss. Er ließ die Bitterkeit nie Fuß fassen, weil er mit der Offenbarung der Souveränität seines Vaters über sein Beziehungsleben lebte. Er konnte seinen Verräter »Freund« nennen. Er konnte einen Feind heilen, der kam, um ihn zu verhaften (siehe Lk 22,50–51). Er konnte seinen Henkern auf Golgatha vergeben (siehe Lk 23,34). Er konnte denjenigen, die ihn verlassen hatten, Frieden verkünden und diejenigen, die ihn verleugnet haben, wieder in den Dienst berufen (siehe Mt 16,18).

Wenn du mit dieser Offenbarung lebst, kannst du unerwidert lieben, unerwidert vergeben und unerwidert duldsam sein. Und erstaunlicherweise führst du über Fehler nicht mehr Buch, selbst wenn andere es noch tun. Die Gnade ruft lauter als der Schmerz der Bitterkeit. Vertraue Gottes Kraft in deiner Schwäche und erlebe, wie seine Kraft dich stärkt.

Als ich vor einigen Jahren selbst eine Phase des Verrats durchlebte, lehrte mich der Rat eines Freundes eine großartige Lektion. Ich gebe diese heute an dich weiter und bete dabei, dass dein Herz in der Souveränität Gottes über dein Leben verankert wird.

Mein Freund erinnerte mich an eine Botschaft, die Gott Jeremia eingegeben hat und in der es darum ging, dass Gott in unserem Leben arbeitet wie ein Töpfer an einem Klumpen Ton, den er zu einem Gefäß nach seinem Plan formt. Während des Entstehens, heißt es, missriet das Tongefäß in der Hand des Töpfers, sodass er ein neues Gefäß formte, so wie es dem Töpfer gefiel (siehe Jer 18,1–6).

Der Ton, der geformt wurde, »missriet in der Hand des Töpfers« (ELB). Der Ton war nicht von der Töpferscheibe gefallen. Der Ton wurde nicht aus der Werkstatt des Töpfers gestohlen. Nein, während er ihn liebevoll formte, nahm er Schaden.

Vielleicht wurdest du durch Verrat geschädigt; so geschädigt, dass du glaubst, du könntest dich davon nicht mehr erholen. Fasse Mut. So schmerzhaft die Auswirkungen des Verrats auch sind, so ruiniert du dein Beziehungsleben auch empfindest, du bist immer noch in der Hand des Töpfers. Du bist immer noch auf seiner Töpferscheibe und wirst deiner Bestimmung nach geformt. Er hat immer noch einen Plan für dein Leben. Er wird vollenden, was er begonnen hat.

Während ich meinem Freund zuhörte, als er mir diese wunderbare Wahrheit erzählte, sagte er noch eine weitere Sache, um mir zu der Erkenntnis zu verhelfen, dass ich nicht nur immer noch auf der Töpferscheibe bin, sondern dass sie auch von Gott, meinem Vater, angetrieben wird, und nicht von den Menschen in meinem Leben. Mein Freund sagte zu mir: »Ray, sieh unter den Tisch. Wessen Füße drücken auf das Pedal, um die Schwungscheibe in Gang zu halten? Sind es die der Menschen, die dich verraten haben, oder sind es die von Gott, der dich liebt?«

An diesem Tag brach etwas in meinem Leben auf und ich sah allmählich, dass nicht Menschen die Töpferscheibe bedienen, die meine Zukunft bestimmt, sondern Gott. Warum bittest du Gott nicht, dir zu helfen, diese Wahrheit heute für dich selbst glauben zu können?

Gnade ruft lauter als der Schmerz der Stille.

Wenn wir in verworrenen Zeiten Antworten brauchen, ist Schweigen nicht Gold. Manchmal scheint es, dass Gott sich gerade in dem Moment verbirgt, in dem wir ihn am meisten brauchen. Manchmal, wenn wir denken, dass er am meisten Anteil nehmen sollte, sieht es so aus, als wäre Gott an unseren Schwierigkeiten nicht interessiert. Manchmal scheint es, als wäre Gott dann am stillsten, wenn er sich am stärksten einmischen sollte.

Jesaja 45,15 (GNB) erinnert an dieses geistliche Geheimnis, wenn der Verfasser sagt: »Wahrhaftig, du bist ein Gott, der sich verbirgt ...« Als ich anfing, über diese Wahrheit nachzusinnen, eröffnete sich mir ein ganz neues Verständnis dafür, warum sich Gott manchmal zu verbergen scheint.

Er versteckte sich im Schoß Marias, wodurch der Wirt eine Gelegenheit verpasste, Gott zu dienen (siehe Lk 2,7). Könnte er uns hier sagen wollen, dass unser Wohlstand uns manchmal für unser Bedürfnis nach ihm blind macht?

Einer der größten Feinde, die unsere vertraute Gemeinschaft mit Jesus bedrohen, ist Eigenständigkeit.

Der Wirt war nicht auf ein Geschäft mit Maria und Josef angewiesen. Er hatte ein volles Haus und merkte dabei nicht, dass Jesus, im Schoß Marias verborgen, vor seiner Tür stand. Der Gastwirt war ein beschäftigter Mann, aber in seiner Selbstherrlichkeit und Eigenständigkeit entging ihm der größte Segen seines Lebens – dem König des Himmels zu dienen. Wie oft wiederholt sich diese Szene wohl? Jesus stand vor der Tür des Wirts, verborgen im Schoß Marias. Wahrhaftig, du bist der Gott, der sich verbirgt. Welch eine Lektion! Manchmal kommt er zu uns in Zeiten des Wohlstands und der Geschäftigkeit, verborgen in Marias Schoß.

Manchmal ist er in einer Gelegenheit, zu dienen, verborgen.

Die Bestimmung Rebekkas lag in der Gelegenheit verborgen, zehn Kamelen zu dienen (siehe 1Mo 24).

Petrus' Bestimmung lag in Jesu Bitte um sein Boot verborgen (siehe Lk 5).

Zachäus' Verwandlung lag in der Bitte Jesu verborgen, zum Tee in sein Haus kommen zu dürfen (siehe Lk 19).

Jesus zeigt sich oft dann in einer Gelegenheit, zu dienen und Opfer zu bringen, verborgen, wenn wir gerade so richtig beschäftigt sind und wenn es uns besonders gut geht.

Einer geschäftigen, sich gut entwickelnden Gemeinde, die glaubte, in der Kraft Gottes zu gedeihen, einer Gemeinde, die glaubte, dass Jesus im Mittelpunkt all ihres Tuns stand, erklärte er:

Siehe, ich stehe vor der Tür und klopfe an.
– Offenbarung 3,20

Daraus lässt sich Folgendes schließen: In eurer Eigenständigkeit und eurem Wohlstand sind eure Ohren taub für meinen Ruf und lassen euch nicht erkennen, dass ich tatsächlich nur am Rand dessen stehe, was ihr tut, und nicht annähernd im Zentrum. Er geht noch weiter darauf ein. Jesus sagte:

Du sagst: »Ich bin reich. Ich habe alles, was ich will. Ich
brauche nichts!« Und du merkst nicht, dass du erbärmlich
und bemitleidenswert und arm und blind und nackt bist.
– Offenbarung 3,17 NLB

Manchmal verbirgt sich Gott, damit wir unsere Motive hinterfragen können.

Bist du mal auf den Gedanken gekommen, dass er vielleicht verborgen bleibt, damit wir unser Augenmerk von unseren Leistungen auf unsere Einstellung verlagern können? Von dem, *was* wir tun, auf das, *warum* wir es tun?

Es gibt noch so viele andere Lektionen, die man in solchen Zeiten lernen kann, in denen Gott sich dem Anschein nach verbirgt.

Er verbarg sich im Schrei eines Säuglings. Herodes musste eine ganze Generation töten lassen, weil er den König, der sein Königreich bedrohte, nicht finden konnte (siehe Mt 2,16).

Er verbarg sich in einem Zimmermann aus Nazareth, unbemerkt von dessen Geschwistern (siehe Lk 3).

Er verbarg sich in der Schmach des Kreuzes von Golgatha, sodass selbst der Teufel und seine Kohorten die himmlische Handschrift Gottes nicht erkennen konnten (siehe Joh 19).

*... sondern wir reden Gottes Weisheit in einem Geheimnis, die **verborgene**, die Gott vorherbestimmt hat, vor den Zeitaltern, zu unserer Herrlichkeit.– 1. Korinther 2,7 ELB*

Und wir dürfen nicht vergessen, dass Finsternis das Land bedeckte, als der Himmel dem göttlichen Licht seine Türen verschloss und Gott sich drei Tage lang in den Höhlen des Hades verbarg (siehe Eph 4).

Er kam jedoch aus seinem Versteck für diejenigen mit demütigen Herzen wie die Hirten, für diejenigen, die ihn beharrlich suchten wie die weisen Männer, für diejenigen, die geduldig warteten wie die Prophetin Anna, und für diejenigen, die glaubten, als andere blind für ihn waren.

Er war in der Welt, und die Welt ist durch ihn geworden,
doch die Welt erkannte ihn nicht. Er kam in sein Eigentum,
und die Seinen nahmen ihn nicht auf. Allen aber, die
ihn aufnahmen, denen gab er das Anrecht, Kinder
Gottes zu werden, denen, die an seinen Namen glauben.
– Johannes 1,10–12

Für die, die mehr als ein Baby sehen, oder einen Zimmermann aus Nazareth, oder einen Versager, der an einem Kreuz hängt, kommt er aus seinem Versteck. Für diejenigen, die demütig, weise, geduldig sind und glauben, auch wenn andere um sie herum ratlos und verwirrt sind, mag er ein Gott sein, der sich zeitweise verbirgt, doch nie ein Gott, der abwesend ist.

Jemand, der das besser wusste als die meisten anderen, war Hiob.

Auf seinem persönlichen Kriegsschauplatz voller Tragödien stehend, niedergeknüppelt von den Spötteleien verblendeter Freunde (»Sage dich los von Gott und stirb!« [Hiob 2,9]; »Wenn er sein Angesicht verbirgt, wer kann ihn schauen?« [Hiob 34,29]), begann sogar seine eigene Gesundheit unter dem Ansturm des unerbittlichen Pessimismus zu zerfallen, was ihn zu folgendem Ausruf bewegte: »Warum verbirgst du dein Angesicht und hältst mich für deinen Feind?« (Hiob 13,24). Hiob wusste jedoch etwas, worauf wir alle in Zeiten himmlischer Stille vertrauen müssen, wenn Gott sich zu verbergen scheint …

Er mag verborgen sein, aber er ist nie abwesend.

Hiob schreit zu Gott, während ihm die Negativität von Familie und Freunden entgegenschlägt, und er tut es von einem Ort der

Finsternis aus, mit Zweifel in seinem Herzen, dennoch schafft er es, zu erklären:

Doch ich weiß: Mein Erlöser lebt; ... ich [werde] ... aus meinem Fleisch Gott schauen. – Hiob 19,25–26 ELB

Wie Hiob bin ich mir einer Sache sicher: Wir alle erleben Phasen, in denen Gott sich zu verbergen scheint, aber er ist nie abwesend. Dass Hiob zu ihm schreit, bezeugt die Tatsache, dass er weiß, dass Gott da ist, nur eben verborgen. Das kenne ich aus meinem eigenen Leben. Wenn ich das Gefühl hatte, dass Gott nirgendwo zu sehen ist, war er tatsächlich näher denn je und lehrte mich die größten Lektionen, die ich überhaupt je gelernt habe. Und ich bin damit nicht allein.

Während einer Zeit extremer Verwirrung und Leiden im Leben Davids, als Gott sich wieder einmal zu verbergen schien, fühlte er sich allein und verloren. Die Verheißung der Königsherrschaft fühlte sich höchstwahrscheinlich wie eine Ausgeburt seiner eigenen Phantasie an, und er ertappte sich dabei, wie er sein Herz einem scheinbar verborgenen Gott ausschüttete, während er sich selbst vor der zerstörerischen Eifersucht Sauls versteckte.

Kannst du dir vorstellen, welche Gedanken ihm durch den Kopf gewirbelt sein müssen? Er konnte wahrscheinlich noch das Salböl schmecken, das ihm siebzehn Jahre zuvor übers Gesicht gelaufen war, als Samuel ihn nach Gottes Anweisung für den Thron Israels ausgesondert hatte. Aber wo war Gott jetzt?

Vielleicht hatte das Schweigen mit der Zeit Auswirkungen auf David, so wie es bei uns der Fall wäre.

Vielleicht wurde sein Glaube von den Umständen eingeholt. Sie legten nicht gerade die Einsetzung in den Königsstand nahe.

In der Dunkelheit der Höhle von Adullam, einer Umgebung, die die Dunkelheit seiner eigenen Seele widerspiegelte, verschaffte er seiner Frustration Luft, deren Worte in Psalm 142 und 143 festgehalten sind.

Die Ehrlichkeit dieses Gebets ist so erfrischend authentisch und befreiend, auch wenn es voller Angst, Verzweiflung und Schmerz ist.

»Ich habe allen Mut verloren, mit meiner Kraft bin ich am Ende«, ruft er. »Hol meine Seele aus diesem Gefängnis heraus, mein Leben ist am Boden zerstört, ich wohne in der Dunkelheit und mein Herz ist verzweifelt«.

Das wirkt so deprimierend. Wie können wir aus diesen Worten irgendetwas Positives oder Hilfreiches für uns selbst herausziehen, wenn auch wir solches Leid erleben? Die Antwort findet sich in Vers 6 von Psalm 143. David hat etwas getan, von dem ich bete, dass es zu unseren Herzen spricht und uns Hoffnung und Trost spendet. Einfach nur: »Ich strecke meine Hände aus nach dir.«

Als ich ein kleiner Junge war, haben wir ein Spiel gespielt, das sicherlich viele von euch kennen: Blindekuh. Für diejenigen, denen das nichts sagt: Einer Person werden die Augen verbunden, sie wird herumgedreht und muss dann als Ziel des Spiels blind und orientierungslos herumlaufen und diejenigen finden und benennen, die zwar anwesend, aber verborgen sind.

Instinktiv »strecken wir unsere Hände aus«, um diejenigen aufzuspüren, von denen wir wissen, dass sie da sind, die wir aber nicht finden können. Mit dieser Geste sagen wir Folgendes: »Ich kann dich nicht sehen oder fühlen, aber ich weiß, dass du da bist. Du magst verborgen sein, aber du bist nicht abwesend.«

David schien durch Enttäuschung verblendet und aufgrund von Verzweiflung desorientiert zu sein, und obwohl er es nicht in Worte fassen konnte, brachte er das, was er wusste, durch seine ausgestreckten Hände zum Ausdruck: »Gott, ich sehe nicht, dass du in all dem am Werk bist, auch deine Gegenwart kann ich nicht spüren, aber ich weiß, dass du irgendwo da bist.«

Manchmal, wenn er scheinbar verborgen und reaktionslos ist, will Gott, dass wir erkennen, dass es schon ausreicht, wenn wir wissen, dass er Bescheid weiß. Wenn sich Gott in Stille verbirgt, wenn du ungerecht behandelt, beschuldigt oder abgelehnt wurdest, wenn Frustration dein Herz beim scheinbaren Desinteresse des Himmels flutet, wirkt Gott immer noch. Nicht nur, um dir zu helfen, sondern auch, um dich dazu zu gebrauchen, zu anderen zu sprechen.

Diese Wahrheit liegt in diesem herzzerreißenden Schrei unseres Erlösers verborgen, den er in seiner dunkelsten Stunde ausstieß, als auch er seine Arme zum Himmel ausstreckte:

»Mein Gott, mein Gott, warum hast du mich verlassen?«
– Matthäus 27,46

Für einige, die an diesem Tag Zeugen davon waren, wie der Himmel scheinbar seinen Liebling zurückwies, diente es als Beweis für die Wahnhaftigkeit von Jesu Behauptungen über seine göttliche Sohnschaft. Für andere war es eine niederschmetternde Enttäuschung, die deutlich machte, dass seine Versprechen leer und trügerisch waren. Aber für den Himmel war es zweckdienlich. Der Himmel kam an diesem Tag nicht zu seiner Rettung, denn er arbeitete auf geniale Weise an einem verborgenen Ort und niemand bekam es mit.

Der Himmel arbeitet immer zum Wohle all derer, die Gott lieben (Rö 8,28), aber in diesen Zeiten des Schweigens scheint es nicht so, als würde er überhaupt für uns arbeiten. Der Himmel blieb an diesem Tag bewusst still, um seine größte Leidenschaft zur Schau zu stellen. Die Welt wäre der größten Demonstration von Gnade und Barmherzigkeit und Selbstlosigkeit beraubt worden, wenn der Himmel die Stille gebrochen hätte. Wenn der Himmel an diesem Tag geantwortet hätte, wäre es nie zu diesen unsterblichen Worten gekommen, die uns zum Besten dienen:»Vater, vergib ihnen, denn sie wissen nicht, was sie tun!« (Lk 23,34).

Du wirst vielleicht gerade jetzt ungerecht behandelt, missverstanden oder sogar abgelehnt. Deine Schreie nach göttlicher Hilfe verhallen scheinbar ungehört oder ignoriert in dem, was du als die leeren Korridore des Himmels wahrnimmst. Der Himmel mag schweigen, aber von Jesu Beispiel ausgehend sei versichert: Er erfüllt in diesem Moment einen höheren Zweck als deine persönliche Befreiung und deinen Trost. Gott kann in seinem Schweigen dir gegenüber verborgen sein, aber durch deine Reaktion und Antwort auf persönlich erfahrene Ungerechtigkeit spricht er laut zu allen, die zuschauen.

Als ein abgebrühter römischer Soldat die Reaktion Jesu auf einen rachsüchtigen Mob und einen schweigenden Himmel beobachtete, war er von der Glaubwürdigkeit Jesu überzeugt. Dieser Kerl muss der einzig Wahre sein. Er muss der sein, der er behauptet zu sein. Er ist gewiss der Sohn Gottes (siehe Mt 27,54).

Die Leute beobachten uns in Zeiten von Kummer, Verfolgung und Drangsal. Dabei geht es nicht um Perfektion, sondern um Authentizität. Sind wir echt? Sind wir unbeirrbar in unserem Vertrauen auf Gott während der Kreuzeszeiten, Kreuzigungszeiten, Zeiten der Himmelsstille? Antworten wir unseren Verfolgern mit Rufen nach Rache oder mit Vergebung? Antworten wir auf das Schweigen des Himmels mit Empörung oder mit Vertrauen? Dieser römische Soldat mag gesehen haben, wie Jesus Wunder vollbrachte, oder sogar einige seiner Predigten gehört haben. Doch es war die Reaktion Jesu auf einen schweigenden Himmel und einen gnadenlosen Mob, die es dem Himmel ermöglichte, in das zynische Herz dieses Soldaten vorzudringen. Wenn man in diese Richtung denkt und einen stillen Himmel einbezieht, lässt sich auch 1. Petrus 2,19–23 (NGÜ) verstehen.

Es verdient nämlich Anerkennung, wenn jemand, der zu Unrecht leidet, sein Leiden geduldig erträgt, weil er entschlossen ist, Gott treu zu bleiben. Oder hättet ihr irgendeinen Grund, stolz zu sein, wenn ihr wegen einer Verfehlung bestraft werdet und die Schläge standhaft ertragt? Aber wenn ihr leiden müsst, obwohl ihr Gutes tut, und dann standhaft bleibt – das findet Gottes Anerkennung, denn dazu hat er euch berufen. Auch Christus hat ja für euch gelitten und hat euch damit ein Beispiel hinterlassen. Tretet in seine Fußstapfen und folgt ihm auf dem Weg, den er euch vorangegangen ist – er, der keine Sünde beging und über dessen Lippen nie ein unwahres Wort kam; er, der nicht mit Beschimpfungen reagierte, als er beschimpft wurde, und nicht ›mit Vergeltung‹ drohte, als er leiden musste, sondern seine Sache dem übergab, der ein gerechter Richter ist.

Verliere nicht den Mut, wenn sich Gott in den Zeiten unfairer Behandlung und Verleumdung in der Stille verbirgt; der Himmel mag schweigen, aber er ist nicht taub.

Hebräer 5,7 besagt:

Dieser hat in den Tagen seines Fleisches sowohl Bitten als auch Flehen mit lautem Rufen und Tränen dem dargebracht, der ihn aus dem Tod erretten konnte, und ist auch erhört worden um seiner Gottesfurcht willen.

Gott verbirgt sich in Zeiten, in denen wir untreu, rebellisch und illoyal sind. Sein Verhalten in Zeiten wie diesen ist nicht die Reaktion einer beleidigten Leberwurst, sondern die liebevolle Reaktion eines Vaters.

In der Bibel heißt es, wenn wir untreu sind, bleibt er treu (siehe 2Tim 2,13).

Wenn wir ihn ablehnen und ihn im Stich lassen, wenn wir ihm nicht gehorchen, werden wir unweigerlich die Folgen unserer eigenen Entscheidungen erleiden, aber niemals das Gericht Gottes.

Gott ist unseren Fehlern, Sünden und unserer Untreue immer voraus und bereitet liebevoll alles vor, um uns wieder auf den richtigen Weg zu bringen.

Er tat es für Petrus. Er prophezeite Petrus' Verrat und bereitete gleichzeitig dessen Frühstück zu. Er prophezeite seine Untreue, blieb selbst aber treu (siehe Mt 26, Joh 13).

Jona ist ein Paradebeispiel für die Wahrheit, die ich zu vermitteln versuche. Jona rannte vor dem Ruf Gottes davon und musste die Konsequenzen tragen. Wenn du vor Gott wegläufst, führt der Weg immer nach unten. Er ging »hinunter« nach Jafo, »hinunter« in die untersten Bereiche des Schiffes, »nach unten« zum Schlafen, »hinunter« auf den Meeresgrund. Jona kaufte ein Ticket für das Schiff, und die Folge war, dass er für diese Entscheidung bezahlen musste (siehe Jona 1,3; 5,15).

Aber selbst in Jonas *Untreue* rettete Gott in seiner *Treue* Jona vor sich selbst.

In Jona 2,1 (EÜ) heißt es: »Der HERR aber schickte einen großen Fisch ...«

Gott verbarg sich, indem er einen ungewöhnlichen Schutz zur Verfügung stellte, und das trotz Jonas Untreue. Es ist erstaunlich, wie Gott uns in seiner Treue uns gegenüber sogar vor uns selbst bewahrt. Seine Gnade, obwohl sie uns verborgen bleibt, umgibt uns auf die ungewöhnlichsten Weisen. Jona hätte sich nie von Gnade umgeben und geschützt gesehen – alles, was er von seinem Platz aus inmitten des Glucksens und Gestanks von Verdauungssäften gesehen hätte, wäre die Magenwand eines Wals gewesen. Ohne dass Jona es wusste, war Gottes Treue in dieser schrecklichen Umgebung verborgen. Seine schützende Gnade war als das Innere eines Fisches verkleidet und Jona erkannte es nicht.

Du kannst der Gnade Gottes nicht entkommen, sie kennt keine Grenzen.

Du kannst die Gnade Gottes nicht übertreffen, sie hat keine Begrenzung nach oben.

Du kannst die Gnade Gottes nicht »wegsündigen«, sie ist unermesslich tief.

Er umgibt uns mit seiner Gnade, auch wenn wir ungnädig und undankbar sind.

Er umgibt uns mit seiner schützenden Treue, auch wenn wir untreu sind.

Vielleicht ist es an der Zeit, an einen Punkt der Umkehr zu kommen und zu erkennen, dass »Gott nicht nur in meiner Untreue bei mir blieb, sondern mich auch in meiner Untreue beschützte«.

Es war diese Offenbarung der Güte Gottes, die Jona mitten in seinem Ungehorsam dazu veranlasste, aus dem Inneren des Fisches zum »Herrn, seinem Gott« zu beten. Er sagte:

»Als ich schon alle Hoffnung aufgegeben hatte, dachte ich
an dich, und mein Gebet drang zu dir in deinen heiligen
Tempel. Wer sein Heil bei anderen Göttern sucht, die ja doch
nicht helfen können, verspielt die Gnade, die er bei dir finden
kann. Ich aber will dir Danklieder singen und dir meine

Opfer darbringen. Was ich dir versprochen habe, das will ich erfüllen. Ja, der HERR allein kann retten!« – Jona 2,8–10 HFA

Es ist die Güte Gottes, die uns zur Umkehr führt, nicht sein Gericht. Wenn uns klar wird, dass er – wie bei Jona – selbst in unseren untreuen und rebellischen Entscheidungen auf geheimnisvolle und unsichtbare Weise wirkt, um uns wieder auf den richtigen Weg zu führen, wird uns das in seine treuen, ausgestreckten Arme laufen lassen – für immer verändert.

Gottes schützende Gnade, selbst in unserer Untreue, sollte uns sprachlos machen. Sogar Kain, der erste Mörder der Geschichte, lernte diese Lektion über die schützende Gnade Gottes.

Und Kain sprach zum HERRN: Meine Strafe ist zu groß, als dass ich sie tragen könnte! Siehe, du vertreibst mich heute vom Erdboden, und ich muss mich vor deinem Angesicht verbergen und ruhelos und flüchtig sein auf der Erde. Und es wird geschehen, dass mich totschlägt, wer mich findet!

Da sprach der HERR zu ihm: Fürwahr, wer Kain totschlägt, der zieht sich siebenfache Rache zu! Und der HERR gab dem Kain ein Zeichen, damit ihn niemand erschlage, wenn er ihn fände. – 1. Mose 4,13–15

Nur der Himmel wird kundtun, wie oft Gott sich in unseren Phasen der Untreue und Selbstzerstörung verbarg und stillschweigend an unserem Schutz arbeitete. Erst im Himmel werden wir die Zeiten erkennen, in denen er uns mit seiner schützenden Gnade umgab, die an den außergewöhnlichsten Orten und in Form der ungewöhnlichsten Menschen verborgen und verkleidet war.

Sagt in allem [sogar eurer Untreue] Dank! Denn
dies ist der Wille Gottes in Christus Jesus für euch.
– 1. Thessalonicher 5,18 ELB

Gnade ruft lauter als jedes Bedauern.

Einer der tiefsten Schmerzen, die unser Leben lähmen und unsere Zukunft sabotieren können, ist der Schmerz des Bedauerns.

Die klassische Geschichte, wie Bedauern uns beeinträchtigen und wie Gott uns davon befreien kann, ist die von unserem alten Freund Petrus. In nur wenigen Stunden verschlechterte sich sein Status vom Helden zum Verräter. Vor staunenden Kollegen hieß es: »Du bist der Christus, der Sohn des lebendigen Gottes« (siehe Mt 16), doch im Angesicht von Verfolgung: »Ich kenne diesen Mann nicht« (siehe Lk 22).

Vor den Jüngern war er Jesu Beschützer, der seinen Feinden mit dem Schwert entgegentrat.

Vor der Welt war er sein Feind, der Jesus mit seinen Worten verleugnete.

Vor den Jüngern war er der Einzige, der Jesus glaubte und es schaffte, zaghaft auf dem Wasser zu gehen.

Vor der Welt war er derjenige, der seinen Unglauben zum Ausdruck brachte.

Vor den Jüngern war er derjenige, der erklärte: »Auch wenn sie alle weglaufen, ich nicht.«

Vor der Welt verkündete er diese Worte: »Auch wenn andere Jesus folgten, ich nicht.«

Als der Hahn krähte, wurde Petrus von einer Woge des Bedauerns überwältigt und in ein Meer der Schuld gespült.

Im gleichen Augenblick – noch während er das sagte – krähte
ein Hahn. Da wandte sich der Herr um und blickte Petrus
an. Petrus erinnerte sich daran, wie der Herr zu ihm gesagt
hatte: »Bevor der Hahn heute ›Nacht‹ kräht, wirst du mich
dreimal verleugnen.« Und er ging hinaus und weinte in
bitterer Verzweiflung. – Lukas 22,61–62 NGÜ

Hier ist das Erstaunliche: Petrus' Verleugnung war keine Überraschung für Jesus, sondern nur eine Überraschung für Petrus.

Ich kann mir ihn jetzt vorstellen – mit Tränen, die über sein Gesicht strömen, in einer dunklen Ecke zusammengekauert, zwischen herzzerreißenden Schluchzern ständig wiederholend: »Wie konnte ausgerechnet ich das tun?« Für Petrus war das Schlimmste von allem die Tatsache, dass er den Schaden nicht rückgängig machen konnte. Bedauern war nun das Lied, das er gezwungen war zu singen, und es war komplett in Moll. Petrus hatte sein frohes Lied durch Bedauern verloren, und vielleicht kennst auch du dieses Gefühl nur zu gut. Es fühlt sich an wie Klavierspielen mit Fäustlingen.

Wenn das Bedauern ein Lied schreiben würde, wäre dessen Titel »Hätte ich nur«.

Edith Piaf sang »No regrets«. Frank Sinatra sang »regrets, I've had a few«, aber viele von uns können sich leider nicht zum Singen durchringen. Das Bedauern raubt dir tagsüber den Frieden und nachts den Schlaf. »Hätte ich nur« ist einer dieser Songs, die man einfach nicht aus dem Kopf bekommt.

Ich habe kürzlich gelesen, dass eine Universität in Chicago eine Studie zum Thema Bedauern durchgeführt hat. Man fand heraus, dass es sechs Hauptgründe dafür gibt, warum Menschen das Klagelied »Hätte ich nur« singen.

1. Fehler in Beziehungen
2. Reue, mit Familienmitgliedern gestritten zu haben
3. Versagen im Bereich Bildung
4. Berufliche Entscheidungen
5. Finanzielle Entscheidungen
6. Fehler als Eltern

Es scheint, dass wir in einer Gesellschaft von Reue-Alkoholikern leben – eine Sucht, die wohl mehr Leben zerstört hat als jede andere Droge. Das größte Problem für jeden Süchtigen ist nicht die Tatsache, dass er süchtig ist, sondern das nagende Gefühl des Bedauerns, dass er jemals diesen ersten Drink oder diese erste Pille genommen hat.

Im Wörterbuch wird *bedauern* wie folgt definiert: »erinnern mit Reue«. Das Wort *Reue* stammt von dem westgermanischen Wort *hreuwo* ab: »schmerzen, wehtun«. Weitere Wortverwandtschaften weisen darauf hin, dass die Ausgangsbedeutung von *Reue* wahrscheinlich »seelischer Schmerz, innere Zerstörung« war und, wie das niederländische *rouw* zeigt, auch im Zusammenhang mit »Trauer« und »Kummer« verwendet wurde.

Genau so erging es Petrus. Er weinte immer wieder in bitterem Seelenschmerz über etwas, das er nicht ändern konnte. Und wir auch. Bedauern ist nichts, was dir passiert – es ist etwas, das sich aufgrund dessen, was mit dir passiert ist und worüber du keine Kontrolle hast, mit deiner Erlaubnis in deinem Herzen entwickelt.

Verglichen auf einer banalen Ebene ist es, wie von einer Warteschlange in eine andere zu wechseln, nur um bedauernd festzustellen, dass es in der Schlange, aus der du gerade herausgetreten bist, nun schneller vorwärtsgeht. Oder sich zu fragen, warum man nicht noch eine Woche gewartet hat, um diese Waschmaschine zu kaufen – denn jetzt kostet sie nur noch die Hälfte.

Das andere Extrem ist ein gelähmter Mann, der lebenslang in einem Rollstuhl sitzen muss, und tagtäglich bedauert, dass er zu einer bestimmten Zeit an einem bestimmten Ort war und dort von diesem betrunkenen Fahrer angefahren wurde.

Ein von Bedauern begleiteter Gedankengang führt dich schlussendlich zu der Überzeugung, dass du anders gehandelt hättest, wenn du damals gewusst hättest, was du heute weißt. Da du jedoch die Fakten nicht ändern oder die Vergangenheit neu schreiben kannst, denn beides liegt außerhalb deiner Kontrolle, kannst du nur auf eine Weise reagieren – »wieder in bitterer Verzweiflung zu weinen«. Du erlebst den seelischen Schmerz immer wieder aufs Neue, denn das Bedauern liebt es, die Vergangenheit wieder aufleben zu lassen.

Vor einigen Jahren las ich eine tragische Geschichte, die vor Augen führt, welch schrecklichen Folgen es hat, wenn man Bedauern in sein Herz einziehen lässt. Ein Mann, der mit seiner Frau und seiner betagten Mutter zusammenlebte, verließ das Haus, um Lebensmittel einzukaufen. Nach seiner Rückkehr war er entsetzt, als er sein Haus von Feuerwehrautos umstellt vorfand, während Flammen das Haus mit seiner Mutter darin verschlangen. Er stand hilflos da und musste zusehen, wie das Inferno sein Zuhause zerstörte und, noch verheerender, seiner Mutter das Leben nahm.

Die persönlich empfundene Schuld, das Haus verlassen und damit seine hilflose Mutter schutzlos den Flammen überlassen zu haben, strapazierte seine Seele so sehr, dass der Sohn am selben Tag, an dem er seine Mutter verlor, auch seine Stimme verlor und nicht mehr sprechen konnte. Seine Stummheit hielt über Tage an, die sich zu Wochen und dann Monaten ausdehnten.

Besorgt brachte ihn seine Frau zu einem Spezialisten, um ihn gründlich untersuchen zu lassen. Der Arzt kam in seiner Diagnose zu dem Schluss, dass es keinen körperlichen Grund gab, warum ihr Mann nicht sprechen konnte. Seine Stimmbänder waren intakt und das Sprechen lag völlig im Bereich des Möglichen; der Arzt war irritiert, warum der Mann seinen Mund nicht öffnen und Worte bilden konnte.

Er begann dann, persönlichere Fragen zu stellen und fasste bei der Frau nach, ob ihr Mann in jüngster Vergangenheit etwas Traumatisches erlebt habe. Dann erzählte sie die tragische Geschichte vom Feuer, dem Tod ihrer Schwiegermutter und der Abwesenheit ihres Mannes an jenem Tag, weil er Lebensmittel einkaufen gegangen war. Der Arzt sah sie wissend an und sagte, er glaube, dass die Grundursache für diese Störung bei ihrem Mann nicht körperlich, sondern psychosomatisch sei. Er lebe mit dem Schuldgefühl und dem Bedauern, das Haus verlassen und damit seine Mutter allein gelassen zu haben, und gebe sich die Schuld für ihren Tod.

Ich weiß nicht, wie die Sache für diesen Mann ausging, aber eines weiß ich: Bedauern, wenn es nicht verarbeitet wird, ist ein grausamer Kerkermeister.

Er kennt keine Gnade.

Er lacht, wenn du weinst.

Er verspottet dich nachts, wenn du am Tiefpunkt bist.

Er verhöhnt dich und macht sich lustig über dich und bohrt sich mit lautstarken Anklagen wie diesen in dein Herz: »Du hättest es besser wissen müssen ...«, »Wie konntest du das tun, wo du doch weißt, was du jetzt weißt«, dazu das allgegenwärtige »Hätte ich doch nur ...«.

Petrus hatte sein Lied durch Bedauern verloren, er war verstummt. Verständlich, wenn man den historischen Kontext betrachtet.

Historiker erklären uns, dass die Römer, wenn sie einen Gefangenen geißelten, gnadenlos waren. Der Auspeitscher war darin geschult, die Peitsche zu benutzen, und somit ein Profi in seinem Handwerk. Er war fähig, einen Menschen bis genau zu dem Maß auszupeitschen, dass dieser gerade noch so weit am Leben blieb, um sich dem Tod durch Kreuzigung stellen zu können. Die Bibel berichtet uns, dass Jesus vor der Kreuzigung eine solche Geißelung erfuhr. Diese schreckliche und entsetzliche Tortur wurde in dem Hollywood-Film *Die Passion Christi* auf drastische Art dargestellt.

Während der Geißelung trat der Folterer immer wieder vor das Opfer, um dessen Augen zu überprüfen. Wenn er nur die leisesten Anzeichen sah, dass das Leben aus dem Opfer zu weichen drohte, hörte er auf, um der Kreuzigung als Instrument des Todes den Vorrang zu lassen. In diesem Fall musste er, wie ich glaube, dabei jedes Mal den barmherzigen Blick ertragen, mit dem Jesus sein prüfendes Starren erwiderte.

Warum erwähne ich das?

Als man Jesus dorthin zerrte, wo er geschlagen und misshandelt wurde, so steht es in der Bibel, sah Petrus aus der Ferne zu (siehe Lk 22,54).

Als Petrus von den Feinden Jesu befragt wurde, hat er schlichtweg dreimal geleugnet, Jesus zu kennen. Genau wie Jesus vorausgesagt hatte, wurde beim Krähen des Hahnes der Verrat durch Petrus besiegelt. Kaum waren die Worte des Verrats und der Verleugnung aus seinem Mund gekommen, musste Petrus denselben barmherzigen, wissenden Blick ertragen, denn über diesen Moment sagt die Bibel: »Und der Herr wandte sich um und sah Petrus an. Da erinnerte sich Petrus an das Wort des Herrn, das er zu ihm gesprochen hatte: Ehe der Hahn kräht, wirst du mich dreimal verleugnen! Und Petrus ging hinaus und weinte bitterlich« (Lk 22,61–62).

Dieser Blick. Dieser Blick muss ihm wie ein Laserstrahl durch Mark und Bein gedrungen sein. Das Schreckgespenst des Bedauerns erhob sich und packte Petrus an der Kehle und begann, das Leben in ihm zu ersticken. Es wäre nachvollziehbar, wenn es sich für Petrus so anfühlte, als sei es das Ende. Seine eigenen Worte wurden zu seiner Geißel. Hieb um Hieb zischten frühere Aussagen als Zeugnisse seiner Treulosigkeit auf seine Seele nieder.

»Sie werden dich verlassen, ich aber nicht ...« *Zzzisch!*

»Selbst wenn sie dich alle im Stich lassen, werde ich bleiben ...« *Zzzisch!*

»Ich werde dich nie verleugnen ... für dich sterben, ja, aber dich verleugnen – niemals ...« *Zzzisch!*

Tagelang muss Petrus versucht haben, sich vom Marterpfahl des Bedauerns loszuschneiden. Er weinte bitterlich und trotzdem fuhr die Peitsche erbarmungslos auf sein Gewissen nieder. Er versuchte, der Realität durch Arbeit zu entkommen, und dennoch riss die Geißel des Peinigers sein Herz in Stücke. Ohne dessen Wissen, während Petrus immer mehr verzweifelte und seine Vergangenheit bereute, bereitete Jesus Frühstück zu, um ihn für seine Zukunft zu stärken.

Die allseits bekannte Begegnung Jesu mit Petrus ist in Johannes 21,15–19 festgehalten. Als ich diesen Bericht aus einem neuen Blickwinkel las, entdeckte ich, wie Jesus Petrus aus dem Kerker des Bedauerns erlöste und seine Leidenschaft für das Leben wiederherstellte.

Johannes 21,15–19 zeichnet die Begegnung auf.

Als sie nun gefrühstückt hatten, spricht Jesus zu Simon Petrus: Simon, Sohn des Jonas, liebst du mich mehr als diese? Er spricht zu ihm: Ja, Herr, du weißt, dass ich dich lieb habe! Er spricht zu ihm: Weide meine Lämmer! Wiederum spricht

er zum zweiten Mal zu ihm: Simon, Sohn des Jonas, liebst
du mich? Er antwortete ihm: Ja, Herr, du weißt, dass ich
dich lieb habe. Er spricht zu ihm: Hüte meine Schafe! Und
das dritte Mal fragt er ihn: Simon, Sohn des Jonas, hast du
mich lieb? Da wurde Petrus traurig, dass er ihn das dritte
Mal fragte: Hast du mich lieb?, und er sprach zu ihm: Herr,
du weißt alle Dinge; du weißt, dass ich dich lieb habe. Jesus
spricht zu ihm: Weide meine Schafe! Wahrlich, wahrlich, ich
sage dir: Als du jünger warst, gürtetest du dich selbst und
gingst, wohin du wolltest; wenn du aber alt geworden bist,
wirst du deine Hände ausstrecken, und ein anderer wird dich
gürten und führen, wohin du nicht willst. Dies aber sagte er,
um anzudeuten, durch welchen Tod er Gott verherrlichen
werde. Und nachdem er das gesagt hatte, spricht er zu ihm:
Folge mir nach!

Erstens: Er brachte Petrus dazu, sich auf seine Beziehung zu konzentrieren, nicht auf sein Bedauern.

Jesus fragte Petrus nicht: »Bereust du es, mich damals enttäuscht
zu haben, aber liebst du mich jetzt?«

Tatsächlich sagte Jesus zu Petrus und damit auch zu uns:

Hör auf, dich auf das zu konzentrieren, was du falsch ge-
macht hast, und konzentriere dich auf denjenigen, der über
Fehler nicht Buch führt.

Hör auf, dich auf deine Verurteilung zu konzentrieren,
und fang an, dich auf meine »Nicht-Verurteilung« zu kon-
zentrieren.

Petrus, ich bin nicht hier, um Salz in die Wunde zu streuen, sondern um es auszuwaschen.

Zweitens: Er brachte Petrus dazu, sich auf seinen gegenwärtigen Dienst zu konzentrieren, nicht auf seine frühere Meuterei.

Die Worte »Weide meine Lämmer!« erteilen Petrus die Erlaubnis, Jesus zu dienen.

Er tat das Gleiche für Mose. Er sagte Mose, er solle aufhören, einer vertanen Gelegenheit nachzutrauern, die vierzig Jahre in der Vergangenheit lag, und sich stattdessen darauf konzentrieren, Menschen auf ihre Befreiung aus der Sklaverei vorzubereiten (siehe 2Mo 3).

Das Gleiche tat er für Simson. Monatelang wurde Simson von Bedauern aufgefressen, während er blind und machtlos umherlief und Getreide am Mühlstein der Philister mahlte, während Gott versuchte, seine Aufmerksamkeit auf seine nachwachsende Haarpracht zu lenken (siehe Ri 16).

Oder was ist mit David? Nach seiner schrecklichen Sünde mit Batseba und nach dem darauffolgenden feigen Plan, ihren Mann zu töten, weinte und fastete er und machte sich selbst fertig. Während David sich selbst durch Bedauern disqualifizierte, ermutigte Gott ihn, sich auf Salomo zu konzentrieren, den Sohn, der als Ergebnis seiner Wiederherstellung entstehen würde (siehe 2Sam 12).

Es ist an der Zeit, die Dinge, die Gott vergeben hat, zu vergessen. Je länger du im Zustand des Bedauerns lebst, desto länger muss diese Welt ohne den Salomo auskommen, den Gott durch dich hervorbringen will.

Die Engel befragten eine Gruppe trauernder Frauen, die an ein Grab gekommen waren, um dort zu weinen: »Was sucht ihr den Lebenden bei den Toten? Er ist nicht hier, sondern er ist auferstanden!« (siehe Lk 24,5–6).

Es ist Zeit, damit aufzuhören, Blumen auf die Gräber von gestorbenen Träumen oder gestorbenen Beziehungen zu legen. Verweigere dem Bedauern die Erlaubnis, dich an der Hand zu führen und Dinge zu beklagen, die du nicht ändern kannst. Jesus hat für dich Frühstück vorbereitet, die Mahlzeit des Neubeginns, der neuen Anfänge und neuen Tage. Was Jesus für dich vorbereitet hat, ist nicht die letzte, die Henkersmahlzeit eines Verurteilten, sondern die erste Mahlzeit eines Menschen, dem vergeben ist.

Drittens: Jesus brachte Petrus dazu, sich auf sein triumphvolles Ende zu konzentrieren, nicht auf seine desaströse Vergangenheit (siehe Joh 21,18–19).

Was Gott in dir begonnen hat, wird er auch vollenden. Du befindest dich vielleicht gerade in der Dunkelkammer, noch im Entwicklungsprozess, aber was Gott betrifft, so sieht er schon das fertige Foto. Dein Versagen hat Jesus nicht überrascht; er wird es nicht nur nutzen, um dich weiterzuentwickeln, sondern auch, um dir zu helfen, anderen zu helfen.

Schau, was Jesus zu Petrus vor seiner Verleugnung in Lukas 22,31–32 (NLB) sagte:

> *»Simon, Simon, der Satan hat euch alle haben wollen. Er wollte euch durchsieben wie Weizen. Doch ich habe für dich gebetet, dass dein Glaube nicht aufhöre. Wenn du also später*

umgekehrt und zu mir zurückgekommen bist, dann stärke
deine Brüder.«

Eines der Geschenke, die Jesus bei seiner Geburt erhielt, war
Myrrhe, ein Schmerzmittel. Es ist interessant, dass Jesus bei seiner
Geburt Myrrhe erhielt, sich aber weigerte, bei seinem Tod welche
zu trinken.

Für mich unterstreicht das wiederum die Tatsache, dass mit
seiner Geburt auch ein Versprechen gegeben wurde – uns mit unserem Schmerz zu helfen –, und sein Tod beweist die Tatsache,
dass die Gnade lauter ruft. Auch lauter als unser Schmerz.

Ich liebe diese kurze Veranschaulichung namens *Leaving the*
City of Regret (dt.: Die Stadt des Bedauerns verlassen) von Larry
Harp. Er schreibt:

Ich hatte eigentlich nicht geplant, zu dieser Jahreszeit eine
Reise zu unternehmen, und doch ertappte ich mich dabei,
wie ich ziemlich eilig meinen Koffer packte. Diese Reise wür-
de unangenehm werden, und ich wusste im Voraus, dass
nichts wirklich Gutes dabei herauskommen würde. Ich spre-
che von meiner jährlichen »Reise der Schuldgefühle«.
Ich hatte Tickets für den Flug mit Hätt-ich-nur-Airlines.
Es war ein extrem kurzer Flug. Ich nahm mein Gepäck, das
ich nicht aufgeben konnte. Mir blieb nichts anderes übrig,
als es den ganzen Weg selbst zu tragen. Es war mit tausend
Erinnerungen an das, was hätte sein können, beschwert.
Niemand begrüßte mich, als ich das Terminal zum Interna-
tionalen Flughafen von Trauerstadt betrat. Ich sage interna-
tional, weil Menschen aus der ganzen Welt in diese trostlose
Stadt kommen.

Als ich im Hotel »Letzte Zuflucht« eincheckte, fiel mir auf, dass dort das wichtigste Ereignis des Jahres stattfinden würde, die jährliche Selbstmitleidsparty. Ich wollte dieses großartige gesellschaftliche Ereignis nicht verpassen. Viele angesehene Bürger der Stadt würden dort sein.

Da wäre als erste die Familie Getan-haben, du weißt schon – sollte, würde, könnte. Dann die Familie Ich-hätte-gern. Den alten Wunsch und seine Sippe kennst du wahrscheinlich. Natürlich würden auch die Gelegenheiten – Verpasst und Vertan – anwesend sein. Die größte Familie würde der Gestern-Clan sein. Von ihnen gibt es zu viele, als dass man sie zählen könnte, aber jeder würde eine sehr traurige Geschichte zu erzählen haben.

Sicherlich würden auch Zerplatzte-Träume auftauchen. Und Es-ist-ihre-Schuld würde uns mit Geschichten (Ausreden) darüber erfreuen, wie die Dinge in ihrem Leben gescheitert waren, und jede Geschichte würde mit lautstarkem Applaus von Gib-mir-nicht-die-Schuld und Ich-konnte-nicht-anders bedacht werden.

Also, um es kurz zu machen, ich ging zu dieser deprimierenden Feier, wobei ich wusste, dass ich mir damit eigentlich keinen Gefallen tat. Und wie immer wurde ich sehr deprimiert. Aber als ich über all die Geschichten von Misserfolgen nachdachte, die aus der Vergangenheit hervorgekramt wurden, kam mir in den Sinn, dass diese ganze Reise und die anschließende »Mitleidsparty« von **MIR** abgebrochen werden könnte! Ich fing an, wirklich zu erkennen, dass ich nicht dort sein musste. Ich musste nicht deprimiert sein. Eine Sache ging mir durch den Kopf: ICH KANN GESTERN NICHT MEHR ÄNDERN, ABER ICH HABE DIE MACHT, HEUTE ZU EINEM WUNDERBAREN TAG ZU MACHEN. Ich

kann glücklich, fröhlich, erfüllt, ermutigt und auch ermu-
tigend sein. Mit diesem Wissen verließ ich die Stadt des Be-
dauerns unverzüglich und hinterließ auch keine Nachsende-
anschrift. Tut es mir leid, dass ich in der Vergangenheit Feh-
ler gemacht habe? JA! Aber es gibt keine reale Möglichkeit,
sie rückgängig zu machen.

Wenn du also eine Reise zurück in die Stadt des Bedau-
erns planst, dann storniere bitte jetzt alle deine Reservierun-
gen.

Mach stattdessen eine Reise zu einem Ort namens Neu-
anfang. Mir hat es dort so gut gefallen, dass ich jetzt meinen
ständigen Wohnsitz dort habe. Meine Nachbarn, die Ich-ver-
gebe-mir und die Neustarts, sind äußerst hilfsbereit. Übri-
gens musst du kein schweres Gepäck mit dir herumschlep-
pen, denn die Last wird dir direkt bei der Ankunft von den
Schultern genommen. Gott segne dich beim Finden dieser
großartigen Stadt. Wenn du sie finden kannst – sie liegt in
deinem eigenen Herzen –, dann komm mich mal besuchen.
*Ich wohne in der **Ich-schaffe-das**-Straße.*

Freunde, könnt ihr das Flüstern der Wahrheit hören?
Gnade ruft lauter.

KAPITEL VIER

GNADE RUFT LAUTER ALS DER MANGEL – EIN FUNDAMENT DER LIEBE

»Dort, wo deine Wurzeln liegen, ist der Ort, von dem du die geistlichen Nährstoffe für dein Leben beziehst.«

»Gehen Sie zum Telefon, gehen Sie jetzt zum Telefon«, drängt der Fernsehprediger leidenschaftlich sein Publikum, während sein Blick durch die Kamera zu den Zuschauern dringt und der Wichtigkeit seines Aufrufs Nachdruck verleiht.

»Wenn Sie Gott nicht gehorchen, indem Sie nicht vor dem 17. April an diesen Dienst spenden, wird die Tür des Himmels sich schließen und Sie werden Ihre Gelegenheit verpassen, gesegnet zu werden. Die Engel Gottes sind bereit und warten darauf, in Ihr Leben entlassen zu werden, um Ihnen Ihr Wunder zu bringen«, erklärt er, während nun Tränen seine Augen füllen.

»Ihre Familie wird gerettet, Ihr Körper wird geheilt, Ihre Schulden werden erlassen, aber …«, die Ernsthaftigkeit auf seinem Gesicht ist jetzt nicht mehr zu steigern, »damit all dies geschehen kann, ist es entscheidend, dass Ihr Samen von 77 Euro für zwölf Monate jetzt in diesen Dienst gesät wird. Gehen Sie jetzt zum Telefon!«

Immer weiter argumentiert er wie ein gewiefter Verkäufer, und setzt damit unseren unglaublich liebevollen, gnädigen Gott zu einem Teleshopping-Betrüger herab.

Es scheint nur noch eine Aussage zu fehlen, um diesen Appell mit dem eines Teleshopping-Kanals gleichzusetzen: »Dieses Angebot endet in ...«

Es ist kein Wunder, dass große Teile des Leibes Christi nicht nur den Fernseher ausgemacht haben, sondern auch das Herz »ausschalten«, sobald irgendjemand über finanziellen Wohlstand spricht. Was Gottes Leidenschaft angeht, für sein Volk zu sorgen, hat er sehr viel schlechte Presse bekommen, und das vor allem, weil irgendein verzweifelter Prediger, der darum kämpft, seinen Dienst über Wasser zu halten, wie im gerade beschriebenen Beispiel auf Manipulation der schlimmsten Art zurückgreift.

Ich verstehe wirklich die Abscheu vieler Christen als Reaktion auf diese Art von Scharlatanerie. Ich teile ihr Empfinden sogar.

Dir die Wahrheit aufzuzeigen über unseren großzügigen Gott und seine Bereitschaft, seine Kinder finanziell zu versorgen, ist daher einer der Gründe, warum sich dieses Buch so viel mit dem auf Gnade basierten Geben und Empfangen beschäftigt.

Um zu verhindern, dass du das Kind mit dem Bade ausschüttest, bete ich, dass die nächsten Kapitel deinen Glauben an *Jahwe-Jireh* wiederherstellen und dir darüber hinaus durch Ergreifen dieser Offenbarung helfen werden, Manipulation zu erkennen, wenn du mit ihr konfrontiert bist.

Es ist an der Zeit, dass du von Schuldgefühlen oder auch von auf Angst gegründetem Geben und Empfangen befreit und erlöst wirst.

Es ist Zeit für ein neues Verständnis von Gottes Bereitschaft, zu geben.

Eine bestimmte Bank erhielt eine ungewöhnlich große Menge gefälschter Banknoten. Man ließ einen Experten kommen, um das Problem zu untersuchen. Während der Arbeit bemerkte ein Mitarbeiter gegenüber dem Fälschungsexperten: »Sie müssen Hunderte von gefälschten Banknoten untersucht haben, um das tun zu können, was Sie tun.«

»Nein«, sagte der Experte, »ich wende meine ganze Zeit dafür auf, echte Scheine genau zu untersuchen, sodass ich, wenn ich eine gefälschte Note sehe, den Unterschied sofort erkennen kann.«

Ich bete, dass das, was du gleich lesen wirst, dir hilft, das Reale vom Gefälschten zu unterscheiden, und dein Herz überschäumen lässt vor Dankbarkeit und Staunen über Gottes gnadenbasiertes Bankensystem, auf das der Gläubige bei Bedarf Zugriff hat.

Ich gebe diese Offenbarung auch aus dem Grund weiter, weil ich den Menschen helfen möchte zu verstehen, dass die Prinzipien des Reiches Gottes unabhängig von den persönlichen Umständen und vom sozialen und wirtschaftlichen Umfeld funktionieren.

Mitte der 2000er Jahre wurde die Weltwirtschaft von einer globalen Finanzkrise getroffen, sodass das weltweite Bankensystem ins Wanken geriet und zusammenzubrechen drohte. Die Menschen verloren ihre Arbeit, ihre Altersvorsorgen und sogar ihr Zuhause. Als Pastor studierte ich eingehend, was die Bibel über eine solche Situation zu sagen hat und was das für die Gemeinde bedeutet. Ich erinnere mich, dass ich mich fragte, was um alles in der Welt ich den Leuten in meiner eigenen Gemeinde vermitteln sollte, damit sie Zeiten finanzieller Not gut überstehen könnten.

Ich entdeckte, dass unser himmlischer Vater von dem, was im Bankensystem der Welt geschieht, überhaupt nicht beeinflusst wird und er sich stattdessen dem Schutz, der Versorgung und dem Segen seiner Familie verschrieben hat. Er nutzt diesen Prozess sogar als Weg für seine Gemeinde, um der Welt zu verkünden: »Gnade ruft lauter als jeder Mangel.«

Besonders herausfordernd und gleichzeitig ermutigend für mich war, zu lesen, wie Gott sein Volk angesichts schwerer Verfolgung, Hungersnot und Mangel versorgt und beschützt hat. Während ganz Ägypten aufgrund der sozialen, wirtschaftlichen und geistlichen Katastrophe in Panik geriet, entwickelte sich das Volk Gottes trotz allem, was um es herum geschah, geradezu prächtig.

Die Verse 18 und 19 (ELB) aus 2. Mose 8, deren Inhalt sich an den Pharao richtete, sagen alles.

Ich werde aber an jenem Tag das Land Goschen, in dem sich mein Volk aufhält, besonders behandeln, so dass dort keine Stechfliegen sein werden, damit du erkennst, dass ich, der HERR, mitten im Land bin. Und ich werde einen Unterschied setzen zwischen meinem Volk und deinem Volk.

Während Ägypten vom göttlichen Gericht erschüttert wurde, lebte das Volk Gottes in Wohlstand und Frieden.

Die Worte, die mich diesbezüglich besonders bewegt haben, waren »besonders behandeln«, »mein Volk«, »keine Stechfliegen«, »damit du erkennst«, »ich, der HERR, bin mitten im Land« und »ich werde einen Unterschied setzen«. Diese Aussagen sind wirklich voller Ermutigung für das Volk Gottes.

Ich habe das Gefühl, dass Gott zur Gemeinde im Grunde genommen sagt: »Ihr seid anders, ihr gehört zu mir. Was auch immer das Land befällt, es wird euch nicht infizieren. Ich möchte, dass ihr wisst, dass ich mittendrin bei euch bin – was auch immer geschieht –, sodass die Welt, wenn sie meine Fürsorge für euch bemerkt, erkennt, dass die Gnade lauter ruft als jeder Mangel. Mir zu vertrauen, dass ich für euch sorge, wird euch nicht nur segnen, sondern mir auch Ehre bringen.«

Gottes Motiv dafür, Gnade zu schenken

Während ich diese Wahrheiten studierte, um sie meiner Gemeinde präsentieren zu können, entdeckte ich sechs Wege, die von einem großzügigen Gott bereitet wurden, damit wir finanziell versorgt sein können.

Im Nachhinein, wenn ich meinen persönlichen Weg mit Gott Revue passieren lasse, merke ich, dass es Zeiten gab, in denen ich diese Prinzipien außer Acht ließ und ohne die Offenbarung, die ich jetzt mit dir teile, agiert habe. Auf den folgenden Seiten lasse ich dich an besagten Prinzipien teilhaben, um zu zeigen, dass sie wirklich funktionieren. Gott hat meine Bedürfnisse immer wieder erfüllt. Wenn du dir diese erstaunlichen göttlichen Prinzipien zu eigen machst, wird dich das in die Lage versetzen, von Egoismus, Sorge, Hoffnungslosigkeit, Unabhängigkeit, Faulheit und Unsicherheit frei zu werden.

Nun verstehen wir das »Was« – dass Gott für sein Volk sorgen kann und will. Jetzt ist es an der Zeit, sich das »Warum« anzusehen. Warum will Gott uns überhaupt etwas geben?

Aber zuerst: Wurzeln

Bevor wir uns näher damit befassen, ist es zunächst erforderlich, dass wir eine ehrliche Bewertung der »Wurzeln« vornehmen, die sich in unserem Leben auswirken.

Dort, wo deine Wurzeln liegen, ist der Ort, von dem du die geistlichen Nährstoffe für dein Leben beziehst, und aus dieser Quelle wird die Frucht deines Lebens hervorkommen. Wurzeln sind wichtig. Nein, ich sollte besser sagen, dass Wurzeln sogar lebenswichtig sind, wenn es um Gott, einen selbst und andere geht. Das Gleichnis vom Sämann bestätigt dieses Prinzip (siehe Lk 8). Die Betonung in diesem Gleichnis liegt auf dem Boden, in den gesät wird, und dem Wurzelsystem. Die Ertragsfähigkeit des Saatguts ist von beidem abhängig. Das Wurzelsystem eines Baumes ist das Mittel, mit dem sein Leben aufrechterhalten wird. Die Substanz, in die die Wurzeln dieses Baumes eingebettet sind, ist entscheidend für seine Fruchtbarkeit. Wenn die Wurzeln eines Baumes tief in Öl versinken, wird er nicht fruchtbar sein und würde wahrscheinlich sterben. Wenn die Wurzeln des Baumes in Säure hinein reichen, wird er nicht fruchtbar sein – er würde wiederum höchstwahrscheinlich sterben. Nur ein ausreichend gewässerter und nahrhafter Boden kann liefern, was notwendig ist, damit der Baum überleben und gedeihen kann.

Ich hörte mal von einem jungen Pfleger in der Psychiatrie, der an seinem ersten Arbeitstag dort durch das Krankenhaus ging. Während er die Gänge durchschritt traf er auf eine ältere Patientin, die ständig den Satz »Wie konnte er nur?« wiederholte. Er ging behutsam auf sie zu, schaute in ihre dunklen Augen und fragte sie, warum sie diese Worte immer wiederholte. Sie starrte ihn ausdruckslos an, bevor sie jene vier Worte erneut zu wiederholen begann, selbst als sie sich abwandte und wegging.

Der verdutzte Pfleger fand seinen Vorgesetzten und fragte ihn nach dem Grund für die permanente seelische Qual dieser Frau. »Nun«, sagte der Vorgesetzte, »als sie eine junge Frau war, verließ ihr Mann sie wegen einer anderen Frau. Das traf sie schwer und verletzte sie zutiefst. Sie konnte nicht verstehen, wie jemand, den sie so sehr liebte, sie so schrecklich betrogen haben konnte. Seitdem kann sie nur noch sagen: ›Wie konnte er nur?‹ Sie ist seit vielen Jahren in diesem Krankenhaus, gebunden durch ihre Unversöhnlichkeit, die sich inzwischen in Bitterkeit verwandelt hat und sie ein Leben lang gefangen hält.«

Als ich diese Geschichte hörte, bestärkte sie mich in meinem Glauben, dass das Wurzelsystem in unserem Leben und insbesondere der Boden, aus dem diese Wurzeln ihr Leben ziehen, für unsere Gesundheit enorm wichtig sind. Sie sind geistlich, geistig, emotional und, wie die Medizin inzwischen bewiesen hat, sogar körperlich von höchster Bedeutung.

Wenn die Wurzeln deines Lebens nicht fest in Gottes unverdiente Gunst und bedingungslose Liebe eingebettet sind, hat das auf deine Motive, ihm zu dienen, ernsthafte Auswirkungen. Bevor wir versuchen, irgendein Prinzip aus der Bibel auf unser Leben anzuwenden, ist es unerlässlich, dass wir verstehen, dass Gott Liebe ist. Nicht nur theologisch, sondern auch erfahrungsmäßig.

Er heilt, weil er liebt.

Er rettet, weil er liebt.

Er erzieht, weil er liebt.

Er gibt, weil er liebt.

Als der Apostel Johannes das Wesen Gottes beschrieb, sagte er nicht: »Gott ist Zorn«, »Gott ist Kraft« oder »Gott ist weise«. Er ist natürlich all das und noch mehr. Der Aspekt des Charakters Gottes, über den Johannes seine Leser intensiv nachzudenken ermutigt, ist vielmehr dieser: Gott ist Liebe. Und er ermahnt sie, sich von dieser Eigenschaft Gottes durchdringen zu lassen und sie fest mit dem Kern ihres Seins zu verweben

Bevor wir also über diese sechs Wege sprechen, die Gott benutzt, um den Mangel von seiner Gnade übertönen zu lassen,

müssen wir sicherstellen, dass unser Wurzelsystem fest in die bedingungslose Liebe Gottes eingebettet ist.

*Aus diesem Grund (da ich die Größe dieses Plans erkenne,
durch den ihr in Christus zusammengefügt seid) beuge ich
meine Knie vor dem Vater unseres Herrn Jesus Christus,
nach dem jede Familie im Himmel und auf Erden benannt
ist (dem Vater, von dem jede Vaterschaft ihre Bezeichnung
bezieht und ihren Namen ableitet).*

*Möge er euch aus der reichen Schatzkammer seiner
Herrlichkeit gewähren, dass ihr gestärkt und mit mächtiger
Kraft im inneren Menschen gestärkt werdet durch den
Heiligen Geist (der selbst eurem innersten Wesen und eurer
Persönlichkeit innewohnt).*

*Möge Christus durch euren Glauben tatsächlich in euren
Herzen wohnen (sesshaft werden, bleiben, sein ständiges
Zuhause haben)! Möget ihr tief in der Liebe verwurzelt und
sicher auf der Liebe gegründet sein, damit ihr die Kraft habt
und stark seid, mit allen Heiligen (Gottes hingebungsvolles
Volk) die Erfahrung dieser Liebe zu verstehen und ihre
Breite und Länge und Höhe und Tiefe zu begreifen, damit
ihr wirklich die Liebe Christi (praktisch, durch eigene
Erfahrung) erkennen möget, die weit über das bloße Wissen
(ohne praktische Erfahrung) hinausgeht; damit ihr erfüllt
werdet (durch euer ganzes Sein) bis zur ganzen Fülle Gottes
(möget ihr das reichste Maß der göttlichen Gegenwart haben
und zu einem Leib werden, der ganz und gar von Gott selbst
erfüllt und durchflutet ist)! – Epheser 3,14–19 AMP*

Gnade und Liebe in titanischen Ausmaßen

Als im Kassenschlager *Titanic* Jack sich dazu entschied, in den eisigen Gewässern des Nordatlantiks zu erfrieren, um Rose zu retten, analysierten wir diesen Akt der Liebe nicht mit aufgeschlagenem Wörterbuch in der Hand, um zu prüfen, ob jedes gesprochene Wort grammatikalisch korrekt war.

Wir lasen nicht in unseren Geschichtsbüchern nach, um den genauen Zeitpunkt der Katastrophe zu berechnen, die sich in jener tragischen Nacht ereignete und in der Tausende ihr Leben verloren.

Wir konsultierten nicht unsere Physiklehrbücher, um festzustellen, ob das Holzbrett, auf dem sich Rose festklammerte, tatsächlich das Gewicht von beiden hätte tragen können.

Nein, überhaupt nicht!

Wir haben nicht anhand von mathematischen Statistiken die Zeitspanne berechnet, die Jack noch gehabt hätte, bevor er an Unterkühlung gestorben wäre. Im Gegenteil, wir sahen mit Tränen in den Augen und einem Kloß im Hals zu.

Warum? Weil Jack Rose so sehr liebte, dass er sein Leben für sie gab, damit sie nicht sterben würde.

Vom Evangelium nach Hollywood-Manier sind wir tief ergriffen – warum also reagieren wir dann auf das Evangelium der Gnade Gottes mit einer emotional dermaßen blasierten Haltung? Warum schauen wir uns Szenen mit erstaunlicher aufopferungsvoller Liebe aus Hollywoods Darstellung des Evangeliums an und lassen zu, dass wir dabei zu emotionalen Wracks werden, gehen aber gleichzeitig an den größten Akt der Liebe, den das Universum je gesehen hat, mit Lexika, Konkordanzen und trockenen Augen heran?

Wir können theologisch durch göttliche Offenbarung stimuliert werden; wir können intellektuell durch Gottes erstaunlichen vorherbestimmten Plan herausgefordert werden – aber was ist mit unserer emotionalen Reaktion?

Wir können Gottes Liebe studieren …

Über Gottes Liebe reden …

Gottes Liebe bewerten …

… aber was ist damit, von der Liebe Gottes innerlich bewegt zu werden?

Gott will nicht nur, dass dieses selbstlose Opfer Jesu uns aufklärt, sondern auch, dass es uns berührt.

Wir konnten die Liebe, die Jack für Rose empfand, *beobachten*, aber *erlebt* wurde sie von ihr. Wir konnten aufgrund unserer Beobachtung anderen von Jacks Liebe zu Rose erzählen, aber Rose konnte mit Bestimmtheit darüber sprechen, weil sie wusste, dass sie das Objekt dieser Liebe war.

Wir kennen die Fakten über diese Liebe, Rose erlebte ihre Macht. Jesus liebt uns nicht, weil er es aus theologischen Gründen muss, im Sinne von: Gott ist Liebe, also ist Jesus dazu verpflichtet.

Ganz im Gegenteil. Sie ist sein Wesen, denn Gott ist Liebe und somit ist auch Jesus Liebe.

Nachdem wir uns diese von Opferbereitschaft erfüllte Liebesszene in *Titanic* angeschaut hatten, empfanden wir nicht das Bedürfnis, darüber zu diskutieren, warum Jack starb. Warum also haben Theologen jahrelang darüber diskutiert, warum Jesus starb? Was ist damit, die Wahrheit, die in Johannes 3,16 zu finden ist, einfach anzunehmen, zu glauben und zu erleben?

Denn so [sehr] hat Gott die Welt geliebt, dass er seinen eingeborenen Sohn gab, damit jeder, der an ihn glaubt, nicht verlorengeht, sondern ewiges Leben hat.

Noch erstaunlicher wird es, wenn man sich klarmacht, dass zwischen Jacks Liebe zu Rose und der Liebe Jesu zu uns ein himmelweiter Unterschied besteht.

Laut der Bibel starb Jesus nämlich für uns, als wir seine *Feinde* waren: »Gott dagegen beweist uns seine große Liebe dadurch, dass er Christus sandte, damit dieser für uns sterben sollte, als wir noch Sünder waren« (Röm 5,8 NLB).

So simpel und elementar es auch klingen mag – aber nichts Geringeres als eine Offenbarung der bedingungslosen Liebe Gottes, sowohl theologisch als auch erfahrungsmäßig, wird als Grundlage für unser Leben ausreichen. Wir brauchen eine solche Offenbarung für das Vertrauen, dass Gott versorgen und uns segnen wird, allein, weil er es will. Ohne ein solches Fundament wird unser christliches Leben von Unsicherheit, Schuld und Angst vor dem Gericht durchdrungen sein.

Verwurzelt in der Erfahrung der Liebe Gottes

Sowohl Paulus als auch der Apostel Johannes erkannten die entscheidende Notwendigkeit eines solchen Glaubens, der alles, was sie taten, untermauerte. Das Gebet von Paulus für die Gemeinde in Ephesus offenbarte seinen dringlichen Wunsch, dass sie auf nichts Geringerem aufbauen möge (siehe Eph 3,14–21).

Wenn unser Leben, was unsere Erfahrung angeht, nicht fest und tief in der Liebe Gottes verwurzelt ist, werden wir große Schwierigkeiten haben, eine gute Beziehung zu ihm, uns selbst oder anderen aufzubauen. Ich kann ehrlich sagen, dass das Einzige, was mein Leben und meinen Dienst revolutioniert hat, darin besteht, persönlich die Freundlichkeit, Großzügigkeit und Vergebung erfahren zu haben, die in der Liebe Gottes verborgen sind.

Ich erinnere mich an einen Vorfall während meiner Schulzeit, der dir helfen kann, das, was ich zu sagen versuche, praktisch anzuwenden. Ich war ein Musterschüler, nie in Schwierigkeiten; ich saß immer vorne, wurde immer als Lehrers Liebling in die Zange genommen. Doch eines Tages wurde ich von einem anderen Jungen, mit dem ich unbedingt befreundet sein wollte, auf Abwege geführt. Ich wurde dabei erwischt, wie ich im Musikraum aufs Klavier sprang, was diesem natürlich Schaden zufügte. Als man mich in dieser prekären Position erwischte, wurde ich sofort zum Zimmer des Schulleiters gezerrt und musste vor seiner Bürotür sitzen, wo ich auf meine Bestrafung wartete. Ich hatte schreckliche Angst.

Zu dem Schrecken gesellten sich Schuldgefühle. Ich war ein braver Junge und ein Musterschüler. Wie konnte ich nur so dumm und leichtsinnig sein? Ich starrte auf die Tür und wartete darauf, dass die Stimme des Henkers herausdonnerte: »Bevan, reinkommen!« Du musst wissen, damals, 1961, waren Schläge mit dem Stock noch ein Erziehungsmittel, um widerspenstige Schulkinder wie mich im Zaum zu halten. Unser Schulleiter schöpfte seine Freiheit, die Schüler zu bestrafen, voll aus. Normalerweise gab es sechs »Tatzen« quer über die Handfläche oder ein paar Hiebe auf das Hinterteil, ausgeführt mit einem Rohrstock, den er mit schmerzhafter Sachkenntnis zu führen wusste. Ich saß dort vor dieser Tür und zitterte vor Angst, weil ich wusste, dass die Strafe, die auf mich wartete, gewiss war und schmerzhaft sein würde.

Wie viele Gläubige leben ihr Leben auf diese Weise – auf dieser Seite der Ewigkeit wartend und glaubend, dass sie, sobald sie durch die Pforte des Todes gehen, Strafe statt Segen erwartet? Jede Sünde und jedes Versagen als Christ wurde in Gottes Buch des Gerichts festgehalten und wartet auf das Urteil, oder? Du tust Buße, fühlst dich aber trotzdem schuldig. Wir bringen Opfer, leben aber immer noch verängstigt wegen der anklagenden Stimme, die Tag für Tag spottet: »Du hättest es besser wissen sollen.«

Während der Apostel Johannes seinen ersten Brief schreibt, wird ihm klar, dass dies ein großes Problem in den Herzen vieler Gläubiger war. Er macht sich daran, das Problem zu identifizieren und auch eine Lösung anzubieten.

*Und wenn wir in Gott leben, wird unsere Liebe immer vollkommener, **sodass wir am Tag des Gerichts keine Angst haben werden**, sondern Ihm mit Zuversicht gegenübertreten können, weil wir hier in dieser Welt wie Jesus leben. Eine solche Liebe hat keine Angst, denn die vollkommene Liebe vertreibt jede Angst.* – 1. Johannes 4,17–18 NLT

Wenn wir Angst haben, dann deshalb, weil wir Angst vor Strafe haben. Das zeigt, dass wir seine vollkommene Liebe nicht vollständig erfahren oder nicht erkannt haben, dass sie echt ist.

Der Grund für meine Leidenschaft, dieses Buch zu schreiben, liegt darin, dass so viele Gläubige ihr Leben in ständiger Angst vor dem Gericht leben, weil Gott ihnen gegenüber falsch dargestellt wurde.

Johannes schrieb diese Worte an unsichere Gläubige, die in Angst vor Gottes Gericht lebten, weil Gott ihnen gegenüber falsch dargestellt wurde.

Vor kurzem stand ein Pastor vor seinem Mitarbeiterteam auf, um mich vorzustellen, bevor ich anfing zu sprechen. Zu meinem Erstaunen begann er, sich öffentlich bei mir zu entschuldigen, weil er Gerüchten über mich geglaubt hatte, die nicht wahr waren. Jahrelang hatte er ein Bild von mir gehabt, das völlig verzerrt war, weil ich ihm gegenüber ganz falsch dargestellt worden war und er dieser Darstellung Glauben geschenkt hatte. Aus diesem Grund war seine Beziehung zu mir stark beeinträchtigt gewesen.

Die am verdrehtesten dargestellte Person im Universum ist Gott. Vielen Gläubigen wurde ein verzerrtes Bild von Gott vermittelt und als Ergebnis davon führen sie ein freudloses, ängstliches, reumütiges Leben. Dieses Buch ist meine öffentliche Entschuldigung dafür, dass ich einer jener Prediger bin, die jahrelang, hauptsächlich durch Unwissenheit, einen barmherzigen, liebevollen, vergebenden Gott falsch dargestellt haben, was viele dazu führte, zitternd vor Angst vor dem Büro des Schulleiters zu sitzen.

Gott ist nicht zornig auf dich.

Bevor ich dich in das Herz unseres großzügigen Gottes führe, in dem der Wunsch ist, dich finanziell zu versorgen, und bevor du besser verstehen lernst, dass Gnade lauter ruft als jeder Mangel, ist da noch eine grundlegende Wahrheit, von der du durchdrungen werden musst. Ganz einfach die, dass Gott nicht zornig auf dich ist.

Sehr viele Menschen haben ein großes Problem damit, den Gott des Alten Testaments zu verstehen. Er scheint ein Gott zu sein, der Gericht herausdonnert und Bedingungen aufstellt, bevor er segnet, der scheinbar ungerechtfertigte Strafen verteilt. Im Neuen Testament wird uns gesagt, dass wir auf Jesus schauen sollen, wenn wir das Herz Gottes sehen wollen, aber wenn wir die beiden Bibelteile einander gegenüberstellen, kann es uns vorkommen, als würden wir die Geschichte von Dr. Jekyll und Mr. Hyde lesen. Wie gehen wir damit um? Vielleicht hilft folgende Geschichte, die ich einmal gehört habe.

Eine Gruppe von Navy Seals wurde bei einer verdeckten Operation eingesetzt, bei der Geiseln aus einem Gebäude in einem finsteren Teil der Welt befreit werden sollten. Sie flogen mit dem Hubschrauber ein, verschafften sich Zutritt zum Gelände und stürmten den Raum, in dem die Geiseln seit Monaten eingesperrt waren. Der Raum war schmutzig und dunkel. Die Geiseln hatten sich in einer Ecke verängstigt zusammengekauert.

Als die Seals den Raum betraten, hörten sie das Keuchen der Geiseln. Sie standen an der Tür und riefen den Gefangenen zu, wobei sie sich als Amerikaner vorstellten. Die Seals forderten die Geiseln auf, ihnen zu folgen, aber die Gefangenen rührten sich nicht. Stattdessen saßen sie auf dem Boden und hielten sich vor Angst die Augen zu. Sie waren offensichtlich nicht bei Verstand und glaubten nicht, dass ihre Retter wirklich Amerikaner waren.

Die Seals waren sich unsicher, was sie als Nächstes tun sollten, da sie unmöglich alle hinaustragen konnten. Einer der Seals hatte eine Idee. Er legte seine Waffe nieder, nahm seinen Helm ab und kauerte sich zu den Geiseln, wobei er ihnen so nahe kam, dass sein Körper einige von ihnen berührte. Er entspannte seinen Gesichtsausdruck und legte seine Arme um sie. Er versuchte zu zeigen, dass er einer von ihnen war. Er wusste, dass keiner der Gefängniswärter das getan hätte. Während er dort eine Weile so verharrte, bemerkte er, dass einige der Geiseln ihm ihre Aufmerksamkeit zu schenken begannen, bevor sie schließlich auch direkten Blickkontakt aufnahmen.

Der Navy Seal flüsterte erneut, dass das Team aus Amerikanern bestehe, die zu ihrer Rettung geschickt worden seien. »Werdet ihr uns folgen?«, drängte er bittend. Der Held stand auf, als eine der Geiseln das Gleiche tat. Eine weitere folgte, dann noch eine, bis alle bereit waren zu gehen. Die Geschichte endet damit, dass alle Geiseln auf einem amerikanischen Flugzeugträger in Sicherheit gebracht wurden.

Was war der Schlüssel, dass die Geiseln dem Navy Seal folgten und in Sicherheit kamen? Der Seal änderte nicht seine Identität, er änderte lediglich seine Herangehensweise. Viele sehen den Gott des Alten Testaments wie diesen voll bewaffneten Navy Seal und sind sich nicht sicher, ob er da ist, um sie zu retten oder um sie zu bestrafen.

Derselbe Gott, andere Herangehensweise

Die Annäherung an Gott unter dem alten Bund glich in etwa einer Anleitung für den Umgang mit Nuklearmaterial. Im neuen Bund hat Gott seine Identität nicht geändert, aber er hat seine Herangehensweise geändert. Er kam unbewaffnet. Er schmiegte sich als Person an uns, identifizierte sich mit uns und setzte sich an unseren Platz. Er teilte unsere Ängste und vernichtete durch das Kreuz und die Auferstehung unsere Entführer und brachte uns in Sicherheit. Jesus ist Gott in nahbarer Form. Jesus ist Gott, der auf andere Weise zu uns kommt.

Der Verfasser des Briefs an die Hebräer drückt es so aus:

Da wir nun einen großen Hohen Priester haben, der durch den Himmel gegangen ist – Jesus, den Sohn Gottes –, wollen wir an unserem Bekenntnis zu ihm festhalten. Dieser Hohe Priester versteht unsere Schwächen, weil ihm dieselben Versuchungen begegnet sind wie uns, doch er wurde nicht schuldig. Lasst uns deshalb zuversichtlich vor den Thron unseres gnädigen Gottes treten. Dort werden wir

*Barmherzigkeit empfangen und Gnade finden, die uns helfen
wird, wenn wir sie brauchen.* – Hebräer 4,14–16 NLB

Unter dem alten Bund wurden sie jährlich an ihre Sünden erinnert:

*Die jährlichen Opfer erinnerten sie Jahr für Jahr erneut an
ihre Sünden.* – Hebräer 10,3

Durch den neuen Bund wurde Gott aber nicht plötzlich ein anderer, er änderte nur seine Methode. In Hebräer 10,1–2 (NLB) heißt es:

*Das Gesetz brachte also nur einen Schatten des Zukünftigen
und nicht die Wirklichkeit der himmlischen Güter. Die Opfer
wurden Jahr für Jahr wiederholt, doch sie konnten denen,
die zur Anbetung kamen, keine vollkommene Reinigung
schenken. Wäre dies der Fall gewesen, dann hätte es keine
Opfer mehr gegeben, denn die Opfernden wären ein für alle
Mal gereinigt gewesen, und sie hätten ein reines Gewissen.*

Die Methode des alten Bundes, sich ihm zu nähern, war mangelhaft, weil wir nicht in der Lage waren, unseren Teil der Abmachung einzuhalten. Römer 8,3–4 gibt Aufschluss darüber, indem erklärt wird, dass das Gesetz Moses wegen der Schwachheit unserer sündigen Natur nicht in der Lage war, uns zu retten. So tat Gott, was das Gesetz nicht tun konnte, und sandte seinen eigenen Sohn in einem Körper, wie auch Sünder in haben. Und in diesem Körper erklärte Gott das Ende der Herrschaft der Sünde über uns, indem er seinen Sohn als Opfer für unsere Sünden hingab. Dann heißt es weiter, dass Gott dies getan hat, damit die gerechte Forderung des Gesetzes *für* uns vollständig erfüllt würde.

Erkennst du es? Derselbe Gott, andere Vorgehensweise. Wunderbar! Als Ergebnis dieser einen vollkommenen Liebestat kann er uns jetzt auf Grundlage von Jesu vollkommenem Werk statt unserer unvollkommenen Leistung segnen. Der ganze Zorn Gottes gegen uns wurde am Kreuz aufgebraucht und als Folge davon, so erklärt der Verfasser des Hebräerbriefs, können wir einen Lebensstil frei von Schuld und voller Zuversicht auf Gottes Versorgung erwarten (siehe Hebr 10,16–22).

Adjektive für die Liebe Gottes

Es gibt so viele Wörter, mit denen man die Liebe Gottes beschreiben könnte.

Sie ist unverbrüchlich: »Nichts kann uns von ihr trennen« (siehe Röm 8).

Sie ist unvoreingenommen: »Denn Gott hat die Welt so sehr geliebt, dass jeder ...« (siehe Joh 3).

Sie ist unverdient: »Gott hat uns seine Liebe erwiesen, als wir noch Sünder waren ...« (siehe Röm 5).

Aber das Adjektiv, das mir den Atem raubt, ist folgendes: Seine Liebe ist absolut »bedingungslos« (siehe Röm 8).

Das alte Lied geht so: »Ich liebe dich, weil«, weitere menschliche Ansätze sind: »Ich liebe dich, falls« oder »Ich liebe dich, wenn«, aber Gott sagt: »Ich liebe dich – Punkt.«

Das menschliche Herz sehnt sich nach bedingungsloser Liebe, ist aber überzeugt, dass sie mit Bedingungen verknüpft ist. Auf den Punkt gebracht, ist das die Grundlage für jede Religion. Erfülle die Bedingungen, gewinne die Liebe. Warum Religion funktioniert, ist damit zu begründen, dass wir an bedingte Liebe glauben und die Existenz bedingungsloser Liebe bezweifeln. Wir messen den Standard unserer Liebe an der Qualität der göttlichen Liebe, wie sie in 1. Korinther 13 beschrieben ist, und putzen uns selbst dann wieder runter, weil wir kläglich dabei scheitern, diesen Maßstab zu erreichen. Wir erkennen oft nicht, dass dies keine Beschreibung einer Liebe ist, die Gott von uns verlangt, sondern die Beschreibung einer Liebe, die Gott uns gibt. Seine Liebe zu uns ist geduldig, langmütig, freundlich und, im Zusammenhang mit diesem Kapitel besonders wichtig, sie führt kein Protokoll über Fehler.

Es gibt eine staunenswerte Geschichte in den ersten Kapiteln von 1. Mose, die dies für uns veranschaulicht.

Die Gnade musste von Anfang an laut rufen.

Was für ein Vermächtnis, einen Namen wie Eva zu haben, der »Leben spendend« bedeutet, aber gleichzeitig der Kanal zu sein, durch den es Satan möglich war, Tod und Zerstörung in die Welt zu bringen. Stell dir das Gefühl der Abscheu vor, als sie erkannte, was sie getan hatte. Stell dir das Gefühl des Entsetzens vor, als sie sah, wie ihr Paradies in eine Hölle verwandelt wurde. Stell dir das Gefühl der Panik vor, als seltsame Emotionen, die sie noch nie erlebt hatte, auf der Tanzfläche ihrer Seele herumwirbelten: Einsamkeit, Angst, Wut und Schuld. Stell dir das Gefühl der Verwüstung vor, als sie mit ansah, wie das Leben ihrer beiden Söhne auseinanderfiel, wobei der eine als Mörder und der andere als das Opfer endete. Aber am schlimmsten ist, sich die Realität der Entfremdung von demjenigen vorzustellen, der sie aus der Seite seines Meisterwerks – Adam – gebildet hat. Ich glaube nicht, dass irgendeiner von uns diese Art von Schmerz wirklich nachempfinden oder verstehen könnte.

Mit dem Schlimmsten rechnend wird Eva sicherlich den Kopf gesenkt und auf das Beil des Henkers gewartet haben. Was sie getan hatte, war unverzeihlich. Eine Verurteilung war völlig verdient. Warum sollte sie überhaupt noch länger leben wollen? Doch mitten in dieser verheerenden Katastrophe, während sie wegen der Auswirkungen ihrer Sünde unter Schock stand, schnappte sie die Worte ihres Schöpfers auf, die etwas über ihn enthüllten, was sie nie zuvor erfahren hatte.

Weißt du, Erbarmen war bis jetzt nicht nötig gewesen. Es war ein ihr fremdes Konzept, und das Wort selbst bedeutet eigentlich Gottes Fähigkeit, uns nicht das zu geben, was wir verdienen. In diesem Fall eine Strafe, die dem Verbrechen entsprach – wie sinnig; sie selbst durfte weiterleben und Hoffnung keimte in ihr auf, als sie die Gerichtsworte ihres Schöpfers an die Schlange mitbekam:

Und Gott, der HERR, sprach zur Schlange: Weil du das getan hast, sollst du verflucht sein unter allem Vieh und unter allen Tieren des Feldes! Auf deinem Bauch sollst du kriechen, und Staub sollst du fressen alle Tage deines Lebens! Und ich werde Feindschaft setzen zwischen dir und der Frau, zwischen deinem Samen und ihrem Samen; er wird dir den Kopf zermalmen, und du, du wirst ihm die Ferse zermalmen. – 1. Mose 3,14–15 ELB

Stellen wir uns mal kurz die Nachwirkungen dieser Augenblicke vor. Ich kann förmlich sehen, wie sie die Tränen aus ihren Augen wischt, ihre herzzerreißenden Schluchzer unter Kontrolle bekommt, während sie langsam anfängt, die Tragweite des eben

Gesagten zu verstehen. Obwohl es Erschwernisse im Zusammenhang mit dem Kinderkriegen und dem Leben allgemein geben würde, bleiben Evas Bestimmung und Zukunft unangetastet. Ich kann sie fast hören, wie sie die Worte wiederholt: »Mein Samen wird eine Rolle spielen, alles wieder gutzumachen ... Ich habe den Tod verdient, aber mein Schöpfer verspricht Leben ... kann das wahr sein? Gott will immer noch *mich* gebrauchen, um Leben in diese Welt zu bringen, obwohl ich Hochverrat begangen habe? Was ist das? Wer ist das?«

Als Gott das Gericht über die Schlange verkündete, erzeugte er tatsächlich auch Hoffnung bei Eva, denn im Gericht denkt Gott auch an Erbarmen.

Du kannst das Flüstern des Himmels hören, nicht wahr?

Ja, Eva, du hast gesündigt. Du hast dem Teufel die Möglichkeit gegeben, alles zu zerstören, was ich gut gemacht habe. Ja, dein Versagen wird Auswirkungen auf Erde und Himmel haben, aber aufgrund meines Erbarmens kommt etwas aus deinem Schoß, das den Teufel bereuen lassen wird, sich dir an jenem Tag im Garten auch nur genähert zu haben. Dein Samen wird seinen Kopf zermalmen. Dein Samen wird alles wieder in Ordnung bringen, was du falsch gemacht hast. Ich werde deinen Namen nicht ändern. Du bist immer noch Eva – die Lebensspenderin.

Ich bin sicher, eines Tages, Jahre später, wusste sie nicht, ob sie lachen oder weinen sollte, als sie ein kleines Bündel in den Armen hielt, das sie an das Versprechen des Erbarmens erinnerte:

Adam schlief wieder mit Eva, und sie gebar noch einmal einen Sohn. Sie nannte ihn Set, denn sie sagte: »Gott hat mir

*wieder einen Sohn geschenkt! Der wird mir Abel ersetzen, den
Kain erschlagen hat.« Auch Set wurde ein Sohn geboren, den
nannte er Enosch. Damals fingen die Menschen an, im Gebet
den Namen des Herrn anzurufen. – 1. Mose 4,25–26* GNB

Die erstaunlichste Wahrheit, die in dieser Geschichte zum Vorschein kommt, ist für mich die, dass die Geburt von Set Eva nicht nur einen Neuanfang bescherte, sondern aus Erbarmen auch ihre sündige Vergangenheit, soweit es den Himmel betraf, völlig ausgelöscht wurde. Wenn du die Aufzeichnungen von Adams Generationenfolge aus 1. Mose in den Kapiteln 4 und 5 vergleichst, verstehst du, was ich meine. In 1. Mose 4, Verse 1–2, beinhaltet die Genealogie die Geburt von Kain und Abel, den ersten Söhnen Evas. Wie du zweifellos wissen wirst, hatten die ihre eigenen Probleme, die zu Mord führten.

*Und Adam erkannte seine Frau Eva; und sie wurde
schwanger und gebar den Kain. Und sie sprach: Ich habe
einen Mann erworben mit der Hilfe des HERRN! Und weiter
gebar sie seinen Bruder Abel. Und Abel wurde ein Schafhirte,
Kain aber ein Ackerbauer.*

Aber in 1. Mose 5, Verse 1–3 (GNB), ist es, als ob Gott ganz neu beginnt:

*Hier ist die Liste der Nachkommen von Adam. Als Gott die
Menschen erschuf, machte er sie nach seinem Bild; und er
erschuf sie als Mann und als Frau. Er segnete sie und gab
ihnen den Namen »Mensch«. Als Adam 130 Jahre alt war,
zeugte er einen Sohn nach seinem Bild, als sein Ebenbild,
und gab ihm den Namen Set.*

Evas Genealogie endete nicht mit der Tragödie von Kain und Abel, denn aus Gottes Sicht begann ihre Nachkommenschaft mit Set. Als Evas Kritiker auftauchten, um sie an ihr Scheitern als Frau und Mutter zu erinnern, konnte sie Set einfach hochhalten und erklären: »Meine Nachkommenschaft – aus himmlischer Sicht – hat ihren Ursprung nicht in den Folgen meines Scheiterns, sondern in dessen Kompensation (das ist es, was der Name Set bedeutet), für die Gottes Erbarmen gesorgt hat. Wow! Was für eine Offenbarung, nach der es sich leben lässt!

Gnade ruft lauter als frühere Fehler.

Ich bezweifle, dass irgendjemand, der diese Worte liest, mit seinem Versagen auch nur ansatzweise an das von Eva heranreicht. Deine Sünde mag eine zerstörerische Wirkung auf die Menschen in deinem Umfeld gehabt haben, aber nichts von dem, was wir getan haben, kann mit dem Versagen Evas gleichgesetzt werden.

Die Lektion? Deine Generationenfolge endet nicht mit deinem Versagen, sondern beginnt immer mit Gottes Barmherzigkeit.

Deine Zukunft endet nicht mit Kain, sondern beginnt mit Set.

Wie Eva stehen einige als Konsequenz der eigenen Entscheidungen inmitten eines Kriegsgebiets. Du liest diese Worte und fragst dich: »Kann aus diesem Schlamassel etwas Gutes hervorkommen?«

Es mag deinem Herzen einen schmerzhaften Stich versetzen, wenn du an all die Menschen denkst, die du mit deinen Entscheidungen verletzt hast.

Möglicherweise füllt Hoffnungslosigkeit dein Herz, weil die Uhr nicht zurückgedreht und das Getane ungeschehen gemacht werden kann.

Vielleicht macht sich Verzweiflung in deinem Herzen breit, wegen der Scham, die du empfindest.

Bei einigen tanzen die Folgen ihres Versagens auf einer öffentlichen Bühne und unterhalten die Kritiker.

Es mag schlimm erscheinen, aber hör mir jetzt zu: Bitte lass den Kopf nicht hängen.

Gott fügt dieser desaströsen Mischung etwas hinzu, das alles verändert: sein Erbarmen.

Glaub es.

Vertrau darauf.

Nimm es an …

… und bald wirst auch du einen Set in deinen Armen halten und Gottes Herz verkünden hören: »Deine Generationenfolge beginnt hier. Mein Erbarmen hat dir nicht nur deine Sünden vergeben, sondern, was den Himmel betrifft, auch jede Aufzeichnung über sie gelöscht.«

Das Atemberaubende an Gottes Erbarmen, Gnade und bedingungsloser Liebe ist, dass sie nicht nur die Tatsache kundtun, dass Gott es für Eva getan hat, sondern auch die, dass er es für dich genauso tun wird.

Als ich den scheinbar langweiligen Stammbaum Jesu in Lukas Kapitel 3 las, stieß ich auf eine erstaunliche Offenbarung. Lukas Kapitel 3 ist die Art von Kapitel, die du als Einschlafhilfe liest – bis du zu Vers 37 und 38 (ELB) kommst.

…. [ein Sohn] des Metuschelach, des Henoch, des Jered, des Mahalalel, des Kenan, des Enosch, des Set, des Adam, des Gottes.

Wo sind Kain und Abel? Wo ist die Aufzeichnung über die Folgen von Evas Versagen? Sie sind nicht da. Warum? Weil, wie es in 1. Korinther 13,5 heißt, die Liebe nicht nachtragend ist.

Wenn das Fundament deines Lebens nicht auf Gottes bedingungsloser Liebe gegründet ist, wirst du nie seine Versorgung für dich erwarten, die allein auf seiner Gnade beruht. Es wird immer ein Element der Selbstkasteiung oder Schuld oder Selbstgerechtigkeit geben. Buße – also Umkehr – auf der Grundlage von Schuldgefühlen wird nie von Dauer sein. Es ist eine kräftezehrende Tretmühle aus Bekenntnis, Reue und Werken, die dir alles Leben aussaugt. Buße, die auf Dankbarkeit gegründet ist, wird dich dagegen wirklich demütig und in der Liebe zu Gott bewahren. Eine Liebe, die Fehler nicht nachträgt.

Ein Bild von bedingungsloser Liebe

Als ich eines Tages in einem Flugzeug reiste, saß ich neben einem Mann, der sich offensichtlich den Fuß gebrochen hatte. Der Gips an seinem Bein verriet ihn. Nachdem ich ihn gefragt hatte, wie er sich verletzt hätte, entwickelte sich zwischen uns ein tolles Gespräch, das mich tief beeindruckte.

Als ich fragte, was er beruflich mache, sagte er mir, dass er Porträtmaler sei. Ich wollte es nicht dabei belassen, also fragte ich, ob er jemals jemanden Berühmtes gemalt habe. In bescheidenem Ton sagte er mir, dass er tatsächlich der persönliche Porträtmaler der britischen Königsfamilie sei. Er erzählte mir, dass zu den Personen, die er porträtiert hatte, auch die ehemalige britische Premierministerin Margaret Thatcher und die letzten beiden Päpste gehörten.

Ich war sprachlos.

Dann fragte er mich, was ich beruflich mache.

Normalerweise sage ich an dieser Stelle alles andere als »Ich bin Prediger«. Bei dieser Gelegenheit fühlte ich mich jedoch dazu bewegt, es ihm mitzuteilen. In Erwartung des üblichen abrupten Gesprächsabbruchs war ich verblüfft, als seine Miene plötzlich ernst wurde, bevor er sagte: »Darf ich Sie etwas fragen, was mich seit Jahren verwirrt?«

Natürlich sagte ich ja. Er fuhr fort und erzählte, dass er vor vielen Jahren einen Traum gehabt habe. Er beschrieb, wie er in dem Traum vor einem Mann kniete, den er noch nie zuvor gesehen hatte, aber irgendwie gewusst habe, dass es Jesus war. Im Verlauf des Traums begann er, ihm von seinen ganzen Sünden zu erzählen, von denen einige, wie er selbst zugab, »wirklich übel« waren.

Nach diesem Sündenbekenntnis im Traum, erinnerte sich der Künstler, habe er aufgesehen und in das Gesicht Jesu geblickt, nur um festzustellen, dass der von seinem ausschweifenden Bekenntnis völlig unbewegt war.

Mittlerweile sichtlich bewegt setzte der Mann die Schilderung seines Traumes fort.

Ich bin Porträtmaler. Ich lese Gesichter. Das ist eine Gabe, die ich habe. Ich male Gesichter nicht nur, ich lese sie. Ich kann sie lesen und dann mit meinem Pinsel das, was das Gesicht ausdrückt, auf die Leinwand übertragen.

Sein Gesicht jedoch sagte: »Na und, ich bin nicht schockiert. Ich bin nicht hier, um dich zu verurteilen.«

Dann las ich noch etwas anderes, während ich in dieses Gesicht blickte; ich las darin … Vorfreude.

Es war, als ob er darauf wartete, dass ich etwas sage. Das habe ich. Vielleicht die größte Sünde von allen. Im Traum, während mir Tränen das Gesicht hinunterliefen, sagte ich:

»Aber das Schlimmste, Jesus, ist die Tatsache, dass ich nicht an dich glaube.«

Als ich diese Worte sagte, sah ich wieder in sein Gesicht und stellte fest, dass sich sein Blick gesenkt hatte.

Ich erkenne Enttäuschung, wenn ich sie sehe. Als ich ihm sagte, dass ich nicht an ihn glaube, spiegelte sich Enttäuschung auf seinem Gesicht. Dann bin ich aufgewacht.

Dann wandte sich der Künstler an mich und fragte: »Ray, was denkst du, was das bedeutet? Was bedeutet dieser Traum?«

Ich sah ihn mitfühlend an und sagte diese Worte:

John, Theologen haben Tausende von Büchern geschrieben, in denen sie zu erklären versuchten, was du gerade beschrieben hast. Der Grund, warum Jesus ungerührt blieb, als du deine Sünden und deine Schlechtigkeit vor ihm ausgebreitet hast, liegt darin, dass er am Kreuz bereits den Preis dafür bezahlt hat.

Wenn Gott dich durch das Kreuz ansieht, sieht er nur vergebene Sünde. John, dir ist bereits vergeben. Du wirst bedingungslos geliebt. Der Grund, warum er seinen Blick enttäuscht senkte, war der, dass du ihm gesagt hast, dass du es nicht glaubtest.

Diese Begegnung sprach Bände zu mir. Die eine Sache, die meiner Ansicht nach im Herzen Jesu große Enttäuschung hervorruft, ist nicht die Tatsache, dass wir als Gläubige sündigen und versagen. Unsere Sünde ist nicht das Problem. Mit ihr hat er sich bereits befasst, also ist er sich ihrer voll bewusst. Nein, nur ein Umstand lässt Jesus den Blick senken, und zwar, wenn wir ihm nicht glauben.

Bevor wir also zum zweiten Teil des Buches übergehen, in dem wir Gottes übernatürliches, gnadenreiches, bedingungsloses, von Liebe motiviertes Bankensystem so richtig entdecken, lass uns jetzt kurz unterbrechen.

Wenn du, wie John, häufiger darüber nachdenkst, wie viel du gesündigt hast, als darüber, wie sehr dir vergeben ist, dann hebe jetzt deine Hände zu Gott. Beginne ihm zu danken, dass er dein Sündenregister gelöscht hat. Sprich Folgendes laut aus, damit sowohl dein Herz als auch dein Verstand es zu verinnerlichen beginnen: »*Er trägt Böses nicht nach.*«

Das ist die Liebe Gottes.

KAPITEL FÜNF

GNADE RUFT LAUTER ALS DER MANGEL – GOTTES VERSORGERHERZ

»Es ist Zeit, dein Herz in der väterlichen Versorgung zu verankern.«

Während ich den Bericht über das Wunder der Speisung der Fünftausend in Matthäus 14 las, öffnete mir der Heilige Geist eine Tür der Offenbarung in Bezug auf seinen übermächtigen Wunsch, uns aus seiner Gnade zu versorgen. Die Beispiele für Gottes bedingungslose Großzügigkeit trotz unserer Undankbarkeit, Besorgnis und Selbstsucht sind zu zahlreich, als dass ich sie alle erwähnen könnte. Sie reichen von der unverdienten Bedeckung unserer ersten ungehorsamen Eltern bis hin zur anbetungswürdigen Großzügigkeit, die sich in netzezerreißenden Fischschwärmen für Petrus zeigte, der als Reaktion auf diese gütige Fürsorge auf sein Angesicht fiel und erklärte: »Herr, geh weg von mir! Ich bin ein sündiger Mensch!« (Lk 5,8 HFA).

Gott ist trotz dem, wie wir sind, freundlich zu uns. Er sorgt für uns, weil es das ist, was liebevolle Väter tun. Die Gnade, wie sie in Jesus verkörpert ist, zeigt uns, was zu tun ist, wenn der Gegner Mangel heißt. Er wird einfach von ihr, der Gnade, übertönt.

Dieses Wunder offenbart für mich viele Prinzipien, die angewendet Gottes Fülle in unser Leben freisetzen werden. Es sind keine Schlüssel oder mathematischen Schritte, sondern Beobachtungen darüber, wie die Gnade den Mangel übertönt. Bevor ich dir die Wege vorstelle, wie die Gnade dich praktisch und materiell versorgen möchte, erlaube mir, dein Denken hinsichtlich finanzieller Versorgung umfassend herauszufordern und deine Erwartungen zu erhöhen, und zwar allein aufgrund von Gottes Wunsch, dich zu versorgen.

Mitten im Mangel sorgte Gott für Nahrung

Ich denke, wir haben oft übersehen, dass die Jünger die Menschen zunächst wegschicken wollten. Es kam ihnen nicht einmal in den Sinn, Jesus um Versorgung zu bitten. Die Gnade ist proaktiv. Sie muss nicht gebeten werden. Sie braucht keine günstigen Bedingungen. Sie prüft nicht auf Verhaltensstandards oder moralische Vortrefflichkeit, bevor sie gibt. Die Gnade kommt bedingungslos, vorbehaltlos und oft unkonventionell zur Anwendung. Sie wird nicht durch Negativität beeinträchtigt. Als die Jünger die Szene betrachteten, brachte die Unmöglichkeit der Situation sie dazu, die Gnade zu drängen, die Menschen wegzuschicken. Sie bestanden darauf, dass es zu spät sei, der Ort zu verlassen wäre und die Menge zu groß. Sie erklärten der Gnade im Grunde genommen: »Das ist nicht zu schaffen.« Aber die Gnade ruft lauter als all das und setzt sich über unsere Negativität und unseren Zweifel hinweg. Unmöglichkeit ignoriert sie völlig.

Als die Jünger gezwungen waren sich einzumischen, weil ein kleiner Junge uneigennützig ein paar Brotlaibe anbot, versuchten sie sogar, die Gnade mit ihrer Hoffnungslosigkeit zu ersticken, indem sie fragten: »Was ist das schon bei so vielen?« Die Gnade ergreift das Wort und sagt, dass es keinen Unterschied macht, was du in deiner Hand hast – gib es mir einfach. Die Gnade weigert sich völlig, sich in den Strudel der Verzweiflung hineinziehen zu lassen. Die Gnade glaubt weiter, wenn der Bedarf das Angebot übersteigt. Die Gnade ignoriert nicht nur Negativität, sie erzeugt auch Erwartung.

Die Gnade rief der Menge zu, sie solle sich setzen. Die Gnade wusste genau, was gleich passieren würde. Als die Menge dem Befehl, sich hinzusetzen, gehorchte, wusste sie, dass etwas geschehen würde. Die Gnade erzeugt immer Erwartung und Hoffnung in unseren Herzen. Wenn du einen Prediger ohne Erwartung und Hoffnung verlässt, nachdem du der Botschaft zugehört hast, dann hast du nicht die Gnade sprechen hören. Gnade ist immer positiv, immer hilfsbereit, immer bedingungslos. Die Gnade blickt immer zum Himmel.

Bevor Jesus die mageren Mittel segnete, tat er laut der Schilderung Folgendes: Er »… blickte auf zum Himmel …« Die Gnade wird deinen Blick immer gen Himmel lenken, auf Gottes Fähigkeit, nicht auf unsere. Jesu Vollkommenheit ist deine Vollkommenheit. Sein Erbe ist dein Erbe. Seine Gerechtigkeit vor dem Vater ist deine Gerechtigkeit vor dem Vater.

Was unsere Annäherung an Gott angeht, ist dies ein entscheidendes Prinzip, das verstanden werden will: Wenn wir Gott um Hilfe bitten, ist es die Gnade, die das Bedürfnis erfüllt.

Es steht dort, dass sie alle so viel aßen, wie sie wollten, und dass die von den Jüngern später eingesammelten Reste zwölf Körbe füllten. Neben den fünftausend Männern waren da auch noch die ganzen Frauen und Kinder, die an diesem Tag ebenfalls gespeist wurden. Wunderbar! Wenn dich dieses Wunder nicht davon überzeugt, dass Gott – trotz dir – für dich sorgen will, dann weiß ich nicht, was sonst.

Gnadengeschenke sind nicht nur eine gute Idee - sie sind eine göttliche Idee

In meiner Heimatgemeinde erleben wir die staunenswerte Leidenschaft der Gnade, versorgen zu wollen, durch den sozialen Dienst unserer Gemeinde, der Jesus Cares (Jesus kümmert sich) heißt. Während eines Weihnachtsliedergottesdienstes in einer unserer Wohnsiedlungen wurde die Frau meines Co-Pastors vom Anblick eines kleinen Kindes bewegt, das in der Nähe saß und trotz der kühlen Abendluft bloß spärlich bekleidet war. Die Armut in dieser Siedlung schien sich in diesem kleinen Kind zu verkörpern, was einen so starken Eindruck bei der Frau hinterließ, dass sie ihrem Ehemann vorschlug, auf den Kauf eines Weihnachtsgeschenks für sie in jenem Jahr zu verzichten und stattdessen mit dem Geld Geschenke für einige der Kinder in der Siedlung zu kaufen. Die beiden kauften ein paar Eisenbahn-Sets in einem örtlichen Spielzeugladen mit der Absicht, sie zu verpacken und an Familien in der Siedlung zu verteilen. Bevor sie ihren Plan ausführten, hatte der Ehemann jedoch die Idee, die Spielzeugeisenbahn-Sets auf eBay zu verkaufen, anstatt sie zu verschenken.

Das war nicht nur eine gute Idee ... es war eine göttliche Idee. Als Folge dieser Aktion nahm das Paar 1500 Pfund ein; genug, um zahlreiche Weihnachtskörbe an bedürftige Familien zu übergeben. Ihr Handeln ermunterten meine Frau und mich, Geld zu spenden, um damit weitere Körbe packen zu können. Am folgenden Sonntag sprach ich in der Gemeinde unser Anliegen hinsichtlich der Armut vor unserer Haustür an und ermutigte die Leute, Essen und Geschenke mitzubringen und beides in den Einkaufswagen zu legen, der zu dem Zweck im Foyer unserer Gemeinde stand.

Wir verteilten bald viel mehr Pakete und stellten fest, dass wir mit dem stetigen Nachschub an Lebensmitteln, die unsere Gemeinde beisteuerte, regelmäßig monatlich Pakete verschenken konnten. Meine Frau meinte, dass wir unserem Ernährungsprogramm eine Identität geben müssten, und erfand das Jesus-Cares-Logo.

Eines Morgens, während eines unserer Mittwochs-Gebetstreffen, hatte ich den Eindruck, ich solle die Anwesenden bitten, für den Segen Gottes auf Jesus Cares zu beten. Wir brachten also Jesus Cares vor Gott, wie der kleine Junge, der Jesus sein Mittagessen gab. Sofort geschah etwas. Gott begann, unser Brot und unsere Fische zu segnen und zu vermehren. Die Lebensmittel kamen von überall her. Raum, der für andere kirchliche Aktivitäten vorgesehen war, musste für die Lagerung, Verpackung und den Versand der Esswaren genutzt werden. Der Big Lottery Fonds gewährte uns 250.000 Pfund, um das Projekt auf die nächste Stufe zu heben; es war atemberaubend, die wunderbare Versorgung unseres großzügigen Gottes zu erleben.

Wir sind alle verblüfft, wenn wir unsere aktuelle Situation betrachten.

Zweitausend große Lebensmittelkörbe pro Monat werden in ganz Wales verteilt. Wir versorgen Hunderte kommunale und soziale Einrichtungen, die sich um bedürftige Familien in Wales kümmern, mit Lebensmitteln, womit sichergestellt ist, dass die Lebensmittel zu den richtigen Menschen gelangen. Wir haben zwei Lieferwagen mit unserem Jesus-Cares-Logo auf den Seiten und eine Vielzahl von Freiwilligen, die stapeln, packen und ausliefern, sowie zwei Vollzeitmitarbeiter, die vor dem Hintergrund der Expansion an noch größeren Plänen arbeiten, und weitere Vorhaben warten nur darauf, realisiert zu werden. Wir glauben, dass wir Jesus Cares so weiterentwickeln können, dass es ein Säuglingsprogramm beinhaltet, das Alleinerziehenden unverzichtbare Babyartikel zur Verfügung stellt, und dass Menschen geholfen wird, die psychisch erkrankt sind, und noch so viel mehr.

Es gibt inzwischen unzählige Geschichten über Gottes erstaunliche Versorgung von Jesus Cares. Zu viele, um sie sich alle zu merken.

Eine bestimmte Geschichte kommt mir jedoch in den Sinn.

Als meine Frau wollte, dass jeder Korb als zusätzlichen Segen insbesondere für die Kinder Schokolade enthält, bat sie Gott, dafür zu sorgen. Innerhalb einer Woche schickte uns Gott 100.000 Snickers-Riegel. Wir dienen einem großzügigen, gnädigen Gott. Ich erzähle unsere Geschichte von Jesus Cares, um die überwältigende Wahrheit aufzuzeigen, dass die Gnade lauter ruft als der Mangel.

Sechs Prinzipien, die Gnade lauter als der Mangel rufen lassen

David erklärt es laut und deutlich, als er die einleitenden Zeilen seines unverkennbaren Psalms mit den Worten füllt: »Der HERR ist mein Hirte; mir wird nichts mangeln« (Ps 23,1). Gott wartet so voller Gnade darauf, für sein Volk zu sorgen. Er hat eine Reihe von Prinzipien in seinem Wort untergebracht und wird, wenn wir sie aktivieren, seine Fülle in unser Leben freisetzen.

Dein finanzielles Wohlergehen ist Gott derart wichtig, dass er in seinem Wort sechs Prinzipien eingeführt hat, die sicherstellen sollen, dass dich die Versorgung auch erreicht. Als Gläubige ist unser Hauptproblem in Zeiten des finanziellen Mangels nicht fehlende Versorgung, sondern fehlende Weisheit. Gott sagt, dass sein Volk umkommt, weil es ihm an Weisheit mangelt (siehe Hos 4,6). Der einzige Mangel, um den du dir in deinem Leben Gedanken machen solltest, ist der Mangel an Weisheit. Jakobus ermahnt die Gläubigen in seinem Brief, wenn er schreibt:

Fehlt es aber einem von euch an Weisheit, dann soll er sie von Gott erbitten; Gott wird sie ihm geben, denn er gibt allen gern und macht niemandem einen Vorwurf. – Jakobus 1,5 EÜ

Rick Renner, ein großartiger Theologe, zerlegt diesen Vers und übersetzt ihn, indem er die Zeitform der Sätze analysiert, folgendermaßen:

»Wenn jemandem Einsicht fehlt, dann soll er mit Nachdruck darum bitten. Wenn jemand einen Mangel an Weisheit hat, soll er nach ihr verlangen. Wenn jemand ratlos ist und nicht weiß, was er tun soll, soll er kühn sein und nachfragen.« Wenn es um Weisheit geht, rät uns Gott nicht; er befiehlt uns, sich ihm auf respektvolle Weise mutig zu nähern, wobei wir erwarten sollen, dass er bejahend und gnädig und freigiebig antwortet. Unwissenheit hat nichts mit Glückseligkeit zu tun, wenn es um Christen geht. Wenn Satan dich dazu bringen kann, unwissend darüber zu bleiben, was Gott dir bereits allein aus Gnade zugesagt hat, kann er dich hilflos und hoffnungslos werden lassen. Deshalb hat der Apos-

tel Paulus immer wieder an das Verständnis der Gläubigen appelliert.[3]

Das Geheimnis von Wachstum ist Wissen. Wie Joseph Prince in seinem Buch *Die Kraft des richtigen Glaubens* sagt:»Das Richtige zu glauben ist der Schlüssel zu einem siegreichen Leben.«
Schlag in deiner Bibel mal Epheser 1,17–20, Römer 8,38, 1. Korinther 2,11–12 und 2. Korinther 8,9 auf.

Solche und viele andere Bibelstellen betonen eines der Hauptprobleme der Gläubigen im Leib Christi in Bezug auf ihr Erbe in Christus durch die Gnade: Unwissenheit! Es wird berichtet, dass Billy Graham einmal Folgendes sagte: Wenn eine Person ihre Einstellung zum Geld in Ordnung bringt, würde das helfen, auch fast jeden anderen Bereich im Leben in Ordnung zu bringen.

Die folgenden sechs Prinzipien, von denen ich glaube, dass sie dir die nötige Weisheit geben, um Versorgung in deinem Leben freizusetzen, sind von unschätzbarem Wert. Auf einige Prinzipien werde ich ausführlicher eingehen als auf andere, und in diesem Kapitel wollen wir gemeinsam die ersten drei der sechs anschauen. Los geht's.

Ich bete, dass du beim Lesen gesegnet wirst.

1 – Väterliche Versorgung

Gott sorgt für dich, einfach weil er dein Papa ist. Die Worte, die Jesus zu den Jüngern bezüglich ihrer Sorgen um die Sicherung ihres täglichen Bedarfs sprach, vermitteln diesen Aspekt des Herzens Gottes auf wunderbare Weise. Er ist unser Papa und er liebt es, für unsere täglichen Bedürfnisse zu sorgen.

---

3 Übernommen von Lightsource.com. Aus dem Abschnitt »Refuel with Rick« und dem Artikel »If you lack wisdom« (Original in englischer Sprache).

»Gibt es einen Vater, der seinem Kind eine Schlange hinhält,
wenn es um einen Fisch bittet? Oder wenn es um ein Ei
bittet, reicht er ihm dann einen Skorpion? Natürlich nicht!
Wenn aber selbst ihr sündigen Menschen wisst, wie ihr euren
Kindern Gutes tun könnt, wie viel eher wird euer Vater im
Himmel denen, die ihn bitten, den Heiligen Geist schenken.«
– Lukas 11,11–13 NLB

Außerdem steht in Lukas 12,22–32 (NLB):

Darauf wandte Jesus sich wieder an seine Jünger: »Deshalb
sage ich euch: Sorgt euch nicht um Alltägliches – ob ihr genug
zu essen oder anzuziehen habt, denn das Leben besteht aus
weit mehr als Nahrung und Kleidung. Seht die Raben an.
Sie brauchen nicht zu säen, zu ernten oder Vorratsscheunen
zu bauen, denn Gott ernährt sie. Und ihr seid ihm doch
weit wichtiger als irgendwelche Vögel! Können all eure
Sorgen euer Leben auch nur um einen einzigen Augenblick
verlängern? Natürlich nicht! Und wenn euer Sorgen schon in
so geringen Dingen nichts bewirkt, was nützt es da, sich um
größere Dinge zu sorgen?
Seht doch die Lilien, wie sie wachsen. Sie arbeiten nicht
und nähen sich keine Kleider, und doch war Salomo in all
seiner Pracht nicht so schön gekleidet wie eine von ihnen.
Wenn Gott schon für die Blumen so wunderbar sorgt, die
heute blühen und morgen bereits verwelkt sind, wie viel
mehr wird er da für euch sorgen? Euer Glaube ist so klein!
Macht euch keine Gedanken über eure Nahrung – was
ihr essen oder trinken sollt. Macht euch keine Gedanken
darüber, ob Gott euch damit versorgen wird. Diese Dinge
beherrschen das Denken der meisten Menschen, doch

euer Vater weiß, was ihr braucht. Er wird euch jeden Tag alles Nötige geben, wenn das Reich Gottes für euch das Wichtigste ist. Hab also keine Angst, kleine Herde. Denn es macht eurem Vater große Freude, euch das Reich Gottes zu schenken.«

Diese Worte sprach Jesus nicht zur Welt, sondern zu seinen Jüngern.

Ich reise viel und einer der Vorteile, wenn man immer mit derselben Fluggesellschaft fliegt, sind die Gratis-Flugmeilen, die man dadurch ansammelt. Und weil ich bei meinen weltweiten Reisen einer bestimmten Fluggesellschaft den Vorzug gebe, habe ich das Glück, deren Goldkarte erhalten zu haben. Diese Karte gibt mir Zugang zu den Business-Lounges der Fluggesellschaft, in der mir dann Essen und Getränke und anderer Luxus kostenlos zur Verfügung stehen. In den Flughäfen laufen zwar Tausende herum, aber nur Goldkarten-Inhaber haben Zugang zu dieser personengebundenen Verpflegung. Ich meine das nicht selbstgerecht, denn durch den Tod und die Auferstehung Jesu steht allen Gläubigen der Zugang zu einer persönlichen Beziehung mit Gott und zu einer personengebundenen Versorgung offen. Jesus ist unsere Goldkarte. Sie steht allen zur Verfügung. Aber nicht alle entscheiden sich, daran zu glauben. Sie leben lieber ohne Gott und vertrauen auf ihren eigenen Einfallsreichtum und ihre harte Arbeit, um sich ihre Versorgung zu sichern. Weil Jesus unsere Goldkarte ist, weil Gott jetzt unser Vater ist, einfach weil er unser Papa ist, wird er für uns sorgen. Er kann gar nicht anders.

Zur Linderung all ihrer Ängste und Sorgen um die Befriedigung ihres täglichen Bedarfs gebraucht Jesus Beispiele aus der Natur, um Frieden in die Herzen seiner Jünger zu bringen. Er spricht mit ihnen über die Raben und darüber, dass diese weder säen noch ernten (siehe Lk 12,24). Mit anderen Worten, sie setzen keine spezifischen geistlichen oder natürlichen Gesetze in die Tat um, sondern werden väterlich versorgt, einfach weil ihr Schöpfer sie liebt.

»Betrachtet die Lilien«, sagt Jesus, »sie mühen sich nicht und spinnen auch nicht« (Lk 12,27 ELB). Ich dachte über diese beiden Worte – Mühen und Spinnen – nach, und für mich beschreiben sie perfekt die Sorge und die Natur eines Workaholics: mit einem Gefühl der Panik zu arbeiten, oder achtzehn Stunden am Tag zu arbeiten, aus Angst, nicht über die Runden zu kommen. Jesus versucht ihnen zu zeigen, dass ihr Vater über finanzielle Bedürfnisse genau Bescheid weiß und dass es genügt zu wissen, dass er es weiß.

Also, mach dir keine Sorgen. Wann hast du das letzte Mal ein Problem gelöst, indem du dir Sorgen darüber machtest? Man stelle sich jemanden vor, der sagt, dass er seine Rechnungen nicht bezahlen könne, also habe er beschlossen, sich aus den Schulden »herauszusorgen« und es funktioniere tatsächlich. Ich kann den Unverstand, der daraus spricht, förmlich hören: »Ein paar schlaflose Nächte, einen Tag lang Erbrechen wegen Reflux, eine Woche lang jeden angeschrien, dazu noch ein paar Pillen und siehe da: das Geld kam. Alle Ehre sei dem Sich-Sorgen-Machen!« Nein, es ist Zeit, dein Herz in der väterlichen Versorgung zu verankern. Es ist an der Zeit, dass du dein Herz und dein Denken in Gottes väterlicher Liebe zu dir verwurzelst.

2 – Praktische Versorgung

Nachdem wir die Sache mit der väterlichen Liebe geklärt haben, müssen wir unseren Berufen, Jobs und Berufungen jetzt nicht mehr als besorgte Workaholics nachgehen, sondern können es mit dem Verständnis tun, dass Gott uns segnen kann, um ein Segen für andere zu sein.

Verachte deinen Job nicht – danke Gott dafür, denn durch ihn sorgt Gott nicht nur für dich, sondern gebraucht dich auch als Mittel, um für andere zu sorgen. Das ist genau das, was in der Gemeinde zur Zeit der ersten Apostel geschah. Diejenigen, die von Gott durch ihr Werk gesegnet wurden, konnten für diejenigen sorgen, die aus verschiedenen Gründen dazu nicht in der Lage waren.

(Lies 2. Thessalonicher 3,7–15 und Apostelgeschichte 2,44–45, um mehr darüber zu erfahren.)

Zwischen 1982 und 1989 berief mich Gott dazu, die Botschaft des Evangeliums an die jungen Menschen unserer Nation weiterzugeben. Unzählige Stunden wurden damit verbracht, im Vereinigten Königreich landauf, landab zu reisen und Schulen und Kirchen zu besuchen. Ich habe nie um eine Vergütung gebeten und sehr oft konnte ich eine Woche lang dienen und was ich finanziell erhielt, war nicht einmal genug, um meine Reisekosten zu decken. Von Beruf bin ich Maler und Tapezierer. Wenn die Versorgung also nicht auf eine Weise kam, benutzte Gott einen anderen Weg, indem er mir Arbeit als Maler beschaffte. Mithilfe meines Berufs segnete Gott mich und ermöglichte es mir, für meine Familie zu sorgen und meinen Dienst zu finanzieren. Paulus, der Apostel, verfuhr nach dem gleichen Prinzip. Um den Menschen zu dienen, kehrte er manchmal in seinen Beruf als Zeltmacher zurück, um den Druck von ihnen zu nehmen, ihn versorgen zu müssen (siehe Apg 18,3). Die praktische Seite der göttlichen Versorgung sollte anerkannt und wertgeschätzt werden. Der eigene Beruf ist ein hervorragender Weg für unseren himmlischen Vater, die Mittel zur Verfügung zu stellen, die wir für unsere Familien und andere benötigen.

Ich habe bereits Apostelgeschichte 2,44–45 als Beispiel dafür angeführt, wie Menschen, die etwas haben, für Menschen sorgen, denen es an Mitteln mangelt. Ich kann nicht mehr zählen, wie oft Gott auf wundersame Weise mich und meine Familie von den merkwürdigsten Orten aus und durch Menschen, von denen man es niemals erwartet hätte, versorgt hat.

Während meine Ehefrau Laila in einem entsetzlichen Elternhaus in den westlichen Bergen Norwegens aufwuchs, fand sie nur im Haus ihrer Großmutter Zuflucht und Freude. Es war ein hundert Jahre altes Holzhaus auf vier Hektar Land. In zwei Richtungen ragten prächtige, knapp 1000 Meter hohe Berge auf; es war ein idyllischer Ort mit einem Gletscherfluss, der durch das Grundstück floss und zu dem auch ein sechs Meter hoher Wasserfall im hinteren Garten gehörte. Tatsächlich ist das Haus nach dem Wasserfall benannt (Fossheim – Wasserfallhaus).

Das Haus stand leer, nachdem das letzte Familienmitglied in ein Pflegeheim gebracht worden war, und war dringend renovierungsbedürftig. Es wurde dann dem Vater meiner Frau überlassen, der es zu verkaufen versuchte, jedoch ohne Erfolg. Die Kosten für den laufenden Unterhalt des Hauses waren eine zu große Belastung, weshalb er es Laila zunächst zum Kauf anbot, ihr es schließlich aber schenkte.

Wir nahmen das Haus, verbrachten fünf Sommer damit, es zu renovieren, und als zusätzlichen Segen schlossen wir uns mit einer Reihe Landwirte entlang des Flusses zusammen, um ein Kraftwerk zu bauen, das Strom in das nationale Netz einspeist.

Das Geld, das wir durch das Kraftwerk erhalten, reicht aus, um alle Unterhaltskosten für das Haus zu decken. Welch eine wunderbare Demonstration der väterlichen und menschlichen Versorgung.

Gerade durch den Mann, der meiner Frau in früheren Jahren so viel Schmerz zufügte, sorgte Gott für den einzigen Ort, an dem sie einen sicheren Hafen und Frieden fand. Dieses Haus hat im Laufe der Jahre so viel Freude bereitet und wird dies auch in den kommenden Jahren tun. Gott versorgt oft von den unwahrscheinlichsten Orten aus und durch Menschen, von denen man es am wenigsten erwartet.

Freunde, die Gnade ruft lauter als der Mangel, sogar indem sie Menschen und Dinge gebraucht, die wir übersehen würden.

KAPITEL SECHS

GNADE RUFT LAUTER ALS DER MANGEL – FÜR VERSORGUNG IN STELLUNG GEBRACHT

»Im Natürlichen stehen wir auf dem Erdboden, aber im Geist sitzen wir mit Christus in himmlischen Regionen.«

Ist dir schon mal aufgefallen, dass eine Mutter das Schreien ihres Kindes selbst in einem Raum voller anderer Geräusche hören kann, dass sie es aus dem Heulen anderer Babys herausfiltern und sogar aus der Ferne vernehmen kann? Das Schreien des Kindes scheint alles andere zu durchdringen, um direkt in das Herz der Mutter zu gelangen. Und genau so ist es bei uns, wenn es um den Mangel geht, nur anders herum. In dem Fall ist es der Ruf der Gnade Gottes, der unüberhörbar ist und alles andere übertönt, damit die Botschaft der Hoffnung und Versorgung vom himmlischen Vater zum Kind gelangen kann.

Erinnern wir uns nochmals daran: Gnade ruft lauter als der Mangel.

Bis hierhin haben wir die Grundlagen geschaffen, die wir brauchen, um Gottes Herz zu verstehen. Wir haben sie uns genau angesehen und auch die ersten drei von sechs Schlüsselprinzipien behandelt: väterliche Versorgung, praktische Versorgung und Versorgung durch Menschen.

Konzentrieren wir uns nun auf die positionelle Versorgung.

4 - Positionelle Versorgung

Dies ist ein Aspekt der göttlichen Versorgung, der oft übersehen wird. Die Kernaussage zur positionellen Versorgung findet sich in Römer 4,17; dort erfahren wir, dass Gott die Toten lebendig macht und das, was nicht ist, ruft, als ob es da wäre.

Gott, weil er Gott ist, kann Dinge ins Dasein rufen; Dinge, die nicht existieren.

Das Universum wurde einfach so erschaffen. Gott hat es aus dem Nichts ins Dasein gerufen. Aber du fragst: »Was hat das mit mir zu tun?« Nun, wenn du verstehst, was mit dir passiert ist, als Christus in dein Leben kam, wird das deine Augen für eine Dimension öffnen, von der du dachtest, dass sie nur im Kopf von Science-Fiction-Autoren existiere.

Jesus sagte uns, dass wir, wenn da kein Zweifel wäre, zu den Bergen sprechen und sie versetzen könnten (siehe Mt 17). Wir könnten tote Menschen zum Leben erwecken und der Natur befehlen, uns zu gehorchen. Klingt ziemlich radikal? Klingt wie das Drehbuch für einen der X-Men-Filme, oder? Warum sollte Jesus diese fantastischen Dinge sagen? War es nur um der Wirkung willen oder versuchte er, unsere Erwartung zu steigern, damit auch wir in dieser Sphäre leben würden? Ich denke, der Schlüssel ist in Johannes 14,12–14 (NLB) zu finden:

»Ich versichere euch: Wer an mich glaubt, wird dieselben Dinge tun, die ich getan habe, ja noch größere, denn ich gehe, um beim Vater zu sein. Ihr dürft in meinem Namen um alles bitten, und ich werde eure Bitten erfüllen, weil

durch den Sohn der Vater verherrlicht wird. Bittet, um was
ihr wollt, in meinem Namen, und ich werde es tun!«

Der Schlüsselsatz in diesen Versen lautet: »denn ich gehe, um
beim Vater zu sein«. Jesus sagte seinen Jüngern, dass sie deshalb
in der Lage sein würden, einen Segen zu gebieten und Dinge, die
nicht sind, zu rufen, als wären sie da, weil er sich zu ihren Gunsten
neben dem Vater positionieren würde.

Johannes betont diese erstaunliche Offenbarung im Zusammenhang mit der Himmelfahrt in einem seiner Briefe (wie er ist,
so sind auch wir). Im Natürlichen stehen wir auf dem Erdboden,
aber im Geist sitzen wir mit Christus in himmlischen Regionen.
Mit anderen Worten, die Versorgung kann manchmal angeord-
net werden, aber nicht aufgrund unseres natürlichen Standes, sondern auf Grundlage von Jesu Position.

Ich möchte das näher erläutern.

Die westliche Welt freut sich über den Sturz von Schurken-
regierungen und die Wiedereinsetzung legitimer Regierungen. Es
ist wunderbar mit anzusehen, wie eine tyrannische, machtbeses-
sene Diktatur zerstört wird. Wir haben mehr als genug Diktatoren gesehen, deren Gier nach Macht und Reichtum der Antrieb
für Völkermord, Folter und andere unbeschreibliche Menschen-
rechtsverletzungen war und ist. Sei es Ceaușescu in Rumänien,
Idi Amin in Uganda, Adolf Hitler in Deutschland, Saddam Hus-
sein im Irak oder wer auch immer – abgesehen von dem Blutver-
gießen, dem Verlust von Menschenleben und dem menschlichen
Elend, das mit dem Sturz dieser teuflischen Regime einherging,
freute sich die Welt darüber, sie und ihre Herrschaft demontiert
und vernichtet zu sehen.

Warum sollte man diese Konflikte im Zusammenhang mit der
positionellen Versorgung erwähnen? Der Grund dafür ist, dass

laut Jesaja Gottes Masterplan nicht nur die Rettung der Menschheit war, sondern auch die Demontage und Vernichtung einer Schurkenregierung und die Wiedereinsetzung seiner eigenen Herrschaft.

Jesaja verkündete Hunderte Jahre vor der Geburt des Königskindes: »Denn ein Kind ist uns geboren, ein Sohn ist uns gegeben; UND DIE HERRSCHAFT RUHT AUF SEINER SCHULTER« (Jes 9,5–6). Satan, der durch Herodes wirkte, fühlte sich nicht durch die Nachricht bedroht, dass ein Kind geboren werden sollte, sondern dadurch, dass es ein Herrscher sein sollte. Nicht ein Kind, sondern ein König bedrohte ihn. Die weisen Männer schürten Herodes' eifersüchtige Wut, indem sie die Frage stellten: »Wo ist der neugeborene König?« (siehe Mt 2,2).

Die am häufigsten übersehene und unterschätzte Botschaft im Zusammenhang mit dem ersten Kommen Jesu dreht sich nicht um Geburtshilfe, Astronomie oder riesengroße Engelchöre. Vielmehr geht es bei ihr um Herrschaft. Die frohe Botschaft von Weihnachten ist die Tatsache, dass eine Schurkenregierung gestürzt und eine gerechte Herrschaft eingesetzt wurde. Infolgedessen können die Gläubigen, die gemeinsam mit Jesus in dieser neuen Regierung Erben sind, jetzt im Leben herrschen und müssen nicht davor weglaufen. Wir können im Leben siegen, anstatt davon besiegt zu werden. Wir können im Leben bestimmen, anstatt darin versklavt zu sein. Und genau wie unser König können wir die Dinge, die nicht sind, rufen, als wären sie da.

Erlaube mir, dich zu diesem Thema auf eine kurze Informationstour durch die Bibel mitzunehmen. Um zu verstehen, dass die Gnade alles übertönt, musst du wissen, wie bedeutungsvoll der Ruf der Gnade ist, auch wenn es um die Herrschaft geht.

Vier Stufen der Herrschaft

A - Die ursprüngliche Herrschaft

Wer war der ursprüngliche Monarch der Erde? Wem übergab der Schöpfer von Himmel und Erde das Zepter der Autorität? In 1. Mose 1,26–27 heißt es:

Und Gott sprach: Lasst uns Menschen machen nach unserem Bild, uns ähnlich; die sollen herrschen über die Fische im Meer und über die Vögel des Himmels und über das Vieh und über die ganze Erde, auch über alles Gewürm, das auf der Erde kriecht! Und Gott schuf den Menschen in seinem Bild, im Bild Gottes schuf er ihn; als Mann und Frau schuf er sie.

Achte genau darauf, was die Dreieinigkeit über die Herrschaft ihres neu geschaffenen Planeten sagt: »Lasst uns Menschen machen ... die sollen herrschen ...«

Als Gott erklärte, dass sie nach seinem Bild geschaffen würden, bezog er sich nicht auf ihre Charaktereigenschaften, sondern auf die Fähigkeit, die in ihrer Natur liegen würde. Im Grunde sagte er zu jenem ersten Paar: »Ich herrsche im Himmel, ihr herrscht auf der Erde.«

Dann heißt es in Psalm 115,16, dass der Himmel dem Herrn gehört, Gott die Erde aber den Menschenkindern gegeben hat.

Die ursprüngliche Regierung auf Erden, der ursprüngliche »Souverän« dieses Planeten, von Gott bevollmächtigt, war also die Menschheit. Unter Gottes Herrschaft gab es Frieden, Ordnung und Gerechtigkeit. Doch was ist dann passiert? Es muss sich etwas verändert haben, denn wenn wir uns heute in unserer Welt umschauen, sind wir davon weit entfernt.

B – Übergebene Herrschaft

Aus eigenem freien Willen übergab Adam die Herrschaft des Menschen.

Es gab zwei besondere Bäume im Garten: den Baum des Lebens und den Baum der Erkenntnis von Gut und Böse, und unsere Vorfahren mussten Tag für Tag entscheiden, von welchem Baum sie aßen. Ohne eine ausführliche Erklärung über die Bedeutung der beiden Bäume zu geben, sagte Gott ausdrücklich, dass man vom Baum der Erkenntnis von Gut und Böse nicht essen dürfe – täte man es doch, müsse man sterben. Adam tat es, und er starb. Er starb geistlich und schließlich auch körperlich (siehe 1Mo 2,17).

Die Lektion? Adams Herrschaft war von einer Beziehung abhängig: seiner Beziehung mit seinem Schöpfer. Durch Ungehorsam und aus eigenem freiem Willen übergab Adam seinen Thron Satan. Die Herrschaft über den Planeten Erde wurde an eine Schurkenregierung übergeben. Adams Krone wurde übergeben. Der Souverän wurde zum Sklaven, der Herrscher zum Untertan. Satan erhielt die allgemeingültige Herrschaft über Gottes Schöpfung. Alle böse gesinnten Diktatoren, die Elend, Tod und Zerstörung bringen, erhalten ihre Befehle von ihrem Herrscher, ihrem Kommandanten, ihrem Souverän … Satan.

Als Satan Jesus in der Wüste versuchte, verhöhnte er ihn mit der Tatsache, dass er einen Rechtsanspruch auf den Thron aller Königreiche der Welt habe. Tatsächlich bot er an, diese Souveränität mit Jesus zu teilen, dieser müsse ihn nur als Herrn des Planeten anerkennen. Jesus widerstand dieser Versuchung natürlich, aber die Tatsache, dass er Satan nicht vorhielt, völlig verrückt und größenwahnsinnig zu sein, zeigt uns, dass Satans Behauptungen tatsächlich wahr waren. Die Autorität des Throns der Erde war ihm freiwillig übergeben worden.

Manchmal, wenn ich mit Menschen über ihre Beziehung zu Gott als Vater spreche, eine Beziehung, die nur durch den Sohn ermöglicht werden kann, erhalte ich die Antwort: »Aber wir sind alle Gottes Kinder.«

Seien wir uns darüber völlig im Klaren: Jesus kam allein aus dem Grund, weil das nicht stimmt.

Wir wurden alle in Adams Familie hineingeboren. Das erklärt unsere zur Sünde tendierende Funktionsstörung. Es war sogar so: Als einige der jüdischen religiösen Führer Anspruch auf Gott als ihren Vater erhoben, erklärte Jesus nachdrücklich, dass ihr Vater tatsächlich der Teufel sei. Warum? Weil Satan – wegen der übertragenen Herrschaft – über die Söhne Adams als König regiert.

Der einzige Weg heraus aus Adams Familienlinie, die unter der Herrschaft Satans steht, ist zu sterben und von neuem in Gottes Familie geboren zu werden. Es gibt keinen anderen Weg.

Gott sandte Jesus auf eine Rettungsmission, um uns aus »Adams Familie« und der Linie des Todes zu holen und in Gottes Familie und die Linie des Lebens zu bringen.

Deshalb schafft es keine Religion, egal, wie streng oder scheinbar heilig und moralisch, dich aus Adam herauszuholen. Ob es uns gefällt oder nicht, wir sind entweder in Adam oder in Christus. Wir sind entweder im Reich der Finsternis oder im Reich des Lichts. Unser Vater ist entweder Satan oder Gott. So wie Adam den Tod durch Ungehorsam gewählt hat, so kam Jesus, um den Fluch durch Gehorsam dem Leben gegenüber aufzuheben. Das hat er für uns getan, und wir müssen nichts weiter tun, als es zu glauben. Damit wechseln wir zu einer anderen Lebenswelt, einem anderen Vater und einem neuen ewigen Bestimmungsort.

(Lies Römer 5,2–25, um mehr darüber zu erfahren!)

C – Wiedererlangte Herrschaft

Die Tragödie in Eden hatte nicht zur Folge, dass Gott Satan vernichtete und von vorne begann. Satan hatte einen rechtlichen und politischen Anspruch darauf, über die Menschheit zu herrschen. Gott hatte dieses Prinzip eingeführt und wäre ungerecht, wenn er seine eigenen Gesetze verletzt hätte. Er gab einem Menschen die Autorität auf Erden, diese wurde durch einen Menschen verloren und musste deshalb durch einen Menschen wiedererlangt werden. Also entwickelte er einen genialen Plan, um die Menschheit legal zu erlösen und die Herrschaft zurückzugewinnen. Operation Zweiter Adam.

Lies diese Worte aus 1. Korinther 15,20–22:

Nun aber ist Christus aus den Toten auferweckt; er ist der Erstling der Entschlafenen geworden. Denn weil der Tod durch einen Menschen kam, so kommt auch die Auferstehung der Toten durch einen Menschen; denn gleichwie in Adam alle sterben, so werden auch in Christus alle lebendig gemacht werden.

Der Mensch ist Geist mit einem Körper aus Fleisch und Blut, nur Geister mit einem solchen Körper können im irdischen Reich legal operieren. So ist es von Gott vorgesehen. Sogar Satan musste sich Adam in Form einer Schlange nähern, weil jeder Geist ohne Körper ein illegaler Einwanderer ist.

Gott selbst ist Geist ohne physischen Körper. Er unterwarf sich seinem eigenen Gesetz, indem er Fleisch wurde (das Wort wurde Fleisch und wohnte unter uns – siehe Joh 1). Jesus erkannte, dass der Schlüssel zu einer erfolgreichen Rettungsmission ein menschlicher Körper war.

Um den Sieg zu erringen und die gerechte Herrschaft zurück-
zuerlangen, musste er ein Mensch werden, ähnlich wie Adam,
und den Teufel auf Erden als Mensch und nicht als Geist besiegen. So wurde Adam II. geboren, jedoch nicht dem Tod oder der
Herrschaft Satans unterworfen. Das war die Genialität der Jung-
frauengeburt.

Als aber die Zeit erfüllt war, sandte Gott seinen Sohn,
geboren von einer Frau und unter das Gesetz getan …
– Galater 4,4

Fällt dir auf, dass Jesus von einer Frau geboren wurde, nicht von
Mann und Frau? Als Gott das Gerichtsurteil über die Schlange in
Eden verkündete, war er sehr spezifisch in Bezug auf Jesu Geburt.
»Ihr Samen«, erklärte er dem neuen bösen Herrscher der Erde,
»wird dir den Kopf zermalmen« (1Mo 3,15 ELB). Ihr Samen, der der
Frau, nicht der Samen eines Paares, bestehend aus Mann und Frau.

Die Medizin kennt keine Bluttests zur Feststellung der Mutter-
schaft, nur die Vaterschaft wird so überprüft. Warum? Weil nur
das Blut des Vaters durch die Adern des Babys fließt. Gott hat die
Frau so geschaffen, dass in der Schwangerschaft alle Nährstoffe
des Mutterblutes durch die Plazenta an das Kind übertragen werden, aber ihr eigentliches körperliches Blut vermischt sich nie mit
dem Blut des Kindes. Brillant! Infolgedessen wurde das Blut, das
durch die Adern des zweiten Adams floss, nicht durch mensch-
liches Blut verdorben, sondern war makelloses göttliches Blut.

So habt nun acht auf euch selbst und auf die ganze Herde, in
welcher der Heilige Geist euch zu Aufsehern gesetzt hat, um
die Gemeinde Gottes zu hüten, die er durch sein eigenes Blut
erworben hat! – Apostelgeschichte 20,28

Satan konnte über den zweiten Adam nichts verfügen, weil es nichts von dem ersten Adam in ihm gab. Satans Herrschaft über die Menschheit ist abhängig von verdorbenem menschlichem Blut. Wir sündigen, weil wir als Sünder geboren wurden. Unser Blut ist durch den ersten Adam verdorben und es gibt nichts Menschenmögliches, was wir tun könnten, um das zu ändern. Und wegen des verdorbenen sündigen Blutes des ersten Adam hat Satan die rechtliche Befugnis, über uns zu herrschen.

D – Herrschaft in Christus

Die Evangelien sind die Aufzeichnungen über einen vollkommenen Menschen, der in seiner rechtmäßigen Autorität lebt. Adam II. übte die gleiche Autorität aus wie Adam I. vor dem Fall. Er herrschte über die Natur, über die Tiere und dazu noch über Krankheiten, den Teufel und sogar den Tod. Sein Tod und seine Auferstehung waren der Knockout-Schlag, der die Schurkenregierung stürzte und die rechtmäßige wieder einsetzte. Als Jesus starb, trug er die gesetzlich vorgesehene Strafe für Adams Sünde und befreite so die Menschheit aus dem Würgegriff Satans, mit dem er sie Tausende von Jahren festgehalten hatte (Römer 5,17–19).

Satan dachte, er könnte Jesus am Kreuz töten und ihn im Grab endgültig erledigen. Was er aber nicht wusste, war, dass die Soldaten, als sie die Nägel in Jesu Fleisch trieben, in Wirklichkeit die Nägel in seinen eigenen Sarg schlugen.

Er hat den Schuldbrief getilgt, der mit seinen Forderungen gegen uns war, und hat ihn aufgehoben und an das Kreuz geheftet. Er hat die Mächte und Gewalten ihrer Macht entkleidet und sie öffentlich zur Schau gestellt und über sie triumphiert in Christus. – Kolosser 2,14–15 LUT

Apostelgeschichte 2,23–24 (LUT) fasst das wunderschön zusammen:

Diesen Mann, der durch Gottes Ratschluss und Vorsehung dahingegeben war, habt ihr durch die Hand der Ungerechten ans Kreuz geschlagen und umgebracht. Den hat Gott auferweckt und hat ihn befreit aus den Wehen des Todes, denn es war unmöglich, dass er vom Tod festgehalten wurde.

Die Bibel sagt demnach auch, dass der Tod ihn nicht festhalten konnte, er bezwang den Tod und das Grab, stand von den Toten auf und ... hier wird es wirklich aufregend ... er stieg zur Rechten des Vaters auf, wo die Herrschaft, die von Adam I. dem Teufel übergeben worden war, von Adam II. endlich zurückerobert wurde (Mk 16,19).

Lies Philipper 2,9–11 und Epheser 1,20–23, denn diese Bibelstellen erklären nachdrücklich, dass Jesus am Platz der vollen Autorität sitzt und alle Dinge unter seinen Füßen sind.

Wie war Adams ursprüngliche Stellung bezüglich seiner Herrschaft auf Erden?

Psalm 8,7 gibt uns die Antwort, wenn es heißt, dass Gott der Menschheit die Herrschaft gegeben hat. Du hast die Herrschaft über die Schöpfung. Jesus hat den Menschen wieder an seinen rechtmäßigen Platz zurückversetzt. Wenn du von neuem geboren bist, bist du Teil des Leibes Christi geworden. Der Kopf ist im Himmel, aber seine Füße sind auf der Erde.

Wir wissen, wie wir die Kraft des Kreuzes anwenden können, weil wir mit dem Kreuz gekreuzigt sind. Wir wissen, wie wir die Kraft der Auferstehung anwenden können, weil wir mit Christus auferweckt sind.

Es ist jetzt Zeit, dass wir uns die Macht des Throns zunutze machen, denn wir *sitzen* dort bereits zusammen mit Christus. Wir sind wieder an der Macht, Satan hat keinen Rechtsanspruch auf unser Leben, und dank unserer Stellung in Christus können wir jene Dinge rufen, die nicht sind, als wären sie da.

Das ist die Macht der positionellen Autorität. Deshalb können wir auf das vierte unserer Prinzipien vertrauen – die positionelle Versorgung. Jetzt auf zum nächsten …

KAPITEL SIEBEN

GNADE RUFT LAUTER ALS DER MANGEL – POTENZIAL UND PRINZIP

»Ein Samen wird niemals das Bild auf der Verpackung hervorbringen, bevor er nicht gesät wurde.«

Ich bin mir sicher, dass du mittlerweile an Zuversicht gewonnen hast, da du jetzt zunehmend verstehst, dass die Gnade lauter als der Mangel ruft.

Wir haben die ersten vier der sechs Schlüsselprinzipien, die mir zur Freiheit verholfen haben, eingehend betrachtet, sodass es jetzt an der Zeit ist, sich auf die beiden letzten wichtigen zu konzentrieren.

5 – Potenzielle Versorgung

Ich sehe mir sehr gerne die amerikanische Fernsehsendung *Extreme Makeover – Home Edition* an (in Deutschland: *Das Hausbau-Kommando – Trautes Heim, Glück allein*). Bei der Show geht es darum, Familien in extremen Lebenslagen zu unterstützen, insbesondere hinsichtlich ihrer Unterkunft. Die ausgewählte Familie wird in den Urlaub geschickt, während Hunderte Freiwillige ihr derzeitiges Zuhause niederreißen und ein neues wieder aufbauen. Ich bin immer in Tränen aufgelöst, wenn die Familie aus dem Urlaub zurückkehrt, um ein maßgeschneidertes Haus vorzufinden, das vollständig bezahlt ist.

Während ich eine der Sendungen sah, lernte ich etwas Gewaltiges in Bezug auf die potenzielle Versorgung. In dieser speziellen Ausgabe war der springende Punkt in der Geschichte, dass der Ehemann gestorben war und eine zwanzig Hektar große Farm hinterlassen hatte, die die Witwe nicht allein bewirtschaften konnte. Das Team baute ihr ein neues Zuhause und eine neue Scheune, aber das größte Geschenk, das es ihr machte, war das, was mit den zwanzig Hektar Land geschehen war: Es war gepflügt, geeggt und eingesät worden.

Das wertvollste Geschenk, das sie dieser Familie machten, war nicht nur die Versorgung für die Gegenwart, sondern auch die Vorsorge für die Zukunft.

Eine der größten Gaben, die Gott uns gegeben hat, ist die potenzielle Versorgung: das Prinzip von Saat und der Ernte.

Im Zusammenhang mit finanzieller Versorgung animiert Paulus die Gemeinde in Korinth, die potenzielle Versorgung zu verstehen. Er sagt ihnen, dass Gott dem Sämann Samen gibt.

Er aber, der dem Sämann Samen darreicht und Brot zur
Speise, er möge euch die Saat darreichen und mehren
und die Früchte eurer Gerechtigkeit wachsen lassen ...
– 2. Korinther 9,10

Nicht Samen für den Verschwender, nicht Samen für den Sparer, sondern Samen für den Sämann.

Das Gesetz von Saat und Ernte mindert die Sorge um die zukünftige Versorgung.

Wenn ich darüber nachdenke, ist ein Großteil der finanziellen Versorgung, die ich jetzt genieße, das Ergebnis von Samen, die in der Vergangenheit ausgesät wurden. Viele Menschen schauen sich ihre Lohntüte an und denken ans Überleben. Gott sagt: Schau nochmal hin und sieh Potenzial. Potenzial könnte definiert werden als »eine Macht oder Qualität, die existiert, aber bisher nicht entwickelt oder genutzt wurde«. Zum Beispiel hat eine Batterie keine *tatsächliche* Leistung, sondern eine *potenzielle* Leistung.

Bei einem Samen ist es das gleiche. Er wird niemals das Bild auf der Verpackung hervorbringen, bevor er nicht gesät wurde.

Welches Bild hast du von deiner finanziellen Zukunft? Es wird nie Wirklichkeit werden, wenn du sagst: »Que sera sera, was sein wird, wird sein«; STATTDESSEN gilt: »Was immer du SÄST, wird sein.«

Gott wirkt auf der Erde innerhalb der von ihm festgelegten Gesetze. Was sein Kommen auf die Erde im menschlichen Fleisch betrifft, haben wir das bereits gesehen, und das Gleiche gilt für das Gesetz von Saat und Ernte.

Auch Gott benutzte dieses Prinzip, um die Erde zu bepflanzen und zu bevölkern. Er wies Adam und Eva an, fruchtbar zu sein und sich zu vermehren (siehe 1Mo 1,28). Gott bevölkerte die Erde nicht, indem er eine Bevölkerung schuf, sondern gab Adam und Eva die Verantwortung dafür. Interessant ist die Beobachtung, dass Gott das Gleiche mit dem Garten Eden tat. Er schuf keinen fertigen Garten, er legte ihn an (siehe 1Mo 2,8–9).

Lass mich das wiederholen: Gott hat keinen Garten geschaffen – er hat ihn angelegt. Im Gegensatz dazu schuf er den Menschen. Adam entwickelte sich nicht von einem Kind zu einem Mann. Gott setzte ihn voll ausgewachsen in einen Garten, den er gerade angelegt hatte. Er hat auch den Baum des Lebens aufgestellt – er hat ihn nicht als Samen in den Boden gelegt. Adam wurde durch den Baum des Lebens mit Nahrung versorgt.

Mit anderen Worten, Gott hat seine Ernte, bestehend aus einer bevölkerten Erde, nicht erschaffen, er ließ sie durch Samen entstehen.

Er hat keinen fertigten Garten geschaffen, er hat ihn angelegt. Er hat keinen bevölkerten Planeten erschaffen, er stellte ein Paar auf mit dem Potenzial, sich zu vermehren.

Er hat auch nicht die Vegetation von Eden geschaffen, er säte Samen in Edens Boden, die das Potenzial hatten, Pflanzen hervorzubringen.

Wenn du das Prinzip der potenziellen Versorgung verstehst, wirst du auch verstehen, was Jesus im Gleichnis vom Sämann gelehrt hat. In diesem Gleichnis, das in Markus 4,26–29 zu finden ist, erklärt Jesus, wie es funktioniert. Das Gleichnis vom Sämann ist die Antwort des Himmels auf Rezession und Mangel.

»Mit dem Reich Gottes«, erklärte er, »verhält es sich wie mit einem Bauern, der seinen Acker besät hat. Er legt sich schlafen, steht wieder auf, ein Tag folgt dem anderen. Währenddessen geht die Saat auf und wächst – wie, das weiß er selber nicht. Die Erde bringt von selbst die Frucht hervor: zuerst den Halm, dann die Ähre und zuletzt das volle Korn in der Ähre. Und sobald das Korn reif ist, lässt er es schneiden. Die Ernte ist gekommen.« – Markus 4,26–29 NEÜ

Beachte anhand dieses Bibeltextes, dass »du ruhst«, sobald der Samen in der Erde ist.

Zuerst ruhst du von der Arbeit.
Jesus beschreibt den Sämann als jemanden, der Tag für Tag aufsteht, nicht Tag für Tag arbeitet. Es ist nicht notwendig, das Saatgut täglich erneut einzusäen. Es ist nicht notwendig, dem Erdbo-

den zu befehlen, ans Werk zu gehen. Wenn du deinen Samen in guten Boden gelegt hast, wenn du deinen finanziellen Samen in guten Boden gesät hast, wird der Samen aufgehen und von selbst ertragreiche Pflanzen hervorbringen. Dieses Prinzip findet sich in 1. Mose 1,11, wo Gott es eingeführt hat. Dort steht:

»Und Gott sprach: Die Erde lasse Gras sprießen«, ohne Hilfe von außen.

Sobald der Samen drin ist, lass den Erdboden das tun, wozu er bestimmt ist: sprießen lassen.

Zweitens lässt du deine Überlegungen ruhen.

In Markus 4,27 steht, dass etwas geschieht, doch »wie, das weiß er selber nicht«.

Hör auf, herausfinden zu wollen, wie deine Ernte zustandekommen wird. Lass dich von Gott überraschen.

Als Gemeinde säen wir ein Zehntel unserer Finanzen in unsere Stadt mittels unserer Jesus-Cares-Initiative. Wir kauften ein Gebäude neben unserer Kirche, eine ehemalige Stofffabrik, das für Büros, die Jugend- und Kinderarbeit sowie für die Lagerung der durch Jesus Cares bereitgestellten Lebensmittel genutzt werden sollte. Das gesamte Gebäude war dringend renovierungsbedürftig. Wir begannen die Arbeit mit dem verfügbaren Geld, aber dann gingen uns in einer entscheidenden Phase die Mittel aus. Wir wussten nicht, was wir tun sollten oder wie wir das Geld aufbringen könnten.

Eines Tages, während ich mit dem Auto unterwegs war, erhielt ich einen Anruf von einem Pastorenfreund aus Singapur, Joseph Prince. Im Laufe des Gesprächs fragte er mich, in welchen Projekten wir steckten. Ich erzählte ihm von dem neuen Gebäude, das wir renovierten, um die Jugend unserer Stadt zu erreichen und den Armen zu helfen. Unsere finanzielle Krise erwähnte ich mit keinem Wort. Tatsächlich war ich so begeistert, Joseph von unserer Vision erzählen zu können, dass es ganz sicher so gewirkt haben muss, als stellten Finanzen kein Problem dar.

Er hörte sehr aufmerksam zu, dann hielt er inne, bevor er sagte: »Ray, der Herr hat mir gesagt, ich soll dir 30.000 Pfund geben, damit du diese Vision erfüllen kannst.«

Ich musste rechts ranfahren!

Dann sprach ich mit ihm über unsere Finanzkrise und wir lobten Gott und freuten uns gemeinsam. Ich glaube, dass das Geld die Ernte von den Samen war, die wir in vergangenen Jahren in die Stadt gesät hatten. Wenn du finanzielle Samen säst, wirst du nie wissen, wie, wann oder wohin Gott die Ernte schicken wird, also versuche gar nicht erst, es herauszufinden.

Drittens hörst du auf, dir Sorgen zu machen.

Der im Gleichnis erwähnte Sämann machte sich nachts keine Sorgen, sondern es wird darauf hingewiesen, dass er nachts schlief. Eine der Segnungen eines Sämanns ist ein finanziell sorgenfreies Leben.

Wenn der Herr nicht das Haus baut, ist die Arbeit der Bauleute vergeblich. Wenn der Herr die Stadt nicht beschützt, ist es vergeblich, sie mit Wachen zu umgeben. Es ist vergeblich, vom frühen Morgen bis in die späte Nacht hart zu arbeiten, immer in Sorge, ob ihr genug zu essen habt, denn denen, die Gott lieben, gibt er es im Schlaf.
– Psalm 127,1–2 NLB

Diese Bibelverse ermuntern diejenigen, die säen, dazu, ins Bett zu gehen und zu schlafen.

Bei einer anderen Gelegenheit folgerte Jesus, dass der Schlüssel zu einer sorgenfreien finanziellen Zukunft nicht das Sparen, sondern das Säen ist. Er bat die Zuhörenden inständig, eine Veränderung vorzunehmen, was das Vertrauen auf irdische Schätze anbelangt, die doch alle verrotten und ihren Wert verlieren können (siehe Mt 6,19–21). Er sagt nicht, man solle nicht sparen – er sagt, man solle in Vermögensangelegenheiten nicht auf die Weltwirtschaft vertrauen. Jesus sagt: Verschiebe den Fokus deines Vertrauens – von deinen Ersparnissen auf deine Aussaat. Er sagt nicht, dass Sparen nicht wichtig sei, aber er sagt, dass deine Ersparnisse nicht deine Sicherheit sein sollten.

In den letzten Jahren haben Tausende von Menschen ihre Ersparnisse und Altersvorsorgen aufgrund der Instabilität des Finanzsystems dieser Welt verloren. Sämänner können dagegen nachts ruhig schlafen. Warum? Weil sie Gottes feste Zusage für eine Ernte haben, was vertrauenswürdiger ist als das Versprechen irgendeines menschlichen Investors.

Viertens ruhst du dich vom Stress aus.
Wenn du das Prinzip von Saat und Ernte verstehst und es praktizierst, werden sich in deinem Leben zwei unglaubliche Eigenschaften entwickeln.

Erstens, der Glaube – befreit dich von der Sorge.
Zweitens, Geduld – befreit dich von Stress.

Die Erde bringt von selbst die Frucht hervor: zuerst den Halm, dann die Ähre und zuletzt das volle Korn in der Ähre.
– Markus 4,28 NLB

Die Ernte kommt nicht sofort, es gibt einen Prozess. Damit wir das volle Korn in der Ähre empfangen können, brauchen wir Glauben und Geduld.

Gott nutzte Glauben und Geduld, um die Gemeinde hervorzubringen.

Was tat Gott, um die katastrophalen Verhältnisse als Folge des Sündenfalls umzukehren? Im Glauben säte er einen Samen und mit Geduld wartete er auf die Fülle. Wie wir bereits gesehen haben, sagte er der Schlange, dass ihr der Samen von Eva den Kopf zermalmen würde. Zweitausend Jahre später sah er es Wirklichkeit werden, als die Fülle der Zeit gekommen war und Gott seinen Sohn sandte (siehe Gal 4,4).

So viele Menschen leben mit Stress, weil sich die Ernte scheinbar »verzögert«, wobei sie nicht begreifen, dass bei jeder Ernte, ob finanzieller oder anderer Art, eine »Fülle der Zeit« oder ein »volles Korn« kommt.

Geduld befreit dich vom Stress unerfüllter Verheißungen oder ausstehender Ernten.

Geduld wird dich davor bewahren, unkluge Entscheidungen zu treffen.

1. Abram konnte nicht warten, also zeugte er einen Ismael.
2. Esau konnte nicht warten und verlor sein Geburtsrecht.
3. Judas konnte nicht warten und verlor sein ewiges Leben.

Wie viele Menschen leben in unerfüllten Beziehungen? Wie vielen passiert es, dass Geschäftsabschlüsse nicht zustande kommen oder dass sie unvollständige Ernten erhalten, weil sie von Stress angetrieben und nicht von Geduld geleitet werden?

In Galater 6,9 heißt es: »Lasst uns aber im Gutestun nicht müde werden; denn zu seiner Zeit werden wir auch ernten, wenn wir nicht ermatten«, und Hebräer 6,12 ergänzt: »... damit ihr ja nicht träge werdet, sondern Nachfolger derer, die durch Glauben und Geduld die Verheißungen erben.«

Dafür, dass das Prinzip von Saat und Ernte funktioniert, ist der Zustand des Bodens, in den man sät, ein wichtiger Schlüssel.

Das Gleichnis vom Säemann unterstreicht die Wichtigkeit, Samen in den richtigen Boden zu säen, um maximale Ergebnisse zu erzielen. Jesus erwähnt steinigen Boden, dornenüberwucherten Boden und guten Boden. Nachdem ich das Wort Gottes studiert und 25 Jahre lang dieselbe Gemeinde als Pastor geleitet habe, ist für mich klar, dass man keinen besseren Boden als Gottes Haus bekommen kann.

Während ich dabei bin, diesen Abschnitt über die potenzielle Versorgung abzuschließen, werden dir die Worte, die du gleich lesen wirst, den letzten Punkt näherbringen: »Prinzipientreue Versorgung«.

Wenn du deinen Lohn, Erbschaften oder Geldgeschenke erhältst, was ist dann der erste Gedanke, der dir in den Sinn kommt?

Ist es deine Annehmlichkeit oder sein Königreich?

Ist es dein Körper oder sein Leib?

Ist es dein Haus oder sein Haus?

Der Grund, warum David als Mann nach dem Herzen Gottes bekannt war, lag in seiner Liebe zum Haus Gottes. Nicht nur in Worten, sondern auch in Taten:

Ich aber habe mit all meiner Kraft für das Haus meines Gottes beschafft: Gold für goldene, Silber für silberne, Erz für eherne, Eisen für eiserne, Holz für hölzerne Geräte, Onyxsteine und Steine für Einfassungen, Steine zur Verzierung und farbige Steine und allerlei Edelsteine und weiße Marmorsteine in Menge. Überdies, weil ich Wohlgefallen habe am Haus meines Gottes, gebe ich, was

ich als eigenes Gut an Gold und Silber besitze, für das Haus
meines Gottes, zu dem hinzu, was ich für das Haus des
Heiligtums herbeigeschafft habe. – 1. Chronik 29,2–3

Wenn Gott über sein Haus spricht, nimmt er es persönlich.
In Haggai 1,9 sagt der Herr:»Ihr habt viel erwartet, doch siehe, es
wurde wenig daraus; und brachtet ihr es heim, so blies ich es weg!
Warum das? So spricht der HERR der Heerscharen: Um meines
Hauses willen, das in Trümmern liegt, während jeder von euch
eilt, um für sein eigenes Haus zu sorgen!«

Dann steht in Maleachi 3,10 (ELB) geschrieben:»Bringt den
ganzen Zehnten in das Vorratshaus, damit Nahrung in meinem
Haus ist! Und prüft mich doch darin, spricht der HERR der Heerscharen, ob ich euch nicht die Fenster des Himmels öffnen und
euch Segen ausgießen werde bis zum Übermaß!«

Das kleine Wort, das ein allgemeines Konzept in einen persönlichen Besitz verwandelt, ein kleines Wort, das sein Haus vom
Reich der Religion in das Reich der Beziehung versetzt, ist das
Wörtchen »mein«. Wenn Gott über *sein* Haus spricht, spricht er
darüber wie ein Elternteil über die Beziehung zum eigenen Kind,
wie ein Ehemann über die Beziehung zu seiner Ehefrau, wie über
etwas, das wertvoll und persönlich ist. Was löste in Jesus eine dermaßen gewalttätige Reaktion an jenem Tag aus, als er mit einer
Peitsche den Tempel betrat und die Geldwechsler hinaustrieb? Ein
kleines Wort: »mein«.[4]

Was führt dazu, dass in uns die gleiche Leidenschaft hervorgerufen wird?

Was bringt uns dazu, alles Mögliche zu tun, um Gottes Haus
vor Spaltungen und Zerrissenheit zu schützen?

---

4 »»Mein Haus soll ein Bethaus genannt werden!‹ Ihr aber habt eine Räuberhöhle daraus
gemacht!« (Mt 21,12–13).

Was bringt uns dazu, unserem eigenen Ich zu sterben, um seinem Haus zu dienen und es gesund zu erhalten?

Was bringt uns dazu, persönliche Opfer zu bringen, damit sein Haus mit den nötigen Mitteln ausgestattet wird?

Ein Wechsel unseres Blickwinkels – über *mein* Haus zu reden, wenn ich seines damit meine.

Jesus sagte: »Ich werde meine Gemeinde bauen« und bewies die Aufrichtigkeit seiner Worte, indem er dafür starb (siehe Mt 16,18). Wenn wir nicht das Gleiche sagen können, werden wir nie lange in ein und derselben Gemeinde bleiben. Wir werden auch nie proaktiv am Bau von Gottes Haus beteiligt sein und unsere Finanzen niemals in einer Weise priorisieren, die sicherstellt, dass es Nahrung darin gibt. Dieses kleine Wort »mein« bringt ein Gefühl der Eigentümerschaft und Verantwortung mit sich. Es bringt den Wunsch mit sich, zu bewahren und zu versorgen.

Während ich über diesen Gedanken nachsinne, glaube ich, dass die Worte, die ich jetzt schreiben werde, aus dem Heiligen Geist geboren wurden.

*Ich nahm, was dir gehörte, und machte es zu meinem, und
du wirst nehmen, was mir gehört, und es zu deinem machen.
Er wurde wegen meiner Übertretungen verwundet, wegen
meiner Missetaten zerschlagen, die Strafe für meinen Frieden
lag auf ihm, und durch seine Striemen bin ich geheilt. Sela.*

Das Prinzip des Zehnten bestimmt unser Motiv. Das Prinzip des Zehnten wird darüber entscheiden, ob wir »Nicht nur das Haus Gottes, sondern auch mein Haus« sagen können.

Nichts hat in der Gemeinde Jesu mehr Kontroversen und Verwirrung verursacht als das Prinzip des Zehntengebens. In dieser Zeit der wunderbaren Wiederherstellung des Evangeliums der Gnade Gottes in der Gemeinde Jesu, verstehen einige noch nicht wirklich, dass das Zehntengeben selbst gnadenbasiert ist, und missbrauchen die Gnade daher, um das Prinzip ganz außer Acht zu lassen.

»Ich bin nicht unter dem Gesetz«, sagen sie, »ich bin unter der Gnade.« Oder: »Den Zehnten zu geben ist ein alttestamentliches Gesetz und zur Zahlung des Zehnten aufzufordern bedeutet deshalb, dass wir uns wieder in die Sklaverei des Gesetzes begeben, wovor Paulus uns warnt, und dem wir uns widersetzen sollen.«

Offen gesagt, verraten diese Ansichten drei Dinge über die Menschen, die sie vertreten:

1. Ihre Unkenntnis der Bibel, was das Geben aus Gnade angeht
2. Ihre Liebe zum Geld
3. Ihr Mangel an Gottvertrauen

Eine besorgte Christin fragte den Pastor einer Gemeinde, der sie beizutreten erwog: »Ist das eine Gemeinde, die auf der Gnade gegründet ist, oder eine, die sich auf das Gesetz beruft?« Der Pastor versicherte ihr, dass es sich um eine Gnadengemeinde handele. »O Gott sei Dank«, antwortete sie, »die letzte Gemeinde lehrte uns, dass wir ein Zehntel unseres Geldes geben müssten!« »Nein«, sagte der Pastor, »wir würden dich nie auf zehn Prozent beschränken, du kannst so viel geben, wie du willst!«

Ich glaube, dass finanzielles Geben, einschließlich des Zehnten, eines der am meisten missverstandenen Prinzipien in der Bibel ist. Zweifellos ist es eines der am häufigsten missbrauchten. Ich bitte dich inständig – schütte aufgrund von Unwissenheit oder aus Ärger das Kind nicht mit dem Bad aus. Erlaube mir, dir fünf biblische Wahrheiten über das Prinzip des Zehnten mitzuteilen. Diese Wahrheiten haben mir geholfen, mich von Gott finanziell segnen zu lassen, und sie schützen mich zugleich vor finanzieller Manipulation.

1 – Die Wesensgrundlage des Zehnten ist nicht das Gesetz, sondern die Liebe.

Ich gebe den Zehnten nicht, weil ich es muss, sondern weil ich es liebe.

Einer der schwierigsten und oft missverstandenen Abschnitte im Neuen Testament ist Epheser 5,26–30 (NEÜ):

> *Er tat das, um sie zu heiligen, und reinigte sie dazu durch Gottes Wort wie durch ein Wasserbad. Denn er wollte die Gemeinde wie eine Braut in makelloser Schönheit präsentieren; ohne Flecken, Falten oder sonstige Fehler, heilig und tadellos. So sind auch die Männer verpflichtet, ihre Frauen zu lieben wie ihren eigenen Körper. Wer seine Frau liebt, liebt sich selbst. Niemand hasst doch seinen Körper, sondern ernährt und pflegt ihn. So macht es auch Christus mit der Gemeinde, denn wir sind ja die Glieder seines Leibes.*

Da Christus die Gemeinde liebt und sich für sie hingegeben hat, nährt und pflegt er sie auch. Zuerst nach dem Reich Gottes zu trachten, bedeutet nicht nur, Gott zu lieben, sondern auch zu lieben, was er liebt, und er liebt leidenschaftlich seine Gemeinde.

Wenn wir, wie im letzten Kapitel angedeutet, die Gemeinde lieben würden, wie er sie liebt, wären wir eher bereit, sie zu schützen, ihr zu dienen und für sie zu sorgen.

Eine der zentralen Missionsaussagen Jesu ist: »Ich werde meine Gemeinde bauen« (Mt 16,18).

Wenn du dich mit Herzblut in den Bau deines Traumhauses investieren würdest, wärst du verrückt, wenn du gleichzeitig die Bauarbeiter zu sabotieren versuchtest. Du würdest niemals deine Abende mit dem Aushecken von Plänen zubringen, wie du die Arbeit derjenigen sabotieren kannst, die damit beschäftigt sind, beim Bau zu helfen. Warum tun wir dann genau das mit unseren ganzen Ortsgemeinden, die Jesus zu bauen versucht?

Wenn wir die Gemeinde so lieben wie er, wird der Dienst an ihr keine soziale Unannehmlichkeit sein, die Liebe zu ihr wird keine Verletzung unserer Rechte sein, weil uns Unrecht getan wurde, und Geld in sie zu investieren wird keine unzumutbare finanzielle Verpflichtung sein.

Gott versorgte sein Volk, als es aus Ägypten kam, deshalb mit Gütern, damit es in der Lage sein würde, die Stiftshütte zu bauen, und nicht, damit es das goldene Kalb anfertigen würde. Lies 2. Mose 12,35–36 und 36,2–7.

2 – Das Wesen des Zehnten ist nicht mathematisch, sondern durch das Motiv bestimmt.

Es geht nicht darum, ein Zehntel zu geben, sondern dein Erstes zu geben (siehe 2Mo 13,2 und V. 12–13).

Das Grundprinzip, die ersten Früchte oder das Erstgeborene zu geben, hatte den Sinn, dass dadurch auch der Rest rein gemacht wurde. In einem sehr realen Sinne war Jesus der Zehnte Gottes, die Erstlingsfrucht Gottes. Er wurde als reines und makelloses Lamm geboren, um uns, als unrein Geborene, reinzuwaschen. Wenn ich den Zehnten gebe, tue ich das mit diesem Gedanken im Kopf: »Herr, gemäß diesem Prinzip gebe ich dir im Glauben den ersten Teil meiner Finanzen und vertraue darauf, dass du den Rest meiner Finanzen rein machst.«

Dieses Prinzip wird im Buch Maleachi erneut hervorgehoben. In Kapitel 3, Vers 10 (ELB) steht:

Bringt den ganzen Zehnten in das Vorratshaus, damit Nahrung in meinem Haus ist! Und prüft mich doch darin, spricht der HERR der Heerscharen, ob ich euch nicht die Fenster des Himmels öffnen und euch Segen ausgießen werde bis zum Übermaß!

Gott sagt im Grunde: Gib mir dein Erstes und der Fresser wird davon abgehalten werden, den Rest zu berühren. Gott ist auf dein Herz aus, nicht auf dein Geld, und er weiß, um unser Herz zu gewinnen, muss er unseren Schatz berühren, denn »wo dein Schatz ist, da wird auch dein Herz sein« (Mt 6,21 ELB).

Das Paradebeispiel hierfür ist das Gespräch Jesu mit dem reichen Jüngling (siehe Mt 19,16–22). Jesus war nicht auf sein Geld aus, sondern auf sein Herz.

Wenn Jesus vom Mammon sprach, bezog er sich nicht auf das Geld selbst, sondern auf den Geist, der darauf ruht. Es ist die Liebe zum Geld, die die Wurzel alles Bösen ist, nicht das Geld selbst. Den ersten Teil deiner Finanzen Gott zu geben, hebt den Einfluss des Geistes des Mammons auf dein Leben auf. Gier, Sorge und Habsucht sind allesamt Manifestationen des Geistes des Mammons. Es ist kein Zufall, dass der Antichrist versuchen wird, Menschen mit den der Volkswirtschaft zur Verfügung stehenden Mitteln zu dominieren, indem er sie daran hindert, zu kaufen oder zu verkaufen, wenn sie sich ihm nicht unterwerfen. Auf diesem Fundament wird er seine böse Herrschaft errichten. Das ist der Geist des Mammons.

Es gibt ein verblüffendes Ereignis im Leben Abrams, der dem König von Salem den Zehnten gab, lange bevor das Gesetz gegeben wurde, das den Menschen vorschrieb, den Zehnten zu geben. Als ich dieses Geschehnis las, trafen mich Fluten der Offenbarung, die in mir nicht nur den Wunsch hervorriefen, den Zehnten zu geben, sondern auch ein Verständnis dafür weckten, wie sehr Satan uns an den Geist des Mammons gebunden halten will, den er kontrolliert.

Abram gibt Anerkennung, wo sie gebührt

Als Abram von seinem Sieg über Kedar-Laomer und den mit ihm verbündeten Königen zurückkehrte, zog ihm der König von Sodom ins Schawetal, das ist das Königstal, entgegen. Melchisedek, der König von Salem und ein Priester des höchsten Gottes, brachte ihm Brot und Wein. Melchisedek segnete Abram mit dem folgenden Segen: »Gesegnet sei Abram durch den höchsten Gott, den Schöpfer des Himmels und der Erde. Und gepriesen sei der höchste Gott, der dir deine Feinde in die Hände gegeben hat.« Da gab Abram Melchisedek ein Zehntel von allem, was er zurückerobert hatte. Der König von Sodom sagte zu ihm: »Gib mir nur meine Leute zurück. Die restliche Beute darfst du behalten.« Abram entgegnete: »Ich erhebe meine Hand und schwöre bei dem Herrn, dem höchsten Gott, dem Schöpfer des Himmels und der Erde, dass ich nicht einmal einen Faden oder einen Schuhriemen von dem behalte, was dir gehört. Denn sonst könntest du sagen: ›Ich bin es, der Abram reich gemacht hat!‹« – 1. Mose 14,17–23 NLB

Was tat Abram in dem Moment, als er Melchisedek, diesem mysteriösen elternlosen Individuum, in Anwesenheit des Königs von Sodom den Zehnten gab?

Melchisedek steht für das Reich Gottes und der König von Sodom für das Weltfinanzsystem, das von Satan beherrscht wird.

Der König von Sodom verlangte, dass Abram ihm die Anerkennung für seinen finanziellen Wohlstand erweise. Er forderte, dass Abram ihm dafür, dass er finanziell versorgt war, unterwürfig die Füße küssen sollte. Abram hob jedoch seine Hand und erklärte, dass sein finanzielles Wohlergehen auf das öffentliche Opfer seines Zehnten an Melchisedek zurückzuführen sei.

Als ich das las und es mit neuen Augen sah, wurde mir etwas klar, das mein Leben veränderte.

Ich erkannte, dass es beim finanziellen Zehntengeben nicht nur darum ging, Gott ein Zehntel meines Geldes zu geben, sondern auch darum, dem Gott dieser Welt zu erklären, dass er kein Recht hat, sich als meine Quelle zu bezeichnen oder mich in irgendeiner Weise, insbesondere finanziell, zu versorgen.

Ich verstand, dass es jeden Monat war, als kämen zwei Könige zu einem Treffen mit mir: der König von Sodom und der König der Gerechtigkeit; der Geist des Mammons und der Geist Gottes.

Ich halte dann meinen Zehnten vor beiden in die Höhe und sage: »Ich möchte, dass du weißt, Teufel, die Quelle meines Wohlstands liegt nicht bei dir, sondern bei Jesus. Heute gebe ich mit meinem Zehnten eine Erklärung darüber ab, worauf ich mein Vertrauen setze, meine Ehre richte und worin ich mein Herz verankere.«

Der Geist des Mammons wird dich bitten, ihn für den Inhalt deiner Lohntüte zu ehren. Er wird versuchen, dich mit der Weltwirtschaft verbunden zu halten und dich von Gottes Ökonomie zu trennen.

Der Zehnte ist mehr als eine mathematische Gleichung oder eine religiöse Pflicht.

Er ist eine machtvolle Erklärung an den Teufel und den Geist des Mammons unter seiner Kontrolle, dass »mein Gott allen meinen Mangel ausfüllen wird« (Phil 4,19) und dass »der Herr mein Hirte ist, weshalb es mir an nichts mangeln wird« (Ps 23,1).

Jeden Monat, wenn ich Gott einen prozentualen Anteil von meinen Finanzen gebe, erkläre ich den Fürsten und Mächten, dass ich Gott mit den ersten Früchten meiner Finanzen ehre, und im Glauben vertraue ich darauf, dass der Rest meiner Finanzen geschützt und gesegnet werden wird. Es ist die Gnade, die den Feind übertönt, die ihm zuruft, dass er keinen Anteil an meinem Leben hat und sich keinen Verdienst für mein finanzielles Wohlergehen anrechnen kann.

Aus Glauben, nicht aus Angst; aus Liebe, nicht aus Pflichtgefühl, ehre ich meinen König.

3 – Das Wesen des Zehnten hat nichts mit Pflicht, sondern mit Vertrauen zu tun.

Der Glaube ist keine intellektuelle Übereinstimmung mit einer Lehre.

Der Glaube ist nicht die Zustimmung zu einer biblischen Wahrheit.

Jedes Mal, wenn du auf einem Stuhl sitzt, handelst du nach dem Vertrauensprinzip. Verstandesmäßig und mathematisch hege ich keinen Zweifel, dass der Stuhl mit meinem Gewicht belastet werden kann, aber es nur zu glauben, beweist nicht mein Vertrauen in den Stuhl, mich auch wirklich zu tragen. Dazu muss ich mich draufsetzen.

Das Wort Glaube in der Bibel geht weit über eine gedankliche Zustimmung oder theologische Übereinstimmung hinaus. Es geht um Abhängigkeit und Demonstration durch Handeln. Der Glaube beinhaltet immer eine Willensentscheidung, nach dem zu handeln, was der Verstand für wahr hält.

Den ersten Teil meiner Finanzen zu geben, ist ein Willensakt, mit dem ich nicht nur erkläre, dass ich glaube, dass Gott mich versorgen *kann*, sondern auch, dass ich darauf vertraue und mich darauf verlasse, dass er es *tut*.

Es gibt viele, die Gott die Ehre geben, ihm aber nicht ihr Geld geben.

Bitte übersieh jedoch nicht folgende Wahrheit: Beim Wesen des Zehnten geht es nicht um Geld, es geht um Beziehung.

Die altbekannte Stelle über den Zehnten in Maleachi 3,7–10 wurde typischerweise so gepredigt, dass man ein Dieb sei, wenn man keinen Zehnten gibt, und dazu auch noch die eigenen Finanzen verflucht seien.

Ich predigte viele Jahre lang von diesem Standpunkt aus, bis ich zu der Erkenntnis gelangte, dass das Kreuz alles verändert hat.

Ich predigte zwar regelmäßig die Befreiung von Generationenflüchen aufgrund des vollbrachten Werkes Jesu, aber irgendwie war ich für die Tatsache blind, dass ich dank des Kreuzes auch von allen anderen Flüchen befreit wurde, einschließlich finanziellen. Jetzt, mit der Brille des Evangeliums der Gnade Gottes, studierte ich diese Verse noch einmal und war erstaunt über das, was der Herr mir zeigte.

Durch die Brille des Gesetzes las ich nur *Diebstahl* und *Fluch*, aber durch die Brille der Gnade sah ich: *Kehrt um zu mir* und *prüft mich doch*. Ich begann zu erkennen, dass diese Bitten nicht das Herz eines Gottes widerspiegeln, der Pflichterfüllung fordert, sondern das Herz eines Gottes, der sich nach Beziehung sehnt. Wenn er sich an sein Volk wandte, selbst unter dem alten Bund, war Gottes Sprache nicht militärisch, sondern beziehungsorientiert.

Der Tenor des Textes ist nicht »Gebt mir, was mir gehört, oder es setzt was«, sondern der Ruf eines liebenden Gottes nach Beziehung. Du kannst es doch auch sehen, oder? Anhand der Worte »Kehrt um zu mir«, verbunden mit der Sehnsucht eines großzügigen Gottes nach Vertrauen, die sich in der Wendung »Prüft mich doch« verbirgt.

Es muss die Frage erlaubt sein: Warum sollten wir Geld als Grundlage benutzen, um unsere Liebe und unser Vertrauen zu ihm zu zeigen? Antwort: Weil er die Macht des Geldes kennt, dich von ihm zu entfernen, und weil er weiß, dass die Sorge darum dich daran hindern wird, ihm in dieser Hinsicht zu vertrauen.

Gott ist nicht hinter deinem Geld her, er ist hinter deinem Herzen her
Ich schaue mir gerne Filme an, und sehr oft, wenn ich das Wort studiere, bringt mir Gott dann einen Filmausschnitt in Erinnerung, der auf wunderbare Weise einen wichtigen Punkt veranschaulicht, den ich zu formulieren versuche. Während ich im Nachgang der zuvor geschilderten Offenbarung meditierte, schoss mir eine Szene aus *Indiana Jones und der letzte Kreuzzug* durch den Kopf. Bei den wenigen Gelegenheiten, bei denen ich diese Offenbarung gepredigt und den Filmausschnitt gezeigt habe, wurden die Menschen zu Tränen gerührt, nachdem sie erkannten, dass Gott durch den Zehnten nicht hinter ihrem Geld, sondern hinter ihrem Herzen her ist.

In dem Film wird Indiana Jones, gespielt von Harrison Ford, von seinem Vater begleitet, der von Sean Connery gespielt wird. Ihre Mission ist die Suche nach dem Heiligen Gral, also den Kelch zu finden, von dem behauptet wird, dass er beim letzten Abendmahl von Jesus benutzt worden sei.

Seit Jahren schon ist die Beziehung zwischen Indiana und seinem Vater sehr angespannt und praktisch kaum noch vorhanden.

Sie gehen als Team auf dieses unglaubliche Abenteuer und sehen sich Gefahren, Enttäuschungen und Kummer ausgesetzt, bis sie es schließlich an den Ort schaffen, an dem der Gral verborgen ist. Wie immer gibt es auch einen Haufen Bösewichte, die es ebenfalls auf den Gral abgesehen haben, und die letzte Szene ist ein heftiger Kampf, oder vielmehr eine wilde Schießerei um die Beute.

Nachdem alle bösen Jungs in einer gewalttätigen Konfrontation eliminiert wurden, bebt plötzlich die Erde und der Gral verschwindet in einer sich auftuenden Spalte und kommt auf einem kleinen Felsvorsprung knapp außer Reichweite zum Liegen. Indiana selbst wird beinahe in die Tiefe gerissen, doch sein Vater bekommt ihn im letzten Moment zu fassen. Indiana ist vom Anblick des Grals völlig gefesselt. An der Hand seines Vaters baumelnd, greift er nach unten und keucht: »Ich kann ihn erreichen.« Er streckt sich, um das kostbare Stück zu bergen, doch vergeblich. Seine Finger berühren das unbezahlbare Artefakt sogar, er kann es aber nicht mit der ganzen Hand greifen.

»Tiefer«, ruft er seinem Vater zu, »tiefer!«

Indianas Vater, der die Unmöglichkeit und die drohende Gefahr einsieht, antwortet seinem Sohn sanft: »Indiana, lass es.«

Indiana reckt seinen Arm immer wieder verzweifelt nach unten und versucht, den Gral zu retten, aber sein Vater erkennt, dass er seinen Griff, mit dem er seinen Sohn festhält, lösen müsste, damit Indy den Gral erreichen könnte.

Im Fortgang der Szene fällt auch bei Indiana der Groschen und er erkennt, dass er entweder mit seinem Vater verbunden bleibt und den Gral verliert oder seinen Griff lockert und vor den Augen seines Vaters abstürzen wird.

Alles in mir will der Hauptfigur »Lass es doch sein!« zurufen, doch letzten Endes kapiert es Indiana ... Bei dem Abenteuer ging es nicht darum, den Gral zu finden, sondern eine Beziehung zwischen Sohn und Vater aufzubauen – über all die Prüfungen, Kämpfe und Abenteuer hinweg war das der eigentliche Gewinn.

Als ich diese Szene sah, wurde mir die Wahrheit über den Zehnten klarer denn je. Es geht nicht um das Geld, sondern um die Beziehung. Für viele ist der Zehnte der Gral – sie müssen ihn haben, sie müssen ihn behalten, sie meinen, dass sie ohne ihn nicht leben können. Aber wenn man begreift, dass es nicht um den Zehnten geht, sondern um die Beziehung, verraten uns diese Verse in Maleachi, dass Gott kein finanzielles, sondern ein Beziehungsproblem ansprach. Die Israeliten hatten sich aus Gottes Griff gelöst, um den Zehnten zu ergreifen. Ein liebender Gott rief damals und ruft heute noch: »Kehrt zurück zu mir ... lasst es. Bleibt mit mir verbunden.« Welch ein schönes Bild.

Diese Offenbarung veränderte mein Leben, was das Prinzip des Zehnten angeht, und das führt mich zu meinem letzten Punkt.

4 – Das Wesen des Zehnten ist nicht das Geben, sondern die Rückgabe.

Wenn wir den Zehnten zurückgeben, *geben* wir Gott nicht das, was uns gehört, sondern geben Gott *zurück*, was ihm gehört. Alles, was wir haben, ist von Gott. Die Rückgabe des Zehnten erinnert uns an diese Tatsache und hält uns demütig und verbunden. Verbunden und im Vertrauen.

Wenn du das erkennst, wirst du die Erstlingsfrucht deines gesamten Einkommens betrachten und von vornherein folgende Haltung dazu einnehmen: »Das gehört mir nicht.«

Während wir dieses Kapitel zum Abschluss bringen, möchte ich dir mit einigen praktischen Richtlinien helfen, wie du mithilfe des Zehnten auf gesunde Weise an Gott festhalten kannst. Ich will dir helfen, einige praktische Schritte zu unternehmen, um ihm zurückzugeben, was ihm gehört, während er dich von den erdrückenden Forderungen des Geistes des Mammons befreit.

Wir wenden uns an 5. Mose 26,12–15, um diesbezüglich praktische Hilfe zu erhalten.

Wenn du den ganzen Zehnten deines Ertrages vollständig entrichtet hast, im dritten Jahr, dem Jahr des Zehnten, und du ihn dem Leviten, dem Fremdling, der Waise und der Witwe gegeben hast, dass sie in deinen Toren essen und satt werden, dann sollst du vor dem HERRN, deinem Gott, sprechen:»Was geheiligt ist, habe ich aus meinem Haus entfernt und es dem Leviten gegeben, dem Fremdling, der Waise und der Witwe, nach deinem ganzen Gebot, das du mir geboten hast; ich habe deine Gebote nicht übertreten, noch vergessen. Ich habe nicht während meiner Trauerzeit davon gegessen und habe nichts davon verbraucht zu einem unreinen Zweck; ich habe nichts davon für einen Toten gegeben; ich bin der Stimme des HERRN, meines Gottes, gehorsam gewesen und habe alles getan, wie du es mir geboten hast. Blicke herab von deiner heiligen Wohnung, vom Himmel, und segne dein Volk Israel und das Land, das du uns gegeben hast, wie du unseren Vätern geschworen hast; ein Land, in dem Milch und Honig fließt!«

Diese Verse geben uns praktische Unterstützung, wie wir Gott zurückgeben können, was ihm gehört. Das sind keine Gesetze für uns im neuen Bund, aber wir können sie als praktisches Werkzeug benutzen, um den Egoismus und die Macht des Mammons über unser Leben zu brechen.

EVEV - die richtige Haltung zum Zehnten bewahren

Entnahme - V. 13

Du machst es zu deiner Priorität, die ersten Früchte aus deinen Finanzen zu entnehmen und sie Gott zurückzubringen.

Die Aussage, die du machen könntest, lautet: »Das gehört mir nicht, ich werde es nicht behalten.«

Verzicht - V. 14

Wenn in irgendeinem finanziellen Bereich deines Lebens eine Trauerzeit kommt, und du die Erstfrucht nicht gleich entnommen hast, wird die Versuchung größer sein, sie zu essen. Sehr oft behandeln wir unsere Urlaubsersparnisse mit mehr Respekt als den Zehnten. Sehr oft ist das Erste, was in schwierigen Zeiten gegessen wird, der Zehnte.

Die Aussage, die du anstreben musst, lautet: »Das gehört mir nicht, also esse ich es nicht.«

Iss deinen Zehnten in schwierigen Zeiten nicht; du könntest deine Ernte für die Zukunft essen.

Ehrfurcht - V. 14

Gott bezeichnet den Zehnten als etwas Heiliges. Heilig bedeutet in diesem Sinne »für einen bestimmten Zweck vorgesehen«.

Die Aussage, die dir helfen soll, dich daran zu erinnern, lautet: »Das gehört mir nicht, also missbrauche ich es nicht.«

Verantwortung

Man muss sich die Frage stellen, ob einem der Zehnte heilig ist und für den heiligen Zweck ausgesondert wurde, für den er vorgesehen ist. Der Abschnitt 5. Mose 12,5–8 und Vers 13 desselben Kapitels helfen uns.

... sondern an dem Ort, den der HERR, euer Gott, aus allen
euren Stämmen erwählen wird, um seinen Namen dorthin
zu setzen, damit er [dort] wohne, da sollt ihr ihn suchen, und
dahin sollst du kommen. Dahin sollt ihr eure Brandopfer und
eure Schlachtopfer bringen, eure Zehnten und das Hebopfer
von eurer Hand und eure Gelübde[opfer] und eure freiwilligen
Gaben und die Erstgeburt von euren Rindern und Schafen.
Und dort sollt ihr vor dem HERRN, eurem Gott, essen und
fröhlich sein, ihr und eure Familien, über allem, was eure
Hand erworben hat, womit der HERR, dein Gott, dich
gesegnet hat. Ihr dürft nicht so handeln, wie wir es heute hier
tun, dass jeder nur das tut, was recht ist in seinen Augen.

Dann: »Hüte dich, dass du deine Brandopfer nicht an irgendeinem Ort opferst, den du dir ersiehst.«

In diesen Bibelstellen sagt Gott, dass er einen bestimmten Platz für den Zehnten hat, und dieser Platz ist sein Haus, nicht dein Haus.

In 5. Mose 26,13 steht, dass der Zehnte aus dem Haus entfernt wurde, und in Maleachi 3,10 heißt es: »damit Speise in meinem Haus sei«. Für mich ist die Ortsgemeinde, in der du dein Zuhause gefunden hast, in der du Gottesdienst feierst und dienst und ernährt wirst, der vorgesehene Ort, an dem der Zehnte an Gott zurückgegeben werden soll.

Damit gibst du folgende Erklärung ab: »Das gehört mir nicht, ich werde damit nicht unverantwortlich umgehen.«

Für mich ist im Neuen Testament die Ortsgemeinde sein Haus. Das kommt im Epheserbrief wunderbar zum Ausdruck.

Deshalb seid ihr nicht länger Fremde und ohne Bürgerrecht,
sondern ihr gehört zu den Gläubigen, zu Gottes Familie. Wir

sind sein Haus, das auf dem Fundament der Apostel und
Propheten erbaut ist mit Christus Jesus selbst als Eckstein.
Dieser Eckstein fügt den ganzen Bau zu einem heiligen
Tempel für den Herrn zusammen. Durch Christus, den
Eckstein, werdet auch ihr eingefügt und zu einer Wohnung,
in der Gott durch seinen Geist lebt. – Epheser 2,19–22 NLB

**Ich bete für dich, dass du zu der festen Offenbarung gelangst,
dass die Gnade lauter als der Mangel ruft.**

Ich teile die Ansicht, die Paulus den Korinthern gegenüber zum
Ausdruck brachte, als er sie ermutigte, großzügig zu leben. Weil
wir mit einem großzügigen Gott verbunden sind, wird das Geben
und Empfangen auf der Grundlage von Gnade, genau wie bei den
Korinthern, immer den Mangel als Feind überwältigen und uns in
ein sorgenfreies Leben hineinführen.

Denkt daran: Ein Bauer, der nur wenig Samen aussät,
wird auch nur eine kleine Ernte einbringen. Wer aber
viel sät, wird auch viel ernten. Jeder von euch muss
selbst entscheiden, wie viel er geben möchte. Gebt jedoch
nicht widerwillig oder unter Zwang, denn Gott liebt den
Menschen, der gerne gibt.

Er wird euch großzügig mit allem versorgen, was ihr
braucht. Ihr werdet haben, was ihr braucht, und ihr werdet
sogar noch etwas übrig behalten, das ihr mit anderen teilen
könnt. In der Schrift heißt es: »Er hat ausgestreut und den
Armen gegeben – seine Gerechtigkeit bleibt in Ewigkeit.«
Denn es ist Gott, der dem Bauern Saatgut und Brot zu essen
gibt. Genauso wird er auch euch viele Gelegenheiten geben,
Gutes zu tun, und eure Großzügigkeit wird viele Früchte
tragen. – 2. Korinther 9,6–10 NLB

KAPITEL ACHT

GNADE RUFT LAUTER ALS DIE VERFOLGUNG

*»Dank sei Gott für das Versprechen, dich nie zu
verlassen oder im Stich zu lassen; dieses Versprechen,
das gute Werk zu vollenden, das er in dir begonnen hat.«*

Der Apostel Paulus ist der neutestamentliche Vorkämpfer des Evangeliums der Gnade Gottes. Er trug seine Botschaft entweder zu Fuß oder mit der Feder in die Finsternis einer heidnischen Welt. Dadurch erlebte er zweierlei – sowohl die Freude als auch den Schmerz, die mit einer solchen Berufung einhergehen. Seine Belohnung für ein solches Vorrecht war ein zweischneidiges Schwert. Freude und Verfolgung. Liebe und Hass. Verehrung und Aggression.

Es musste ein Preis gezahlt werden und Paulus akzeptierte das Preisschild, aber nicht, ohne den ehrlichen Wunsch zu äußern: »Ich wünschte, es gäbe einen anderen Weg!«, so wie Jesus vor ihm im Garten, als er sich der Last und vollen Wucht des Bösen stellen musste (siehe Mt 26,39 und 2Kor 12,8).

Nach Paulus' eigenen Worten, die die gleiche menschliche Reaktion auf unerbittliche Verfolgung ausdrückten, hatte er den »Gipfel des menschlichen Durchhaltevermögens« erreicht; mit anderen Worten, er hatte die Nase voll von den Misshandlungen.

Er wurde so weit gebracht, dass er den Herrn anflehte, es zu beenden. Und das nicht ein- oder zweimal, sondern dreimal, und dreimal kam die Antwort: »Meine Gnade genügt dir.«

Es dauerte eine Weile, bis Paulus die Tatsache verstehen und annehmen konnte, dass die Gnade die Verfolgung übertönt.

Nachdem er sich der Tatsache fügte, dass es einen Preis kostet, als Träger dieser ungezügelten, befreienden Botschaft ausgewählt zu werden, hinterlässt er uns ermutigende Worte in 2. Korinther 12, um uns zu helfen und uns zu stärken, wenn wir uns unseren eigenen Herausforderungen stellen:

Und nun bin ich zufrieden mit meiner Schwäche, damit die Kraft von Christus durch mich wirken kann. Da ich weiß, dass es für Christus geschieht, bin ich mit meinen Schwächen, Entbehrungen, Schwierigkeiten, Verfolgungen und Beschimpfungen versöhnt. Denn wenn ich schwach bin, bin ich stark. – 2. Korinther 12,9–10 NLB

Paulus will uns verständlich machen, dass Gnade lauter ruft als Verfolgung.

Gnade ruft lauter als Beschimpfungen.

Gnade ruft lauter als Schwierigkeiten.

Die überwältigende, Ego-zerstörende Tatsache über die Gnade lautet wie folgt: »Meine Kraft zeigt sich in deiner Schwäche«« (2Kor 12,9 NLB).

Die klassischen, oft zitierten ersten Zeilen von M. Scott Pecks Buch *A Road Less Travelled* stellen etwas fest, das wir alle nachvollziehen können:

Das Leben ist schwierig. Das ist eine große Wahrheit, eine der größten. Wahrheiten. Es ist eine große Wahrheit, denn sobald wir diese Wahrheit wirklich sehen, schreiten wir über sie hinaus. Sobald wir wirklich erkennen, dass das Leben schwierig ist – sobald wir es wirklich verstehen und akzeptieren –, ist das Leben nicht mehr schwierig. Denn wenn es erst einmal akzeptiert wird, spielt es keine Rolle mehr, dass das Leben schwierig ist.

Das Problem dabei ist folgendes: Obwohl es wahr ist, dass wir alle Schwierigkeiten haben, ist es oft nicht so leicht, das einfach anzuerkennen, um diesem Umstand die Macht zu nehmen. Manchmal scheint es für viele von uns, die mit Katastrophen und Tragödien konfrontiert sind, eine Untertreibung zu sein, wenn man es als das Erleben von »Verfolgung« bezeichnet.

Manchmal ist die Realität einfach Mist.

Manchmal wünschen wir uns, wie der Apostel Paulus, wir würden nicht drinstecken.

Doch die Feder dieses Apostels hinterließ uns das Zeugnis eines Mannes, der unfassbare Drangsale und sehr reale Verfolgung erlitt und trotzdem weitermachen konnte.

Paulus war nicht suizidgefährdet, als er diese bekannten Worte an die Philipper verfasste, er wusste nur, dass die Gnade lauter ruft als seine Verfolgung. Er sagte:

Denn Christus ist mein Leben, aber noch besser wäre es, zu sterben und bei ihm zu sein. Doch wenn ich lebe, dann trägt meine Arbeit für Christus Früchte. Deshalb weiß ich wirklich nicht, was ich wählen soll. Ich fühle mich zwischen zwei Wünschen hin- und hergerissen: Ich sehne mich danach, zu sterben und bei Christus zu sein, denn das wäre bei Weitem das Beste. Doch für euch ist es besser, wenn ich lebe.
– Philipper 1,21–24

Wow. Die Gnade Gottes erhält dich nicht nur in den Dingen des Lebens, sondern befreit dich auch dazu, diesbezüglich ehrlich zu sein. Andererseits war Gott schon von Anbeginn unseres Lebens als Christ sehr ehrlich zu uns. Jesus sagte uns:

»Ich habe euch das alles gesagt, damit ihr in mir Frieden habt. Hier auf der Erde werdet ihr viel Schweres erleben. Aber habt Mut, denn ich habe die Welt überwunden.«
– Johannes 16,33 NLB

Petrus verbreitet das Überraschungselement der Nachfolge Jesu mit diesen Worten:

Liebe Freunde, wundert euch nicht über die Nöte, die wie ein Feuersturm über euch hereingebrochen sind und durch die euer Glaube auf die Probe gestellt wird; denkt nicht, dass euch damit etwas Ungewöhnliches zustößt. Freut euch vielmehr, dass ihr auf diese Weise an den Leiden teilhabt, die Christus durchmachen musste; denn dann werdet ihr, wenn er in seiner Herrlichkeit erscheint, erst recht von Freude und Jubel erfüllt sein. Ja, wenn ihr beschimpft werdet, weil ihr zu Christus gehört und nach seinem Namen genannt seid, seid ihr glücklich zu preisen; denn gerade dann ruht der Geist der Herrlichkeit, der Geist Gottes, auf euch.
– 1. Petrus 4,12–14 NGÜ

Somit scheint Verfolgung Teil des Lebens zu sein. Beschimpfungen kommen mit deinem Einsatz für Christus. Tragödien passieren, weil wir in einer gefallenen Welt leben. Aber … das Licht scheint umso heller, wenn es von Dunkelheit umgeben ist.

Als ich etwa 14 Jahre alt war, gehörte ich in der walisischen Wohnsiedlung, in der ich lebte, zu einer Bande von Jugendlichen. Für uns war es an Samstagnachmittagen Unterhaltung, die Baptisten zu beschimpfen, die eine Open-Air-Evangelisation an der Ecke unserer Straße abhielten. Damals war es ganz normal, an Straßenecken ein »Open Air« zu veranstalten.

Sie sangen, wir lachten.

Sie predigten, wir spotteten.

Eines Samstags, als die Christen mal wieder uns Junglöwen vorgeworfen wurden, geschah etwas Seltsames. Stephen, der etwa in unserem Alter war, stand neben den »Jesus Freaks« und spielte seine Trompete. Für uns wurde das Ganze dadurch noch viel spaßiger. Er sah lächerlich aus, wie er dort rotgesichtig stand. Wir wussten nicht, ob sein Gesicht wegen der empfundenen Peinlichkeit rot war oder wegen der Mühe, die nötig war, um solch einen schrecklichen Lärm zu erzeugen.

Die Boshaftigkeit unserer Beleidigungen wurde nun zielgerichteter. Stephen sollte alles abbekommen.

Das Seltsame war, obwohl Stephen lächerlich aussah, obwohl es ihm vielleicht peinlich war, obwohl unsere Beleidigungen nur auf ihn gerichtet waren, leuchtete er förmlich! Da war etwas an ihm, das Respekt verlangte; etwas an Stephen berührte mich an jenem Tag, bewegte mich und überführte mich. Ich weiß jetzt, dass es die Herrlichkeit Gottes war, die auf dem Beleidigten ruhte.

Die Gnade Gottes, stark durch Schwäche.

In Hebräer 12 wird ein gewaltiges Bild gemalt, um uns einen Fixpunkt in unseren eigenen Prüfungen zu geben. Ursprünglich für Menschen geschrieben, die aus einer Kultur stammten, die sportliche Fähigkeiten und Athletik schätzte, wird ein Bild von einer Arena und einem gerade stattfindenden Wettlauf gemalt. Es steht dort:

Da wir von so vielen Zeugen umgeben sind, die ein Leben
durch den Glauben geführt haben, wollen wir jede Last
ablegen, die uns behindert, besonders die Sünde, in die wir
uns so leicht verstricken. Wir wollen den Wettlauf bis zum
Ende durchhalten, für den wir bestimmt sind. Dies tun wir,
indem wir unsere Augen auf Jesus gerichtet halten, von dem
unser Glaube vom Anfang bis zum Ende abhängt. Er war
bereit, den Tod der Schande am Kreuz zu sterben, weil er
wusste, welche Freude ihn danach erwartete. Nun sitzt er
an der rechten Seite von Gottes Thron im Himmel! Denkt
an alles, was er durch die Menschen, die ihn anfeindeten,
ertragen hat, damit ihr nicht müde werdet und aufgebt.
– Hebräer 12,1–3 NLB

Jesus ist unser ultimatives Beispiel für Ausdauer, aber der Verfasser des Schreibens an die Hebräer beschreibt auch die Menge
von Zeugen, die uns Ermutigung zurufen. Tatsächlich sagt uns
der Vers, dass es eine riesige Menge von ihnen gibt. Uns wird gesagt, sie seien Zeugen eines Lebens durch den Glauben. Sie stehen
im Himmel und rufen uns ihre Ermutigung zu, während wir uns
unseren Prüfungen stellen, während wir in Phasen unerträglichen
Leids den Kopf in die Hände sinken lassen und Gott gegenüber
den Wunsch äußern, dass wir aussteigen wollen.

Was rufen sie uns zu? Was würden Abel und Abraham und
Mose und David zu dir sagen, wenn sie in diesem Moment, in einer Zeit, die du vielleicht als eine der schlimmsten deines Lebens
betrachtest, direkt neben dir stünden? Was könnten sie bezeugen?
Könnten sie dir vielleicht etwas zu sagen haben?

Ich glaube, jeder einzelne von ihnen würde seine Arme um deine Schultern legen und mit einer Stimme so voller Überzeugung
liebevoll sagen:

Wir haben es geschafft ... und du kannst das auch!
Er war uns treu, er wird dir genauso treu sein.
Gib nicht auf. Mach nicht kehrt. Seine Gnade ist wirklich
ausreichend für dich.

Diese drei Aussagen beschreiben das christliche Leben in seiner ungeschönten Realität.

Dies hier ist keine gefühlskalte Liste von Ratschlägen von Menschen, die nie dort waren, wo du gerade bist, sondern es sind die Stimmen von echten, unvollkommenen Menschen mit Fehlern, die ein Leben durch den Glauben führten, auch wenn ihre Gefühle ihnen sagten, dass das Wahnsinn sei.

Es sind Menschen, die Gott auch dann noch vertrauten, wenn alle Anzeichen für seine Gegenwart weg waren. Menschen wie wir: zerbrechliche, schwache, untreue, zweifelnde Menschen, die an einen Gott glaubten, der bedingungslos liebt und zu Ende bringt, was er anfängt.

Abel würde rufen: »Gehorche Gott, egal, was es kostet – auch wenn es dich das Leben kostet.«

Abraham würde sich anschließen und sagen: »Folge Gott, wohin er auch führt.«

Simson würde unter Tränen sagen: »Du kannst nicht so sehr versagen, dass Gott dich nicht mehr gebrauchen könnte.«

Diese Beispiele lassen sich beliebig fortsetzen.

Vielleicht ist es das, was Saulus erlebte, als er die Hinrichtung von Stephanus sah.

Vielleicht wurde der Samen der Gnade Gottes in sein Herz gelegt, als er die greifbare Gegenwart Gottes in Stephanus' Schwäche wahrnahm.

Als Paulus uns ermahnt, unsere Schwäche tatsächlich zu feiern, weil er weiß, dass sie die Gnade Gottes anzieht wie ein Magnet Eisenspäne, tat er seine Übereinstimmung mit Jakobus kund, dem Bruder Jesu, der wiederum diese Worte schrieb:

... da ihr ja wisst, dass die Bewährung eures Glaubens standhaftes Ausharren bewirkt. Das standhafte Ausharren aber soll ein vollkommenes Werk haben, damit ihr vollkommen und vollständig seid und es euch an nichts mangelt. - Jakobus 1,3-4

»Wir wurden alle getroffen, Sohn ...«

Zu wissen, dass das Leben für uns alle hart ist, zu wissen, dass wir alle mit Beschimpfungen, Verfolgung, Katastrophen und Mühsal zu kämpfen haben, verbindet uns in geistlicher Kameradschaft miteinander. Zu wissen, dass solche Dinge nicht nur uns widerfahren, kann sehr tröstlich sein.

In *Black Hawk Down*, einem Film über einen Vorfall in Somalia während des Bürgerkriegs, kam ein mit amerikanischen Soldaten voll besetztes Fahrzeug mitten auf einer Straße, die überall von somalischen Kugeln eingedeckt wurde, abrupt zum Stehen.

Der befehlshabende Offizier brüllt einem verwundeten Soldaten den Befehl zu: »Steig ein und fahr!«

Der panische, unter Schmerzen stehende Soldat schreit ihn an: »Ich wurde getroffen, Sir ...«

Der Offizier brüllt zurück: »Wir wurden alle getroffen, Sohn, jetzt fahr los!«

Das ist unserer aller Geschichte. Wir wurden alle getroffen. Wir wurden alle verraten. Wir wurden alle beleidigt - aber mit Gottes erstaunlicher Gnade können wir trotzdem weitermachen.

Die Gründe für unsere Lebensprobleme liegen in fünf Berei-
chen: Menschen, der Welt, Umständen, uns selbst und Satan. Unabhängig von der jeweiligen Problemquelle sind sie genau das Ma-
terial, mit dem Gott uns vervollkommnet.

Wenn du es aus dieser Perspektive siehst, wirst du in der Lage
sein, solchen Problemen mit Freude zu begegnen.

Heldenworte der Vergangenheit, die unsere Zukunft prägen

Erinnern wir uns noch einmal an die drei Verse aus dem Hebräerbrief.

In diesen Versen steckt so viel Ermutigung für die Kampfes-
müden. Ich liebe die Tatsache, dass wir von Zeugen umgeben
sind, die bescheinigen können, dass die Gnade lauter ruft als alles
andere und dass wir uns ihnen eines Tages anschließen werden,
wenn wir durchhalten. Ihre ermutigenden Worte hallen auch heute noch nach.

Durch alle Epochen hindurch haben letzte Worte, die anges-
sichts unüberwindbarer Widrigkeiten und Tragödien gesprochen
wurden, den Lauf der Geschichte verändert. Vom letzten heldenhaften Trotzruf der Freiheit über die Lippen eines halbtoten schot-
tischen Kriegers namens William Wallace und den herzergreifen-
den prophetischen Worten – »Ich habe einen Traum« – eines jungen schwarzen Pastors kurz vor seiner Ermordung bis hin zu den
tief bewegenden Worten eines Verurteilten über seine Henker:
»Vater, vergib ihnen«. Die Zeitgeschichte und auch die Bibel sind
voll von solcher Sprache.

Es ist die Sprache der Helden, die allesamt bezeugen, dass
seine Gnade genügt. »Mir geschehe nach deinem Wort« – diese

Worte eines jungen jüdischen Mädchens klingen im ersten Moment vielleicht nicht allzu mutig. Doch wenn man bedenkt, dass sie aus dem Mund eines unverheirateten Teenagers kamen, der in einer Kultur aufwuchs, in der eine Schwangerschaft vor einer Eheschließung die Todesstrafe rechtfertigte, und dass sie die Antwort dieser jungen Frau waren, nachdem sie herausgefunden hatte, dass sie die Person war, die auserwählt wurde, um die Mutter Jesu zu sein, dann ist es eine mutige Aussage (siehe Lk 1,38). Und wer kann die mutigen Worte einer anderen jungen Frau namens Esther vergessen, die erklärte: »Wenn ich umkomme, so komme ich um!« und ihr Leben aufs Spiel setzte, um ihre Nation zu retten (siehe Est 4,16). Man muss sich von einer solchen Geisteshaltung inspirieren und stärken lassen.

Und nun, von der Offenbarung der Kraft der Gnade eingenommen und durch diejenigen bestärkt, die uns diese Kraft demonstrierend vorausgegangen sind, müssen wir diese Sprache in der Gemeinde wieder hörbar machen.

Tatsächlich stellt die Gnade Gottes, die weit davon entfernt ist, eine passive, fade Ausrede für ein gemütliches Leben zu sein, das Rückgrat einer verzärtelten Gemeinde wieder her.

Die Sprache der Gnade ist nicht emotional, sondern zielgerichtet.

Sie gründet sich nicht auf Umstände, sondern auf Überzeugungen.

Sie gründet sich nicht auf unsere Sicherheit, sondern auf seine Herrlichkeit.

Wenn man das Leben dieser himmlischen Zeugen gründlich studiert, trifft sogar zu, was jemand einmal gepredigt hat: »Eine solche Sprache hat eine Spur von Irrsinn an sich.«

Verrückte Entscheidungen aus Liebe

In der Bibel sind die Geschichten von Menschen festgehalten, die sich verhielten, als wären sie verrückt.

Gott rief sie ständig dazu auf, diese unerhörte Botschaft der Liebe weiterzutragen, ihm zu glauben, auch wenn sie es nicht sehen konnten. Er rief sie auf, Menschen zu werden, für die sie sich selbst nicht hielten, Leistungen zu vollbringen, die deutlich ihre Fähigkeiten überstiegen, und er bat sie oft, Dinge zu tun, die sich der Vernunft entzogen. Darüber hinaus würde er sie dafür zur Verantwortung ziehen, sie unter Umständen sogar den Beweis erbringen lassen, dass Gott niemals zu etwas auffordern wird, wofür seine Gnade einen nicht ausrüsten kann.

All dies ist nur möglich, weil die Gnade alles andere übertönt und weil die Gnade in einer Atmosphäre der Schwäche und des scheinbaren Irrsinns zur Blüte kommt.

Die Seiten der Bibel dokumentieren für uns auch die Entscheidungen und Taten von scheinbar irrationalen Menschen.

Als Noah eine Arche baute, lebte er nicht in einer Hochwasserzone.

Als Elia Feuer vom Himmel rief und Petrus auf dem Wasser ging, war es für beide das erste Mal.

Wenn Gott zu gehorchen rational und immer vernünftig wäre, dann hätte David Goliat in Ruhe lassen müssen, Hosea hätte nie eine Prostituierte heiraten dürfen und Mose hätte nie daran denken sollen, seinen Stab zu erheben, um ihn auf das Rote Meer zu richten. Von dem, was Petrus' Freunde über seine Pläne gedacht haben müssen, wie er das Geld für die Entrichtung seiner Steuern bekommen will, ganz zu schweigen.

All diese und weitere Geschichten stützen und bezeugen die Tatsache, dass Gottes Kraft in der Schwäche zur Vollkommenheit gelangt.

Seine Gnade ruft lauter als alle Riesen, Hindernisse, Ablehnung, lauter als Mangel oder Verfolgung.

Menschen, die täglich beweisen, dass seine Gnade genügt, führen kein normales Leben. Ihre Handlungen werden manchmal als lächerlich angesehen. Jeder, der es riskiert, auf Gott zu hören, seiner Stimme zu folgen und der Kraft seiner Gnade zu vertrauen, weiß, dass alle anderen – taub gegenüber Gottes Stimme und auf ihre eigene Kraft vertrauend – denken werden, dass derjenige verrückt geworden sei.

Das Vertrauen darauf, dass die Gnade genügt, kann dazu führen, dass du viele verwunderte Freunde und Verwandte aus der Fassung bringst, aber die Stimme der Gnade wird ohrenbetäubend für sie sein. Einige Leute sagen: »Der sicherste Ort ist im Willen Gottes«; sag das mal Stephanus, der nach seiner ersten Predigt gesteinigt wurde, oder Matthäus, der in Persien erstochen wurde, oder Markus und Thomas, die von Pferden zerrissen wurden. Lukas wurde gehängt, Petrus, Philippus und Simon wurden gekreuzigt, Bartholomäus lebendig gehäutet und Matthias und Paulus enthauptet.

Ich sage das nicht, um dich zu erschrecken, sondern um zu zeigen, dass die Stimme der Gnade dich nicht dazu bringt, ein selbstsüchtiges Leben zu führen, sondern eines, das Gott verherrlicht. Was auch immer du gerade tust, höre nicht auf die Stimme, die dich einzuschüchtern versucht und dich dazu drängt, aufzugeben, umzudrehen und zurückzugehen – achte stattdessen auf den Jubel derjenigen, die dir vorausgegangen sind, der Helden, die sich dem ultimativen Opfer gestellt und es erbracht haben, und lass dich durch sie ermutigen. Erkenne, dass die Gnade lauter ruft, sogar lauter als Verfolgung.

Weisheit aus den Schützengräben

Wenn jemand die Realität von Widerstand und Verfolgung verstand, als er sein Rennen lief, dann war es der Apostel Paulus. Wenn jemand die ohrenbetäubende Stimme der Gnade im Angesicht von Verfolgung erschallen ließ, dann war er es; könnte er zu dir in deinen Graben kommen, während die feindlichen Geschosse über deinen Kopf hinweg pfeifen und nur wenige Meter von dir entfernt explodieren, würde er dir durch die Stimme der Erfahrung ermächtigt ins Ohr flüstern, der Kraft der Gnade zu vertrauen.

Um dir neuen Mut einzuflößen, würde er dich ermahnen, das, was um dich herum geschieht, nicht in dich hineinzulassen. Er würde dich auffordern, an deinem Standpunkt festzuhalten, um immer der zu bleiben, der du wirklich bist. Er würde dich zu der Einsicht bringen, dass du dich vom Teufel nicht innerlich aufwühlen lassen darfst. Er würde vor allem mit dir beten, damit dein Herz in der Gnade verwurzelt und gefestigt wird.

Wenn ich mir sein Leben so anschaue, würde Paulus rückblickend wahrscheinlich gestehen, dass sich in seinem Krieg mit dem Teufel nicht dessen Pläne, ihn durch Verfolgung auszuschalten, als größter Feind gegen das Überwinden zeigten, sondern vielmehr der Versuch des Feindes, ihm unter die Haut zu gehen, indem er Frustration erzeugte.

Für seinen Angriff und um dich richtig aus der Ruhe zu bringen, zieht Satan eine seiner subtilsten und am meisten unterschätzten Waffen aus seinem Arsenal, die darauf abzielt, uns zu frustrieren – seine Strategie, uns zu behindern.

In 1. Thessalonicher 2,17–18 (NEÜ) heißt es:

Nachdem wir von euch getrennt worden waren, liebe Geschwister, kamen wir uns richtig verwaist vor – natürlich nur äußerlich und nicht in unserem Herzen. Wir sehnten uns danach, euch wiederzusehen, und haben schon alles Mögliche dazu unternommen. Wir waren entschlossen, zu euch zu kommen. Ich, Paulus, habe es mehr als einmal versucht, aber der Satan hat uns daran gehindert.

Dieser Zusatz: »… aber der Satan hat uns daran gehindert«, ist kurz, aber gewaltig in seiner Bedeutung.

Paulus erzählte den Thessalonichern von seinem Wunsch und seinen Plänen, sie zu besuchen, um ein Segen zu sein, aber Satan streute ihm immer wieder Sand ins Getriebe, um diese Pläne zu vereiteln.

Ein Schlammspritzer ins Auge nimmt dir nicht das Augenlicht, aber für eine Weile behindert er deine Sicht.

Eine Halsentzündung nimmt dir nicht die Fähigkeit zu sprechen, aber wegen der Schmerzen den Wunsch, es zu tun.

Eine Blase am Fuß hält dich vom Gehen nicht ab, kann dich aber dabei behindern.

Satan setzt seine Fähigkeit zu behindern geschickt ein, indem er dein Herz mit Ärger, Frustration und Verzweiflung attackiert.

Er kann dich nicht davon abhalten, in deiner Bestimmung zu leben, also versucht er, deine Füße mit Blasen zu überziehen, um dich aufzuhalten.

Er kann dich nicht davon abhalten, mutig für Jesus zu sprechen, aber er wird versuchen, dir als Folge emotionale, mentale oder sogar körperliche Schmerzen zu verursachen.

Er kann dich nicht davon abhalten, deinem Traum nachzujagen, also wird er versuchen, einen Splitter in dein Auge zu treiben, damit du dich desorientiert fühlst.

In Unkenntnis seiner Strategie zu leben, uns durch Ärger, Frustration und Verzweiflung zu behindern, ist geradeso, wie in das Stadion eines Derby-Fußballspiels zu gehen, ohne zu merken, dass man die Farben der Auswärtsmannschaft trägt, und sich dann zu den heimischen Fans zu setzen. Du riskierst eine Menge Ärger, auch wenn du ihn vielleicht nicht gleich kommen siehst.

Die Gnade ruft lauter als der innere Konflikt

Jesus, der auf einem Boot im Sturm schläft, demonstriert anschaulich, wie du den Teufel besiegen kannst, wenn er dich behindern will. Was Jesus für seine Jünger an jenem Tag zu tun wünschte, als der Gedanke des Ertrinkens ihr Denken ausfüllte, war nicht, den offensichtlichen Sturm zu beruhigen, sondern den, der in ihrem Inneren tobte.

Wie viele mit übernatürlichen Ressourcen voll ausgestattete, begabte Menschen, die in der Lage sind, andere zu gewinnen, wurden vom Teufel lahmgelegt, weil sie ihr Herz nicht behütet haben? Weil sie mit ihrem inneren Sturm nicht fertigwurden, haben sie ihr Herz zunehmend von Ärger, Frustration und Verzweiflung beherrschen lassen. Sie haben dem Teufel erlaubt, in ihr Inneres einzudringen.

Lerne die Lektion, dass du vielleicht nicht kontrollieren kannst, was mit dir oder um dich herum passiert, aber mit der Kraft der Gnade kannst du kontrollieren, was *in* dir passiert.

Ich habe mal eine Geschichte über einen Ladenbesitzer gehört, der von einer riesigen Handelskette mit der Frage angesprochen wurde, ob er sein Geschäft verkaufen wolle, damit auf dem Grund und Boden, auf dem auch sein Laden stand, ein Megastore gebaut werden könnte. Er lehnte entschieden ab, weil das Geschäft seit Generationen in Familienbesitz war. So sehr sie es auch versuchten, die Inhaber der Handelskette konnten den Ladenbesitzer nicht dazu bringen, seine Entscheidung zu ändern. Also bauten sie ihren Megastore einfach um seinen Laden herum. Am Eröffnungstag spannte der Megastore ein Banner über die Straßenfront mit dem Schriftzug: »Heute große Eröffnung«. Der Besitzer des kleinen Ladens stellte daraufhin an seiner Tür ein Schild mit der Aufschrift »Haupteingang« auf.

Eifersucht, Bitterkeit, Stolz, Rache, Selbstmitleid und Verzweiflung sind alles Reaktionen, die Satan in uns wecken will, um uns zu ärgern, zu frustrieren und verzweifeln zu lassen. Sein einziges Ziel bei seinem Angriff ist es, dich zu behindern. Was auch immer gerade mit dir oder um dich herum passiert, hör nicht auf zu sein, wer du bist. Ein Heiliger soll mal zu seinem Henker gesagt haben: »Deine Waffe gegen mich ist es, mich zu töten; meine Waffe gegen dich ist es, zu sterben.« Die Geschichte deines Lebens ist die Geschichte eines langen, brutalen Angriffs auf dein Herz – von demjenigen, der weiß, was du sein könntest, und das macht ihm Angst.

Von der Odyssee zur Erweckung – vom Umweg zur Bestimmung

Wenn wir uns den Apostel Paulus noch einmal als Beispiel ansehen, erfahren wir, dass wir den Teufel mit seiner eigenen Taktik besiegen können, indem wir das Megaphon vor unseren Mund heben und laut verkünden: »Gnade ruft lauter jede Verfolgung!«

In Apostelgeschichte 27 ist Paulus' Reise nach Rom festgehalten. Es war sein Ort der Bestimmung; ihm war von Gott versprochen worden, dass er vor dem Kaiser stehen und dieses Evangelium von Gottes Gnade vorstellen würde. Was Paulus betraf, so war alles geritzt, die Sache stand fest. Verbunden mit Paulus' persönlicher Bestimmung war es bereits ins Buch des Lebens geschrieben worden.

In Psalm 139,16 (NLB) steht: »Du hast mich gesehen, bevor ich geboren war. Jeder Tag meines Lebens war in deinem Buch geschrieben. Jeder Augenblick stand fest, noch bevor der erste Tag begann.«

Nichts konnte die Bestimmung davon abhalten, sich zu erfüllen, aber wie in Apostelgeschichte 27 zu sehen ist, konnte der Prozess behindert werden.

Satan benutzte jedes ihm zur Verfügung stehende Instrument, um zu verhindern, dass Paulus seine vorbestimmte Aufgabe erfüllte.

Er zerstörte seine Transportmittel; er versuchte, ihn auf offener See zu ertränken; er benutzte die römischen Wachen und sogar den Biss einer Giftschlange für seine Tötungsversuche. Darüber hinaus leitete er ihn an einen Ort um, der weit von seinem eigentlichen Bestimmungsort entfernt lag.

All dies war sorgfältig geplant, um Paulus zu ärgern, zu frustrieren und verzweifeln zu lassen.

Es sollte seine Nerven aufreiben, zu seinem Herzen vordringen, Paulus dazu bringen, seine Berufung, Gottes Schutz und Gottes unfehlbare Liebe in Frage zu stellen. Doch Paulus demonstrierte diese ganze schreckliche Tortur hindurch die Kraft der Gnade. Er bewies, dass die Gnade lauter ruft als alle Verfolgung. Durch die Kraft der Gnade hinterlässt Paulus uns das unglaublichste Zeugnis.

Satan war vielleicht in der Lage, in seine Welt einzudringen, aber er konnte nicht in sein Herz vordringen.

Er konnte nicht verhindern, dass Paulus der Mann Gottes war, der er war.

Anstatt sie zu verachten, half Paulus den Soldaten, die ihn töten wollten. Anstatt sich nach einem Giftschlangenbiss seinem Schicksal zu ergeben, diente er weiter, und als er sein Umleitungsziel leicht hätte abschreiben können, machte er aus seiner Odyssee eine Gelegenheit zur Erweckung.

Am meisten frustrierte den Teufel womöglich, dass Paulus sich bei Gott nicht über seinen Schiffbruch beklagte, sondern ihm für die Planke dankte, die ihn über Wasser hielt.

Freund, gib nicht auf, sondern drehe den Spieß um, während Satan versucht, dich durch Verfolgung, durchkreuzte Pläne, Schlangenbisse, Verrat und zeitraubende Umwege zu behindern. Ärgere ihn, frustriere ihn und bringe ihn zur Verzweiflung, indem du Gott für die Planke dankst, die dich über Wasser hält. Wenn Satan will, dass du dich auf das konzentrierst, was schief gelaufen ist, klammere dich an die Planke und danke Gott für das, was noch richtig läuft.

Satan mag in deine Welt gekommen sein, aber lass niemals zu, dass er in dein Herz vordringt.

Du treibst jetzt vielleicht auf offener See und fragst dich, was eben passiert ist – doch Gott sei Dank für diese Planke.

Gott sei Dank für das Versprechen, dich nie zu verlassen oder im Stich zu lassen; das Versprechen, das gute Werk zu vollenden, das er in dir begonnen hat. Sei in allem dankbar, und wo immer du für eine Zeit lang landest, auch wenn es weit vom ursprünglichen Ziel entfernt scheint, verwandle diesen Ort auf deinem Umweg in einen Ort der Erweckung.

Hör nie auf zu sein, wer du bist

Bete für diejenigen, die dich verletzt haben. Diene Gott trotz dieses Schlangenbisses der falschen Anschuldigung, dem Gegenstand der Eifersucht oder der Enttäuschung.

Nelson Mandela verbrachte über zwanzig Jahre in einem südafrikanischen Gefängnis. Man nahm ihm seine Freiheit, seine Würde, sein Ansehen und seinen Einfluss. Robben Island war nicht sein Ziel; er war eigentlich für die Regierungszentrale in Pretoria bestimmt. Die Verwirklichung dieses Traums wurde ernsthaft behindert, doch eines konnte man ihm nie nehmen – seinen Glauben an das, was er war: der Führer eines neuen Südafrika. Hätte Mandela sein Herz nicht vor Rache, Bitterkeit und Unversöhnlichkeit bewahrt, wäre es nie zustande gekommen. Vergebung entschuldigt nicht das Verhalten deiner Verfolger, sie verhindert einfach, dass sie dein Herz verunreinigen.

Am Ende des berühmten Films *Die größte Geschichte aller Zeiten*, genau dem Film, in dem ich zum ersten Mal erkannte, dass ich Jesus als meinen Retter brauchte, gibt es eine Szene, in der John Wayne, der einen römischen Zenturio spielt, die Kreuzigung Jesu beobachtet, bevor er den Film mit den Worten beschließt: »Wahrlich, dieser ist Gottes Sohn gewesen!«

Obwohl er in den Studios von Hollywood entstand, verkündet der epische Spielfilm tatsächlich die genauen Worte aus Matthäus 27,54.

Im Herzen dieses hartgesottenen römischen Zenturios muss etwas geschehen sein, als er vor 2000 Jahren zu dem Mann aufblickte, der am Kreuz, zwischen den beiden anderen, wie aufgespießt hing. Er hatte diesen Nazarener wahrscheinlich predigen gehört. Vielleicht war sogar einer seiner Freunde durch dessen Hand geheilt worden, aber nichts davon war der bestimmende Faktor der

Autorität Jesu. Jesus blieb, wer er war, selbst angesichts von Verfolgung und Tod. Vom Hügel Golgatha aus erreichte die Gnade ihre maximale Lautstärke. Die ganze Schöpfung stimmte ins Lied mit ein: Gnade ruft lauter als alle Verfolgung.

Es war »Vater, vergib ihnen«, was sein Herz erweichte. Es war »In deine Hände befehle ich meinen Geist«, was ihn überzeugte. Unterschätze niemals die Kraft der Authentizität im Angesicht von Verfolgung. Was auch immer *mit dir* oder *um dich herum* geschieht, lass es niemals *dich selbst* verändern.

Lebe in Vergebung, nicht in Vergeltung, in Bestimmung, nicht in Kompromissen, in Liebe und nicht in Bitterkeit, dann wirst du immer den Plan des Teufels vereiteln, dich am Fortkommen zu hindern.

Es geht nicht darum, wer du bist, sondern was du trägst ...

In seinem Brief an die Römer gibt uns Paulus den Grund, warum Satan uns mit dieser gnadenlosen Heftigkeit so beharrlich zu behindern versucht: er fürchtet, was wir tragen. Ich will das mal mit einem Beispiel aus der Natur erklären.

Ist dir jemals aufgefallen, dass wir anhand der Schöpfung so viel über Gottes Umgang mit uns lernen können? Der Lebenszyklus der Lachse birgt unglaublich viel Wahrheit in Bezug auf die Jagd der Hölle auf uns, um uns von unserer Bestimmung fernzuhalten.

Die wundersame Rückkehr der Lachse an ihren Geburtsort nach einem Leben im Meer verblüfft die Wissenschaftler und bleibt eines der Wunder der Natur. Voller Eier, aus denen die nächste Generation entspringt, kämpfen sie sich Hunderte Meilen flussaufwärts. Sie wandern über wuchtige, scheinbar unüberwindbare Stromschnellen, um den Ort zu erreichen, an dem sie laichen. Dann, wenn sie ihre Bestimmung erfüllt haben, sterben sie.

Auf ihrer gefährlichen Reise sind die Bären die größte Bedrohung für die Erfüllung dieses Schicksals. Mit scharfen Krallen warten sie auf die Lachse. Aber die hartnäckigen Fische setzen all ihre Kraft ein, um sich entgegen der reißenden Wassermassen emporzuschnellen, wobei viele es an den Bären vorbei schaffen.

Die, die es nicht schaffen, gabeln die Bären mit ihren tödlichen Krallen auf, worauf sie einen großen Bissen aus ihrem Körper reißen und dann den zerfetzten Kadaver zur Seite werfen. Warum fressen sie nicht den Rest ihrer Beute? Weil sie nur auf die Eier aus sind.

Bei seinen Angriffen gegen uns ist Satan nicht wirklich an uns persönlich interessiert, sondern er interessiert sich für das, was wir tragen. Eier für die nächste Generation. Paulus bescheinigt diese Wahrheit in seinem Brief an die Römer mit diesen Worten:

Dabei mache ich es mir zur Ehre, das Evangelium nicht dort zu verkündigen, wo der Name des Christus schon bekannt ist, damit ich nicht auf den Grund eines anderen baue, sondern, wie geschrieben steht: »Die, denen nicht von ihm verkündigt worden ist, sollen es sehen, und die, welche es nicht gehört haben, sollen es verstehen«. Darum bin ich auch oftmals verhindert worden, zu euch zu kommen.– Römer 15,20–22

Bildlich gesprochen war Paulus voller Eier. Wohin er auch ging, waren dort Zeichen, Wunder, das Evangelium der Gnade und die Leidenschaft, die Verlorenen zu erreichen.

In Vers 22 ist es fast so, als hätte er eine Offenbarung, wenn er erklärt:»Darum bin ich auch oftmals verhindert worden …«

Es ist, als ob er dachte: »Er ist hinter den Eiern her, die ich in mir trage!«

Die Kraft des Evangeliums der Gnade Gottes ist das, was Satan am meisten fürchtet.

Paulus lässt uns keinen Zweifel: »Es überrascht mich nicht, dass ich ständig vom Teufel verfolgt und gejagt werde, denn ich kenne ja den Grund dafür ... Er fürchtet eine weitere Generation von radikalen Gnadenträgern, die hervorkommen werden, wenn ich diese Eier in seinem Territorium lege ...«

Verfolgung, Not, Beleidigungen und Unglücke können akzeptiert werden, wenn man weiß, warum Satan das, was man trägt, fürchtet. Er hat Angst davor, wer du bist. Schwimme weiter durch die Stromschnellen der Sünde und durch die Worte des Teufels hindurch, die versuchen, deiner Bestimmung entgegenzuwirken, dich zurückzudrängen und dir deine Eier zu rauben. Die nächste Generation hängt davon ab.

Im Film *Amadeus*, einem Film über das Leben von Mozart, gibt es eine Szene, die für mich alles erklärt. Mozart ist ein brillanter Komponist, der jedoch Mühe hat, sich finanziell über Wasser zu halten. Seine Frau, die ihrem Mann verzweifelt zu helfen versucht, für den Familienunterhalt zu sorgen, spricht einen wohlhabenden zeitgenössischen Komponisten namens Salieri an und bittet ihn, ihren Mann einzustellen. Sie überreicht ihm eines von Mozarts jüngsten Manuskripten. Salieri überfliegt das Manuskript mit geschultem Blick und wird von Erstaunen ergriffen, als er die von Genialität zeugenden Tonfolgen in seinem Kopf abspielt.

»Sind das die Originale?«, fragt er Mozarts Frau.

»Das sind sie«, antwortet sie.

Salieri blickt noch einmal auf die Notenblätter und erkennt, dass es auf keinem irgendwelche Änderungen oder Korrekturen gibt. Mozart hatte die Töne und Takte so fehlerfrei aufgeschrieben, wie er das Stück in seinem Kopf gehört hatte. Es war das Werk eines absoluten Genies. Salieri schaut auf und bittet um Entschuldigung. Er geht in sein Arbeitszimmer, greift ein Kruzifix von der Wand, hebt das Manuskript hoch und wendet sich mit Eifersucht in seiner Stimme an Gott und sagt: »Von nun an sind du und ich Feinde; weil du ihn auserwählt hast, solch Schönheit zu verfassen, werde ich dein Geschöpf hier auf Erden behindern und ihm Schaden zufügen, und so es mir möglich ist, werde ich Gottes Inkarnation vernichten.«

Wie die Geschichte zeigt, wurden Salieris bösartige Versuche, Mozarts Genialität zu zerstören und ihn zu diskreditieren, von der Gnade übertönt. Genauso sein Eifer, mit dem er die »Eier« aus den Meisterwerken herauszureißen versuchte, die dazu bestimmt waren, über Generationen hinweg zu segnen. Millionen von Menschen fanden im Laufe der Jahrhunderte Inspiration, weil Mozart nicht aufgab, sondern weiterschwamm.

Ich möchte dieses Kapitel mit dem ultimativen Beweis abschließen, dass die Gnade auch Verfolgung übertönt, und greife dazu die Geschichte von Paulus im Gefängnis auf. Was tat er, als er mit Verfolgung nicht nur konfrontiert, sondern als Folge davon sogar eingesperrt war? Er sang und dankte Gott.

Gegen Mitternacht beteten Paulus und Silas und lobten Gott mit Liedern. Die übrigen Gefangenen hörten ihnen zu. Plötzlich gab es ein heftiges Erdbeben, und das Gefängnis wurde bis in die Grundmauern erschüttert. Alle Tore sprangen auf und die Ketten sämtlicher Häftlinge fielen ab! – Apostelgeschichte 16,25–26 NLB

Wenn du der Gnade erlaubst, sogar lauter als die Fesseln deiner Situation zu rufen, ist Freiheit das Endergebnis. Wenn du willst, dass die Ketten der Verfolgung abfallen, dass die Einschränkungen, die du durch deine Widrigkeiten erfährst, wirkungslos werden, dass Türen geöffnet werden, die zuvor geschlossen waren ... stimme ein Lied in deinem Herzen an und lass die Gnade lauter rufen!

KAPITEL NEUN

GNADE RUFT LAUTER ALS DAS GERICHT

»Im neuen Bund hat die Gnade die Strafe für uns
bezahlt – daher ruft die Gnade lauter als das Gericht.«

In der Schule war ich im Allgemeinen ein braves Kind. Ich wollte, dass alle mich mögen, besonders die Lehrer, also tat ich mein Bestes, um jeglichem Ärger aus dem Weg zu gehen. Eines Tages fand mich der Ärger aber trotzdem. Dank meines Schabernack treibenden jüngeren Bruders saß ich vor dem Zimmer des Schulleiters und wartete auf die Strafe.

Ich hatte große Angst. Zu meiner Zeit galten Stockschläge als das beste Mittel, um Schulterroristen wie mich in Schach zu halten. Der Schulleiter benutzte einen sehr dünnen, feinen Rohrstock, dessen Schlag wie ein Bienenstich schmerzte, wenn er auf die Handfläche ging. Abhängig von seiner tagesaktuellen Stimmungslage setzte es entweder etwas auf die Handfläche, die Finger oder, wie er uns oft sagte, den Ort am Körper eines Kindes, den Gott extra für den Stock geschaffen hat. Als ich dort saß und auf die Tür blickte, wissend, dass ich schuldig war und auf meine gerechtfertigte Strafe wartete, war die Angst vor den zu erwartenden Stockschlägen unerträglich.

Wie viele Gläubige diesseits der Ewigkeit leben ihr ganzes Leben lang auf diese Weise, in immerwährender Angst vor Strafe? Mit der Angst, dass jede Sünde, jeder Fehler, jedes Versagen des Gläubigen festgehalten und protokolliert wird, bevor er dann eines Tages durch die Türen der Ewigkeit tritt und sich vor dem großen Schulmeister im Himmel verantworten muss und die gerechtfertigte Strafe erhält. Der Apostel Johannes spricht dieses Problem an und nennt uns den Grund dafür, warum viele Gläubige auf so schreckliche Weise leben:

Und wenn wir in Gott leben, dann kommt seine Liebe in uns zum Ziel. Und wir können dem Tag des Gerichts mit Zuversicht entgegensehen, denn wir leben in dieser Welt in derselben Gemeinschaft mit Gott wie Christus. Und unsere Liebe kennt keine Angst, weil die vollkommene Liebe alle Angst vertreibt. Wer noch Angst hat, rechnet mit Strafe, und das zeigt, dass seine Liebe in uns noch nicht vollkommen ist.
– 1. Johannes 4,17–18 NLB

Sehen heißt glauben

Es ist wie bei dem Blinden in Markus Kapitel 8, der eine zweite Berührung von Jesus brauchte. Er wurde von seiner Blindheit geheilt, brauchte aber eine weitere Berührung von Jesus, um auch wirklich klar zu sehen.

Ich glaube, eine ganze Reihe von Gläubigen hat das Gleiche nötig. Der blinde Mann konnte sehen, brauchte aber trotzdem noch eine zweite Berührung. Sehen können, aber nicht zu sehen, ist ein häufiges Problem.

Christen sehen, dass Jesus ihre Sünden getragen hat, aber sie sehen sich immer noch nicht als gerecht an.

Christen sehen, dass Jesus arm wurde, damit sie reich werden können, aber sie haben immer noch ein Problem damit, dass Gott ihnen gegenüber großzügig ist.

Christen sehen, dass es keine Verdammnis derer gibt, die in Christus Jesus sind, aber leben immer noch mit einem nagenden Gefühl der Schuld und Angst, denn sie glauben, dass sie wegen ihres unvollkommenen christlichen Lebens das Gericht erwartet.

Und weil das Verhalten dem Glauben folgt, verbringen sie ihr ganzes Leben mit dem Versuch, einen vermeintlich zornigen Gott zu besänftigen.

Ich habe neulich etwas gehört, das die standardmäßige menschliche Grundannahme gut veranschaulicht, nämlich zu glauben, dass das Gericht kommen muss und dass unsere Unvollkommenheit durch eine Verurteilung und nicht durch die Liebe Gottes ausgeglichen werden sollte.

Die Geschichte besagt, dass ein Missionarspaar in eine abgelegene Gegend Afrikas gegangen war und begonnen hatte, mit der Hilfe der dort ansässigen Stämme deren äußerst komplexe Sprache zu erlernen. Als sie versuchten, die Wortbildung in den Griff zu bekommen, bemerkte der Mann allmählich ein Muster, nach dem der Wechsel des Vokals am Ende eines Wortes dessen Bedeutung völlig veränderte.

»Fast jedes Verb endet auf i, a oder u. Doch das Wort für ›Liebe‹ tritt immer nur mit i und a auf. Warum nicht mit u?«, fragte der Missionar die Stammesältesten, die ihm halfen.

Der Missionar fragte sich, ob sie und er Liebe auf unterschiedliche Weise verstanden, und wollte der Sache auf den Grund gehen.

»Könntest du deine Ehefrau *dvi*?«

»Ja«, antworteten sie, »das würde bedeuten, dass die Frau einst geliebt wurde, aber die Liebe fort wäre.«

»Könntest du deine Ehefrau *dva*?«

»Ja«, antworteten sie, »diese Art von Liebe hängt von den Handlungen der Frau ab. Sie würde geliebt werden, solange sie treu bliebe und sich gut um ihren Mann kümmerte.«

»Könntest du deine Ehefrau *dvu*?«

Alle lachten.

»Natürlich nicht!«, antworteten sie. »Wenn du das sagen würdest, müsstest du deine Frau lieben, egal, was sie täte, auch wenn sie dir nie Wasser bringen und dir nie Essen machen würde. Selbst wenn sie Ehebruch beginge, müsstest du sie einfach weiter lieben. Nein, wir würden nie *dvu* sagen. Das gibt es einfach nicht.«[5]

Als ich das, was aus den tatsächlichen Aufzeichnungen der Missionare stammt, hörte, bestätigte es mir, dass Menschen einen Instinkt haben, der ihnen sagt, dass sie sich Liebe verdienen müssen. Und wenn sie in irgendeiner Weise versagen – so sagt es ihnen der Instinkt –, verdienen sie es nicht, geliebt zu werden oder müssen sogar mit Strafe rechnen.

Aber Gott sei Dank ruft die Gnade lauter als das Gericht.

Wenn du darüber nachdenkst, kannst du dich selbst darin erkennen? Ich mich schon. Jahrelang habe ich auf diese Weise mit einer »Verdien-es-dir«-Mentalität gelebt. Ich lebte mit dem Ethos eines Schuldners und versuchte, mit meinem Dienst etwas zu begleichen, für das bereits bezahlt worden war.

Aber Ray, heißt es nicht: »... verwirklicht eure Rettung mit Furcht und Zittern« (Phil 2,12)? Auf jeden Fall. Warum lesen dann so viele diesen Vers mit der gleichen Verwirrung, die 1. Johannes 4,17 bei ihnen verursacht?

---

5 Bericht stammt aus einer amerikanischen Missionszeitschrift, zitiert von: http://usa.ntm.org/mission-news/52145/the-question-that-made-them-laugh

Hör dir das an:

*Und wenn wir in Gott leben, dann kommt seine Liebe
in uns zum Ziel. Und wir können dem Tag des Gerichts
mit Zuversicht entgegensehen, denn wir leben in dieser
Welt in derselben Gemeinschaft mit Gott wie Christus.*
– 1. Johannes 4,17 NLB

Genauso Philipper 2,12–13 (NLB):

*Liebe Freunde, als ich bei euch war, habt ihr meine
Anweisungen immer treu befolgt. Jetzt, in meiner
Abwesenheit, müsst ihr noch mehr darauf achten, dass
Gottes Liebe in eurem Leben sichtbar wird. Deshalb gehorcht
Gott voller Achtung und Ehrfurcht. Denn Gott bewirkt in
euch den Wunsch, ihm zu gehorchen, und er gibt euch auch
die Kraft zu tun, was ihm Freude macht.*

Es heißt da nicht, dass du für deine Erlösung arbeiten sollst.
Für deine Erlösung zu arbeiten, setzt ein leistungsorientiertes System voraus, dem man gerecht werden kann, indem man einen bestimmten Maßstab erreicht. Genauso wenig steht da, dass du *an* deiner Erlösung arbeiten musst, womit unterstellt würde, dass sie unvollkommen wäre und es etwas gäbe, was du tun musst, um sie zu vervollkommnen.

Um ein richtiges Verständnis zu erlangen, müssen wir uns einen weiteren Vers ansehen.

Wenn die Gewissheit meiner Erlösung von meiner Treue, meiner Liebe, meiner Hingabe abhinge, hätte ich Grund zu Sorge und Angst.

Die Gemeinde in Ephesus hatte das gleiche Problem wie der blinde Mann, der eine zweite Berührung brauchte. Sie konnten sehen, aber sie konnten nicht sehen. Sie waren errettet, von neuem geboren, und doch betete Paulus für eine zweite Berührung durch eine Offenbarung.

Er betete, dass ihre geistlichen Augen geöffnet würden. Sie konnten etwas von Gottes Gnade, Großzügigkeit, Güte und Liebe sehen, aber sie brauchten eine klarere Sicht. Paulus betete, dass die Augen ihres Verständnisses geöffnet würden, damit sie sehen könnten, was durch das vollendete Werk Christi bereits vollbracht worden war:

1. die Hoffnung ihrer Berufung, nicht die Angst vor dem Gerichtsurteil,
2. den Reichtum ihres Erbes, nicht ihre verdienstvollen Werke,
3. die überwältigende Größe seiner Kraftwirkung an ihnen, keine Liste von Verhaltensregeln, die sie einhalten mussten, um ihre Erlösung zu vervollkommnen.

Aber vor allem teilte Paulus die gleiche Leidenschaft wie der Apostel Johannes, die in 1. Johannes 4 zu sehen ist. Er betete, dass ihre Augen für die Liebe Gottes geöffnet würden:

Und ich bete, dass Christus durch den Glauben immer mehr in euren Herzen wohnt und ihr in der Liebe Gottes fest verwurzelt und gegründet seid. So könnt ihr mit allen Gläubigen ihr ganzes Ausmaß erfassen, die Breite, Länge, Höhe und Tiefe. Und ihr könnt auch die Liebe erkennen, die Christus zu uns hat; eine Liebe, die größer ist, als ihr je begreifen werdet. Dadurch wird euch der Reichtum Gottes immer mehr erfüllen. – Epheser 3,17–19 NLB

Viele Gläubige sehen, dass Gott sie liebt, brauchen aber eine zweite Berührung, um wirklich zu sehen und zu verstehen, dass sie sich diese Liebe nicht verdienen können. Der Unterschied zwischen Gesetz und Gnade ist die Strafe. Die Gebote des Gesetzes sind mit einer Strafe verbunden. Im neuen Bund hat die Gnade die Strafe für uns bezahlt – daher ruft die Gnade lauter als das Gericht. Wenn wir uns noch fürchten, so sagt Johannes den Gläubigen, ist es aus Angst vor dem Gericht. Und wieso diese Angst? Weil Gottes Liebe in uns noch nicht vollkommen geworden ist. Das eine Adjektiv, das mir bei der Beschreibung der Liebe Gottes schlicht den Atem raubt, ist »bedingungslos«.

Als ich eines Tages 1. Korinther 13 las, öffnete Gott mir die Augen, um etwas zu sehen, was so offensichtlich ist, mir aber trotzdem immer entgangen war, weil ich mit der falschen Brille gelesen hatte. Es geht um das Kapitel der Liebe, du weißt schon, das eine, das immer seinen Weg auf Hochzeiten oder zu Männertreffen findet. Es ist dasjenige, mit dem Ehemänner angehalten werden, ihre Ehefrauen nach Gottes Kriterien zu lieben, und man verlässt solche Treffen mit dem Gedanken: »Du hast mich schon bei ›Liebe ist geduldig‹ ertappt, Gott, also wie um alles in der Welt kann ich das alles hinkriegen?« Na ja, so hatte ich dieses Kapitel jedenfalls immer gelesen.

Es war, als wäre ein Standard der Liebe festgelegt worden, den wir zu erreichen hätten. Wenn dieses Kapitel in fordernder Weise verwendet wird, was oft der Fall ist, kann es in unseren Liebesbeziehungen untereinander dazu führen, dass sich Ehemann, Ehefrau, Elternteil, Freund, Freundin und Kind völlig unzulänglich und besiegt fühlen.

Dieses Kapitel der Liebe, wenn es durch das Raster unserer Treue und unseres Bemühens, einen solchen Standard der Zuneigung hervorzubringen, gelesen wird, wird uns völlig lahmlegen.

Doch alles ändert sich, wenn man versteht, dass 1. Korinther 13 keine Liebe ist, die Gott von uns verlangt, sondern die Beschreibung einer Liebe, die er uns gibt.

Wenn du erkennst, dass seine Liebe geduldig, freundlich und langmütig ist und vor allem über Fehler nicht Buch führt, wird sie dein Leben revitalisieren. Genau dafür betete Paulus: dass die Epheser diese Offenbarung ergreifen würden, von der schon der Apostel Johannes hoffte, sie den Gläubigen, denen er schrieb, vermitteln zu können.

Wenn du keine Offenbarung über die Tiefe der Liebe Gottes zu dir hast, wirst du dein Leben vor der Tür des Schulleiters in ständiger Angst vor Strafe verbringen.

Gnade ruft lauter als der Ankläger.

Ich las diese Geschichte vor einiger Zeit und möchte sie jetzt mit dir teilen.

Es gab einmal einen jungen Mann, der mit einer Steinschleuder Enten schießen wollte, aber er konnte sein Ziel nie treffen. Als er zum Hinterhof seiner Großmutter zurückkehrte, entdeckte er ihre Hausente. Aus einem Impuls heraus zielte er und schoss die Schleuder ab. Der Stein traf und die Ente war tot. Der Junge geriet in Panik und versteckte den Vogel im Holzstoß. Als er aber wieder aufblickte, bemerkte er seine Schwester Sally, die ihn beobachtete.

Nach dem Mittagessen trug die Großmutter Sally auf, ihr beim Abwasch zu helfen. Sally antwortete: »Johnny hat mir gesagt, er möchte heute in der Küche helfen, stimmt's, Johnny?« Sie flüsterte ihm zu: »Denk an die Ente.« Also machte Johnny den Abwasch. Welche Wahl hatte er denn? In den nächsten Wochen stand er oft an der Spüle – mal aus Pflicht, mal wegen seiner Sünde. »Denk an die Ente«, flüsterte Sally.

Weil er wegen der ganzen Hausarbeiten irgendwann total erschöpft war, protestierte er schließlich und entschied, dass jede Strafe besser wäre, als weiter Geschirr zu spülen. Daher gestand er, die Ente getötet zu haben. »Ich weiß, Johnny«, sagte seine Großmutter und umarmte ihn. »Ich stand am Fenster und sah das Ganze. Weil ich dich liebe, habe ich dir bereits vergeben. Ich habe mich gefragt, wie lange du zulässt, dass Sally dich zu einem Sklaven macht.«[6]

Johnny war begnadigt worden, aber er dachte, er sei schuldig. Warum hatte er auf die Worte seines Anklägers gehört?

Wie lange wirst du Satan erlauben, aus dir einen Sklaven zu machen? Er schreitet Tag und Nacht vor der Richterbank des Himmels auf und ab und beschuldigt dich der Sünden, die du als Gläubiger begangen hast. Er stolziert arrogant vor Gott umher und beschuldigt dich namentlich, fordert Gerechtigkeit, erinnert Gott an sein eigenes Gesetz und flüstert: »Die Seele, die sündigt, muss sterben.«

Gott stimmt prinzipiell mit unserem Ankläger überein, fährt ihm dann aber in die Parade, indem er erklärt: »Doch in diesem Fall wurde ein Tod vollstreckt. Meiner Gerechtigkeit wurde Genüge getan, ihre Schuld wurde beglichen. Deshalb gibt es für sie jetzt keine Verurteilung. Klage abgewiesen.«

Weder kannst du dir mit deinem Wohlverhalten Gottes Liebe verdienen, noch kann sie dir durch Schlechtigkeit verloren gehen.

Während ich einmal zu Hause studierte, stürmte mein Sohn, der damals etwa fünf oder sechs Jahre alt war, einfach in mein Arbeitszimmer und bat um Geld für ein Eis. Ohne auch nur ei-

---

6 Max Lucado, *In the Grip of Grace*, Nashville: Thomas Nelson, 2005.

nen Gedanken à la »Wie kannst du es wagen, hier unangekündigt reinzuplatzen« zu haben, gab ich ihm, was er wollte. »Danke, Papa!« Und mit einem Lächeln im Gesicht trabte er wieder raus.

Während ich ihm nachblickte, hörte ich, wie mir mein himmlischer Vater zuflüsterte:

Warum kannst du bei mir nicht so sein? Ray, als ein Vater zum anderen: Wie hättest du dich gefühlt, wenn dein Sohn vor deinem Arbeitszimmer mit seiner Bitte auf dem Herzen gestanden hätte, voller Angst, wie du darauf reagieren würdest?

Wie ginge es dir dabei, wenn er anfangen würde, auf seinem Angesicht zu dir zu kriechen, sich ständig selbst erniedrigend und bemüht, von jeder Sünde und jedem vermeintlichen Versagen des Tages zu berichten und darüber Buße zu tun?

Wenn er vor deinen Füßen ankäme, immer noch unterwürfig und verängstigt, und seine Bitte ausspräche, während er gleichzeitig seinen Arm schützend über den Kopf hielte, in der Erwartung, von einem zornigen Vater dafür geschlagen zu werden, weil er allen Ernstes zu denken wagte, er hätte nach dem, wie er sich verhalten hatte, etwas Gutes verdient – wie würdest du das finden? Wie würdest du dich als Papa Ray fühlen, wenn dein Sohn mit seiner Bitte um Geld für ein Eis an dich heranträte und dabei gleichzeitig mit einer Bestrafung wegen seiner mangelhaften Leistung an diesem Tag rechnete?

In meinem Herzen reagierte ich so, wie es jeder Vater tun würde, der seinen Sohn liebt und ihn segnen will. »Ich würde mich schrecklich fühlen, Herr«, sagte ich.

*Dann weißt du jetzt, wie ich mich fühle, wenn meine Kinder
so vor mich treten. Geh und teile meinen Kindern mit, dass
sie freimütig zu meinem Thron der Gnade kommen dürfen,
um Barmherzigkeit zu erlangen und Gnade zu finden, damit
ihnen in Zeiten der Not geholfen ist. Warum? Weil die Gnade lauter ruft als das Gericht.*

Ich erinnere mich an eine lustige Geschichte über einen Einbrecher, der sich Zugang zu einem Haus verschafft hatte. Während er gerade dabei war, den DVD-Player abzustöpseln, hörte er
eine Stimme aus einer dunklen Ecke des Zimmers kommen.

»Jesus beobachtet dich …«

Er erstarrte, sah sich um und fragte sich, woher die Stimme
gekommen war. Er wartete eine Weile und dachte, er hätte sich
das vielleicht nur eingebildet, dann machte er sich weiter an seiner
Beute zu schaffen. Noch einmal kam aus der Dunkelheit die un-
heimliche Warnung: »Jesus beobachtet dich.«

Er drehte sich ruckartig um und leuchtete mit seiner Taschen-
lampe in die Dunkelheit; da entdeckte er einen Papagei, der ihn
aus seinem Käfig heraus anstarrte. Der Einbrecher musste lachen.
»Es ist bloß ein Papagei«, dachte er, und fragte den Papagei dann
aus irgendeinem Grund nach seinem Namen.

Zu seiner Überraschung antwortete der Papagei: »Mein Name
ist Mose.«

Er lachte wieder und sagte: »Wer bei klarem Verstand nennt
einen Papagei Mose?«

Der Papagei antwortete: »Dieselben Leute, die ihren Rottweiler
Jesus nannten!«

Wie viele sehen Jesus wie diesen lauernden Rottweiler und denken, dass er nur darauf wartet, sich verurteilend auf uns stürzen zu können, sobald wir sündigen oder versagen?

»Aber Ray«, höre ich einige sagen, »wenn wir uns nicht schuldig fühlen, sobald wir sündigen, wie können wir uns dann ändern? Wie können wir umkehren? Ganz davon abgesehen, ist uns nicht der Heilige Geist gegeben worden, um uns von unseren Sünden als Gläubige zu überführen?«

Wegen unserer angeborenen Neigung und Vorliebe für Schuld und Verurteilung bekräftigen unsere verblendeten Emotionen diese lehrmäßige Lüge. Obwohl wir wissen, dass wir unter einem Banner des Nicht-verurteilt-Werdens leben sollten, besteht die negative Anziehungskraft darauf, dass wir uns dennoch verurteilt fühlen. Um uns noch mehr zu fesseln, wird uns von wohlmeinenden, aufrichtigen Gläubigen, die genauso versklavt sind wie wir, gesagt, dass wir es besser wissen sollten, was alles noch schlimmer macht! Wenn also Probleme auftreten, Krankheit zuschlägt, Tragödien geschehen, lassen wir unsere Köpfe vor Scham hängen und glauben tatsächlich, dass wir es verdienen. Dann dauert es nicht mehr lange, bis wir in der Tretmühle der schuldbasierten Buße stecken, in der wir Gottes Wohlgefallen zurückgewinnen wollen.

Ich weiß, dass ich mich nach dem Besuch vieler Männertreffen wie von einem Rottweiler angefallen fühlte. Ich war zerknirscht darüber, nicht der Ehemann zu sein, der ich sein sollte, mir wurden die Übel der Masturbation eingebläut und ständig wurde ich an meine schreckliche Neigung als Mann erinnert, nach allem zu gieren, was einen Rock trägt. Wenn ich von dort wegging, war ich überzeugt, dass Jesus ein Rottweiler ist und ich ein egoistischer Perversling bin.

Das Evangelium ist nicht nur für Ungläubige eine gute Nachricht, sondern noch viel mehr für Gläubige, die wissen müssen, dass die Verurteilung nicht von Gott kommt. Ein Christ sollte sich niemals verdammt fühlen, auch wenn er versagt oder sündigt. Beschämt, aber nie verurteilt. Einsichtig, aber nie verurteilt. Gescheitert, aber immer mit Vergebung. Enttäuscht von sich selbst, aber von Gott immer geliebt. Der Unterschied zwischen einem Gläubigen, der sündigt, und einem Nichtgläubigen, der sündigt, ist wie der zwischen einem Lamm und einem Schwein, die in den Schlamm fallen. Ein Schwein suhlt sich darin, aber das Lamm schreit darin.

Du bist kein Sträfling, du bist ein freier Mann, eine freie Frau. Das Wort Sträfling bedeutet eigentlich »das Urteil gesprochen bekommen in der Erwartung von Strafe«. Wenn man darüber nachdenkt, muss man zu dem Schluss kommen, dass das mit der Rolle des Heiligen Geistes im Leben des Gläubigen kaum etwas zu tun hat. Ich höre viele sagen, und ich habe es selbst gepredigt, dass der Heilige Geist in unserem Leben ist, um uns von unserer Sünde zu überführen, um uns in der Spur zu halten. Heute halte ich das für eine Verzerrung der Wahrheit. Die Religion lehrt es so, die Tradition lehrt es so, aber die Bibel nicht. Die beste Autorität, was die Aufgabe des Heiligen Geistes im Leben eines Gläubigen betrifft, ist Jesus. Seine Worte sollten letztgültige Verbindlichkeit haben, und mit seiner Erklärung in Johannes 16,7–14 lässt er uns keinen Zweifel an der Rolle des Heiligen Geistes in unserem Leben:

Aber ich sage euch die Wahrheit: Es ist gut für euch, dass ich hingehe; denn wenn ich nicht hingehe, so kommt der Beistand nicht zu euch. Wenn ich aber hingegangen bin, will ich ihn zu euch senden. Und wenn jener kommt, wird er die Welt überführen von Sünde und von Gerechtigkeit und vom Gericht; von Sünde, weil sie nicht an mich glauben; von Gerechtigkeit aber, weil ich zu meinem Vater gehe und

ihr mich nicht mehr seht; vom Gericht, weil der Fürst dieser
Welt gerichtet ist.
Noch vieles hätte ich euch zu sagen; aber ihr könnt es
jetzt nicht ertragen. Wenn aber jener kommt, der Geist der
Wahrheit, so wird er euch in die ganze Wahrheit leiten; denn
er wird nicht aus sich selbst reden, sondern was er hören
wird, das wird er reden, und was zukünftig ist, wird er euch
verkündigen. Er wird mich verherrlichen; denn von dem
Meinen wird er nehmen und euch verkündigen.

Laut diesen Versen ist der maßgebliche Gedanke, zu dessen
Verständnis wir ermutigt werden, dass der Heilige Geist den Un-
gläubigen von seiner Sünde überzeugt, nicht an Christus zu glauben, und zugleich ständig daran arbeitet, den Gläubigen von seiner Gerechtigkeit in Christus zu überzeugen. Satan hat gründli-
che Arbeit geleistet, Christen mit der Sache zu beschäftigen, um
die Gott sich bereits ein für allemal gekümmert hat: Sünde. Zugleich hielt er uns über die eine Sache im Unklaren, von der Gott
will, dass wir uns mit ihr beschäftigen: Christus in uns.

Der Heilige Geist ist unser Beistand, nicht unser Gefängniswärter.

Unser Tröster, nicht der, der uns eine Schuld nachweist.

Unser Lotse, nicht unser Henker.

Die Vernunft sagt uns, wenn der Heilige Geist die Anklage vertritt und Jesus als unser Fürsprecher uns vertritt, dann arbeiten
sie gegeneinander, aber nach 1. Johannes 5,7–8 sind sie in ewiger
Übereinstimmung:

Denn drei sind es, die Zeugnis ablegen im Himmel: der Vater,
das Wort und der Heilige Geist, und diese drei sind eins; und

drei sind es, die Zeugnis ablegen auf der Erde: der Geist und
das Wasser und das Blut, und die drei stimmen überein.

Ich weiß, dass uns das umhaut – und das soll es auch. Uns wird ohne Bedingungen vergeben. »Aber Ray, du kannst nicht behaupten, dass es keine Konsequenzen hat, wenn Gläubige sündigen!« Nun, das sage ich auch nicht; ich sage, es gibt kein Gericht. Verwechsle niemals das Gesetz der Konsequenz mit dem Gericht Gottes. Die Geschichte vom verlorenen Sohn veranschaulicht dies auf wunderbare Weise. Als der Verlorene in all dem Gestank des Schweinestalls lag, erlebte er da das Gesetz der Konsequenz oder das Gericht des Vaters? Hat der Verlorene im Schweinestall aufgehört, der Sohn seines Vaters zu sein? Natürlich nicht.

Das Gewand, der Ring und die Schuhe – waren sie Imitationen oder die Originale? Der Verlorene verdiente sich die Vergebung des Vaters nicht, er reagierte darauf. Diese Geschichte dient als ständige Erinnerung – die Gnade ruft lauter als das Gericht. Buße ist nicht das, was du tust, um Vergebung zu erlangen; sie ist als Umkehr zugleich das Ergebnis und die Reaktion auf Vergebung. Aber, so höre ich viele jetzt sagen, du lehrst nur über Gnade und Güte und die frohe Botschaft. Was ist denn mit Heiligkeit, Buße und der Furcht Gott?

Meine Antwort darauf lautet, dass mir nicht befohlen ist, Früchte zu pflanzen, sondern Samen zu säen. Jeder Bauer weiß, dass man keine Früchte pflanzt, um Früchte hervorzubringen, man sät Samen. Ich möchte, dass meine Gemeinde fruchtbar in der Buße, fruchtbar in der Heiligkeit und fruchtbar in der Anbetung Gottes ist. Um als Pastor eine solche Ernte einbringen zu können, muss ich also den richtigen Samen gesät haben.

Um die Frucht der Buße hervorzubringen, säe ich den Samen der Güte Gottes, denn es ist die Güte Gottes, die uns zur Umkehr leitet.

Um die Frucht der Heiligkeit hervorzubringen, säe ich den Samen der Gnade, denn es ist die Gnade Gottes, die mich lehrt, nein zur Gottlosigkeit zu sagen.

Um die Frucht der Anbetung hervorzubringen, predige ich das Evangelium, denn das, und nur das allein ist die Kraft Gottes zur Errettung. Die wirksamste Waffe, die Satan hat, um Christen zu versklaven, ist nicht die Versuchung, sondern die Anklage.

Wegen seines vollbrachten Werkes erklärt Jesus: »Du bist nicht schuldig« – er denkt nicht mehr an deine Sünden. Seine Liebe dokumentiert Fehler nicht.

Erinnerst du dich an die Geschichte, die ich dir im Kapitel *Gnade ruft lauter als der Mangel* über Eva erzählt habe? Es war, als ob Gott zu Eva sagte: »Ja, Eva, du hast gesündigt, du hast dem Teufel eine Tür geöffnet, um meiner wunderschönen Schöpfung Zerstörung und Tod zu bringen. Ja, dein Versagen hat Konsequenzen, die sich auf Himmel und Erde auswirken werden, aber ich verspreche, dass aus all dem etwas Gutes hervorkommen wird. Es wird aus deinem Schoß etwas kommen, das das ganze Unheil und den Schmerz, den dein Fall verursacht hat, wiedergutmacht. Aus deinem Schoß kommt etwas, das den Teufel bereuen lassen wird, sich dir an jenem Tag im Garten auch nur genähert zu haben.«

Ich möchte dich diesbezüglich noch einmal auf etwas aufmerksam machen. Abgesehen davon, was ich zuvor schon damit aufzeigte, zeigt der Bibeltext auch eindrucksvoll, dass die Gnade lauter ruft als das Gericht. Denk dabei daran, dass Eva nicht nur mit den Folgen ihrer eigenen Rebellion fertigwerden musste, sondern auch mit der emotionalen Belastung, Mutter eines Sohnes zu sein, der seinen eigenen Bruder getötet hat.

Sieh und staune.

In 1. Mose 4,1–2 hält Gott die Stammfolge Evas fest, die Kain und Abel einschloss, aber in 1. Mose 5,1–3 (GNB) ist es, als würde Gott Evas eigene Geschichte neu schreiben. Schauen wir uns das an:

Und Adam erkannte seine Frau Eva; und sie wurde schwanger und gebar den Kain. Und sie sprach: Ich habe einen Mann erworben mit der Hilfe des HERRN! Und weiter gebar sie seinen Bruder Abel. Und Abel wurde ein Schafhirte, Kain aber ein Ackerbauer.

Und dann im späteren Abschnitt:

Hier ist die Liste der Nachkommen von Adam. Als Gott die Menschen erschuf, machte er sie nach seinem Bild; und er erschuf sie als Mann und als Frau. Er segnete sie und gab ihnen den Namen »Mensch«. Als Adam 130 Jahre alt war, zeugte er einen Sohn nach seinem Bild, als sein Ebenbild, und gab ihm den Namen Set.

Es beginnt mit: »Hier ist die Liste der Nachkommen …«

»Aber Gott, du hast die Stammfolge doch schon in Kapitel 4 aufgeschrieben – du kannst doch nicht so etwas Drastisches tun, wie sie einfach umzuschreiben!«

»Oh doch, das kann ich! Ich bin Gott; ich kann tun, was ich will … Hier ist die Liste der Nachkommen von Adam …«

Diesen Versen zufolge endete die Stammfolge Evas nicht mit der Tragödie von Kain und Abel, sondern begann aus himmlischer Perspektive mit Set. Immer wenn Evas Kritiker aufstanden und sie an ihr Versagen erinnerten, hielt sie Set hoch und erklärte:

»Meine Stammfolge ist nicht auf die Konsequenzen meines Versagens gesät, sondern beginnt mit Gottes Gnade.« Denn Gnade ruft lauter als das Gericht.

Set bedeutet »Entschädigung«, und die Definition von Entschädigung lautet »Zahlung als Genugtuung für Verlust oder Verletzung; der Akt der Wiedergutmachung für etwas«. Wow! Das beschreibt das Wesen der Gnade. Als wir noch Sünder waren, bezahlte Christus den Preis. Er leistete die nötige Zahlung, um den Schaden wiedergutzumachen. Sein Akt der Liebe hat unsere sündige Geschichte – Vergangenheit, Gegenwart und Zukunft – wiedergutgemacht. Meine Stammfolge endet nicht mit dem Versagen, sondern beginnt mit seiner Gnade.

Manch einer wird sich angesichts dieser Worte wie Eva fühlen. Du stehst mitten in einem Kriegsgebiet, wozu es durch deine eigenen Entscheidungen gekommen ist, und du fragst dich, ob irgendetwas Gutes dabei herauskommen kann. Es versetzt deinem Herzen einen schmerzhaften Stich, wenn du an die ganzen Menschen denkst, die du durch deine Entscheidungen verletzt hast. Vielleicht empfindest du Hoffnungslosigkeit, weil du das Rad der Zeit nicht zurückdrehen und das Chaos rückgängig machen kannst. Möglicherweise schämst du dich, weil wie bei Eva die Folgen deines Versagens auf einer öffentlichen Bühne tanzen und die Kritiker unterhalten. Doch in all dem haben wir einen Gott, der sieht …

Er sieht ein reumütiges Herz.

Er sieht ein Herz, das sich ändern will.

Er sieht ein dankbares Herz.

Er sieht ein Herz, das auf seine erstaunliche Gnade reagiert.

Fasse Mut, dass auch du deinen »Set« in den Armen halten kannst, denn jemand hat den Preis bezahlt, den deine Sünde verursachte. Hör jetzt auf, dich in Schuld und Verdammnis zu wälzen, öffne deinen Mund und verkünde gegenüber dir selbst, dem Teufel und all den anderen mit dem Finger auf dich Zeigenden:

Aufgrund seiner Gnade beginnt meine Stammfolge hier und jetzt!
Nicht nur, dass mir meine Sünde vergeben wurde, sondern Gott hat im Himmel auch jede Aufzeichnung darüber gelöscht, dass sie je passiert ist.

Gott hielt sein Versprechen an Eva und gab eine Erklärung ab, die schriftlich festgehalten ist, damit du weißt, dass er dasselbe für dich tun wird. Schau dir folgenden faszinierenden Bibelabschnitt an. Oft, wenn ich zu langweiligen Geschlechterregistern in der Bibel komme, überblättere ich sie; das tue ich normalerweise auch, wenn ich den Stammbaum Jesu in Lukas Kapitel 3 erreiche. Doch hier ist er in seiner Gesamtheit – und beachte meine Hervorhebung.

Er ist aus der *Lutherbibel* übernommen (Lk 3,23–38):

Jesu Stammbaum
Und Jesus war, als er auftrat, etwa dreißig Jahre alt und wurde gehalten für einen Sohn Josefs, der war ein Sohn Elis, der war ein Sohn Mattats, der war ein Sohn Levis, der war ein Sohn Melchis, der war ein Sohn Jannais, der war ein Sohn Josefs, der war ein Sohn Mattitjas, der war ein Sohn des Amos, der war ein Sohn Nahums, der war ein Sohn Heslis, der war ein Sohn Naggais, der war ein Sohn Mahats, der war ein Sohn Mattitjas, der war ein Sohn Schimis, der war ein Sohn Josechs, der war ein Sohn Jodas, der war ein Sohn Johanans, der war ein Sohn Resas, der war ein Sohn Serubbabels, der war ein Sohn Schealtiëls, der war ein Sohn

Neris, der war ein Sohn Melchis, der war ein Sohn Addis,
der war ein Sohn Kosams, der war ein Sohn Elmadams, der
war ein Sohn Gers, der war ein Sohn Joschuas, der war ein
Sohn Eliësers, der war ein Sohn Jorims, der war ein Sohn
Mattats, der war ein Sohn Levis, der war ein Sohn Simeons,
der war ein Sohn Judas, der war ein Sohn Josefs, der war
ein Sohn Jonams, der war ein Sohn Eljakims, der war ein
Sohn Meleas, der war ein Sohn Mennas, der war ein Sohn
Mattatas, der war ein Sohn Natams, der war ein Sohn
Davids, der war ein Sohn Isais, der war ein Sohn Obeds,
der war ein Sohn des Boas, der war ein Sohn Salas, der war
ein Sohn Nachschons, der war ein Sohn Amminadabs, der
war ein Sohn Admins, der war ein Sohn Arnis, der war ein
Sohn Hezrons, der war ein Sohn des Perez, der war ein Sohn
Judas, der war ein Sohn Jakobs, der war ein Sohn Isaaks, der
war ein Sohn Abrahams, der war ein Sohn Terachs, der war
ein Sohn Nahors, der war ein Sohn Serugs, der war ein Sohn
Regus, der war ein Sohn Pelegs, der war ein Sohn Ebers, der
war ein Sohn Schelachs, der war ein Sohn Kenans, der war
ein Sohn Arpachschads, der war ein Sohn Sems, der war
ein Sohn Noahs, der war ein Sohn Lamechs, der war ein
Sohn Metuschelachs, der war ein Sohn Henochs, der war ein
Sohn Jereds, der war ein Sohn Mahalalels, der war ein Sohn
Kenans, **der war ein Sohn des Enosch, der war ein Sohn**
Sets, der war ein Sohn Adams. Der war Gottes.

Wo sind Kain und Abel? Wo ist die Aufzeichnung über Evas
Fehler? Nicht vorhanden! Weißt du, warum? Die Liebe führt nicht
Buch über Fehler. Ist es da verwunderlich, dass das Paulus' Haupt-
anliegen in Bezug auf die Epheser war? Ist es verwunderlich, dass
Johannes es für vorrangig hielt, seinen Lesern den Schlüssel zum

Leben als Gläubige ohne dieses erdrückende Schuldgefühl und die Angst vor dem Gericht verständlich zu machen? Der Schlüssel liegt in dem Verständnis, dass diese erstaunliche Liebe Fehler nicht aufzeichnet.

Es gibt im Himmel keine DVD über die Geschichte deiner Sünden und deines Scheiterns als Gläubiger. Es gibt keinen wütenden Schulleiter, der hinter der Tür deines irdischen Lebens auf dich wartet. Es gibt kein Verdammnisurteil für dein Verhalten oder ein »Weich von mir, ich habe dich nie gekannt«.

Warum? Die Gnade ruft lauter als das Gericht.

Ich liebe diese Geschichte aus *The Lost Message of Jesus*:

Eines der erschütterndsten Bilder des 20. Jahrhunderts wurde 1972 am Rand des vietnamesischen Dorfes Trang Bang aufgenommen. Das inzwischen berühmte Foto zeigt Kim Phuc, ein neunjähriges Mädchen, das mit von sich gestreckten Armen eine Straße hinunterläuft, ihr Gesicht von Schrecken und Schmerz gezeichnet. Das nackte Mädchen schreit vor Qual wegen der schweren Verbrennungen, die ihr nur wenige Minuten zuvor durch einen Napalm-Angriff auf ihr Zuhause zugefügt wurden. Es war ein Bild, das die Welt schockierte. Es brachte die Leiden des Krieges in die Heime von zig Millionen normalen Bürgern, wenn auch nur für einen Moment. Aber John Plummer, einer der Hubschrauberpiloten, der an diesem schicksalhaften Angriff beteiligt war, würde dieses Bild die nächsten vierundzwanzig Jahre täglich verfolgen.

Am Veteranentag 1996 versammelten sich Hunderte ehemaliger Soldaten am Fuße des Vietnam Memorial in Washington, D. C., um ihrer Kameraden zu gedenken, die in einem Krieg, der ein Vierteljahrhundert zuvor geführt wor-

den war, ihr Leben verloren hatten. Unter ihnen stand John Plummer, der immer noch nicht in der Lage war, mit dem, was er getan hatte, abzuschließen; sein Leben war durch die innere Zerrissenheit zerstört. Doch ungeahnt von ihm sollte dieser Tag sein Leben für immer verändern. Als er zusah, wie die Zeremonie ihren Lauf nahm, trat zu seiner und der Überraschung aller anderen eine vietnamesische Frau vor, um einen Kranz neben die anderen am Fuße des Ehrenmals niederzulegen. Dann drehte sie sich um, um die Menge anzusprechen. Kim Phuc, wie sie hieß, erzählte dem betrübten Publikum ihre Geschichte, eine Leidensgeschichte von Jahren der psychischen und physischen Qual. Dann, als wäre es die einfachste Sache der Welt, fügte Kim sanft hinzu, dass sie nun keine Bitterkeit mehr gegenüber den Männern empfinde, die für die Bombardierung ihres Dorfes verantwortlich waren. Endlich hatte sie durch den Akt der Vergebung ein Gefühl des Friedens gefunden.

Haltlos weinend schob sich John durch die Menge. Er wusste, dass er dringend die Vergebung, Annahme und den Frieden brauchte, die nur Kim ihm gewähren konnte. Irgendwie gelang es ihm trotz der Menschenmasse und Kims Polizeieskorte, ihre Aufmerksamkeit zu erregen.

»Kim sah meinen Kummer, meinen Schmerz, meine Trauer ...«, erinnerte er sich später. »Sie streckte mir ihre Arme entgegen und umarmte mich. Alles, was ich sagen konnte, war: ›Es tut mir leid, es tut mir leid‹ ... immer und immer wieder. Und gleichzeitig sagte sie: ›Alles ist gut, ich vergebe Ihnen.‹« Wie Plummer weiter berichtete, wurden die vierundzwanzig Jahre der Qual, die er erlitten hatte, in diesen zwei kurzen Minuten für immer weggewischt.

Wenn ein Mensch das kann, was kann dann Gott tun?

Diese Schilderung hat anschaulich gezeigt, wie weit menschliche Liebe zu gehen vermag. Multipliziere das mit einer unendlichen Zahl und du verstehst trotzdem noch nicht mal annähernd, wie sehr Gott dich liebt. Der berühmte Prediger des 19. Jahrhunderts C. H. Spurgeon soll es so ausgedrückt haben: »So wie die Schwalbe die Oberfläche des Wassers streift und nicht in die darunterliegende Tiefe taucht, so ist es mit jedem Wort, mit dem wir versuchen, die Liebe Gottes zu beschreiben. Es streift nur die Oberfläche, während unermessliche Tiefen darunter liegen.«

Die Gnade ruft definitiv lauter als das Gericht.

KAPITEL ZEHN

GNADE RUFT LAUTER ALS DIE HEUCHELEI

»Unsere Vollkommenheit ist eine uns zugesprochene
Vollkommenheit. Wir haben sie nicht verdient, sondern
als Geschenk erhalten.«

»Hallo, mein Name ist John und ich bin Alkoholiker.«

Für einen Alkoholiker ist der erste Schritt zur Genesung, zuzugeben, dass er einer ist.

Er muss sich nicht mehr verstecken.

Muss nicht mehr die Augen vor der Wahrheit verschließen.

Nichts mehr vortäuschen.

Er muss kein Leben der Heuchelei mehr führen. Mit Aussprache jener neun ehrlichen Worte lockert der Dämon des Alkoholismus allmählich seinen Griff.

Mit am Erstaunlichsten an der Gnade ist, dass sie dich befähigt, frei zu sein.

Frei, ehrlich zu sein.

Frei, zu scheitern.

Frei, ein Mensch zu sein.

Was mir an einem Leben, das mit der Offenbarung der Gnade gesättigt ist, als extrem kraftvoll auffällt, ist die Tatsache, dass die Heuchelei abnimmt. Als Folge davon spielst du deinem Publikum kein Theater mehr vor, du glaubst nicht mehr an deine eigene Propaganda und lebst auch kein engstirniges Leben voller Voreingenommenheit.

Wenn man gründlich darüber nachdenkt, findet man einen der gewaltigsten Gedanken des Neuen Testaments in Jakobus 5,16 (ELB): »Bekennt nun einander die Sünden und betet füreinander, damit ihr geheilt werdet!«

Erst kürzlich habe ich über diesen Vers meditiert und je mehr ich darüber nachdenke, desto unglaublicher finde ich ihn. Wie viele von uns haben durch gesetzliche Predigten in einer Kultur gelebt, in der Perfektion verlangt wird und in der ein solches Verhalten an sich als sündhaft angesehen wird?

»Bekenne deine Sünden ...«
»Du solltest als Christ nicht sündigen ...«
»Nicht nur das, du solltest deine Sünden vor Gott mit echter, tiefer Reue bekennen, um in die Gemeinschaft mit ihm zurückkehren zu können!«

In den Anfangsjahren meines Lebens als Christ in einer pharisäerhaften Atmosphäre las ich jenen Vers für gewöhnlich so: »Bekennt einander die Sünden, damit wir sie herumerzählen können und damit sie an die Leiterschaft herangetragen werden, sodass diese entscheiden kann, welche disziplinarische Maßnahme vollstreckt werden muss.«

Auf dem Gesetz basierende, leistungsorientierte Predigten schaffen keine Atmosphäre, in der unvollkommene sündigende Heilige ehrlich sein können. Ganz im Gegenteil. Ihre Saat lässt eine Ernte von Pharisäern heranwachsen, die die Wahrheit nicht sehen wollen, die voller Selbstgerechtigkeit und krank leben.

Jakobus sagt uns, dass Heilung und Gesundheit nicht an unsere Bemühungen geknüpft sind, Heiligkeit zu fabrizieren oder uns in den Augen des anderen als perfekt zu präsentieren. Im Gegenteil, er erklärt, dass unsere Heilung als Christen von unserer ehrlichen Verwundbarkeit, Demut und Bereitschaft abhängt, zu einem vertrauenswürdigen Freund zu gehen und zuzugeben, dass wir ein Problem mit Pornografie haben oder mit Tratschen, oder was auch immer es ist, mit dem du alleine fertigwerden willst, weil du denkst, dass sonst das perfekte Bild, das du anderen von dir präsentierst, zerstört würde (siehe Jak 5,14).

Wenn Christen keine klare Offenbarung davon haben, welche Kraft die Gnade hat, sind sie gezwungen, ein Leben der Heuchelei, Schuld und Angst zu führen, denn im tiefsten Inneren wissen sie, dass sie eine Lüge leben. Es ist interessant, dass es im Neuen Testament keine Stelle gibt, in der Christen befohlen wird, Gott ihre Sünden zu bekennen, um damit eine zerbrochene Beziehung zu ihm wiederherzustellen. Das ist ein für allemal erledigt und nichts kann uns von seiner Liebe trennen. Unsere Beziehung mit Gott bleibt bestehen, ob wir sündigen oder nicht. Nicht wegen unserer Leistung, sondern dank seiner vollkommenen Leistung, und es gilt, was der Apostel Johannes sagt: »Wie er ist, so sind auch wir« (siehe 1Joh 4,17).

Unsere Vollkommenheit ist eine uns zugesprochene Vollkommenheit. Wir haben sie nicht verdient, sondern als Geschenk erhalten.

Die ersten Christen lebten in einer Kultur der Authentizität. Sie lebten sie und schützten sie, weil sie erkannten, dass ohne sie die Kraft der Gnade aufgehoben würde. Die Gnade befreite sie von Scheinheiligkeit, sie befreite sie von Selbstgerechtigkeit und sie befreite sie von Heuchelei. Sie waren nicht perfekt, aber aufgrund von Gottes Gnade erkannten sie, dass sie es auch nicht sein mussten.

Wir sind nicht berufen, vollkommen zu sein, aber wir werden darin bestärkt, treu zu sein. Treue steht im Gegensatz zu Vollkommenheit. Treu zu sein ist weit von perfekt sein entfernt. Treue bedeutet, authentisch, beständig und loyal zu sein. Eine Alkoholikerin, die regelmäßig zu Treffen der Anonymen Alkoholiker geht, ist treu. Sie mag stolpern, hinfallen und rückfällig werden, aber sie ist treu darin, wieder aufzustehen. Sie mag Menschen, die ihr zur Seite stehen, anlügen, aber sie ist treu darin, die Wahrheit zu sagen, wenn sie mit ihrer Lüge konfrontiert wird.

Treue gestattet zu versagen, Perfektion nicht.

Wenn Gott zur Vollkommenheit aufruft, weiß er so gut wie ich, dass ich es nicht schaffen kann. Die Forderung nach Vollkommenheit ist einfach das, was mich dauerhaft an Gottes Gnade bindet. Der Ruf zur Treue jedoch ist ein Ruf, dem ich nachkommen kann.

Treu, zu bekennen; treu, zu Gott umzukehren; treu, zu glauben.

Die größte Bedrohung für eine Kultur der Authentizität ist Heuchelei. Als der Sauerteig der Heuchelei versuchte, durch Hananias und Saphira die Urgemeinde zu verderben, lähmte es deren Entwicklung. Dieses Paar gab in heuchlerischer Weise. Es tat großzügiger, als es tatsächlich war (siehe Apg 5,1–11). Und Jesus mahnt uns, die Gefahr im Auge zu behalten, dass der »Sauerteig der Pharisäer« das Brot verdirbt (siehe Mt 16,11–12).

Das *Oxford Dictionary* definiert Heuchelei auf diese Weise: »die Praxis, seinen wahren Charakter und seine wahre Ansicht falsch darzustellen«.

Es gibt eine Reihe von Gründen, warum wir falsch darstellen wollen, wer wir wirklich sind oder was wir wirklich glauben, aber einer davon muss das Bedürfnis sein, gemocht zu werden. Die Angst vor Ablehnung durch jene, deren Annahme und Achtung wir ersehnen, kann ein starker Anreiz für Heuchelei sein.

Wenn man durch die Bibel blättert, erstaunt es, dass Petrus auch noch Jahre nach dem Ereignis, bei dem er Jesus verleugnete und den Schmerz und die Scham erlitt, die damit verbunden waren, immer noch mit Heuchelei zu kämpfen schien.

Freiheit ohne Zäune

Die Spannung zwischen Gesetz und Gnade spitzte sich in Antiochia zu. Die Heiden erhielten das Geschenk der Erlösung durch die Verkündigung des Evangeliums von Paulus. Viele Menschen genossen eine Beziehung zu Gott, ohne die Anforderungen des Gesetzes zu erfüllen – insbesondere den heiligen Ritus der Beschneidung.

Für diese heidnischen Christen in Antiochia gab es zum Entsetzen der gläubigen Juden in Jerusalem keine Regeln, keine Zwänge und keine Einschränkungen.

Freiheit ohne Zäune.

Freiheit ohne Gesetz.

Sie aßen, was sie wollten, sie beteten an, wie sie wollten, hatten Gemeinschaft, mit wem sie wollten. Die Nachricht von diesem offensichtlichen Sakrileg kam den gläubigen Juden in Judäa zu Ohren, und war so schockierend für sie, dass sie sich gezwungen fühlten, nach Antiochia zu reisen, um diese Christen zurechtzubringen.

Paulus nannte jene jüdischen Gläubigen »falsche Brüder«, die sich in die Gemeinde eingeschlichen hatten, um »unsere Freiheit auszukundschaften, die wir in Christus Jesus haben« (Gal 2,4).

Es war die Errettung ohne Einhaltung der im Gesetz festgelegten zeremoniellen, opfer- und ernährungstechnischen Einschränkungen.

Man kann es fast hören, oder?

»Errettung allein durch den Glauben? Abscheulich!«
»Wie können sie es wagen, Jahrhunderte heiliger Religion
über Bord zu werfen!«
»Wie können sie es wagen, eine Beziehung zu Gott allein
durch den Glauben zu beanspruchen ... Wir sind die Hüter
des Protokolls, was die Annäherung an Gott anbelangt. Wie
können sie es wagen, 1500 Jahre göttliches Gebot in Bezug auf
dieses Protokoll zu verletzen und zu missachten.«
»Wir sind Juden. Wir sind das auserwählte Volk. Die
Aussprüche Gottes sind uns anvertraut worden. Wir sind be-
schnitten, was beweist, dass wir die Kinder Gottes sind. Wie
können sie es wagen, ohne Beschneidung den gleichen Status
für sich zu beanspruchen!«

Als Paulus die versuchte Verunreinigung des Evangeliums der
Gnade durch diese Judaisierer feststellte, sprach er es direkt an
und sagte in seinen eigenen Worten: »Denen haben wir keinen
Augenblick nachgegeben, damit die Wahrheit des Evangeliums
euch ganz erhalten bleibt« (Gal 2,5 NEÜ).

Als Ergebnis dieser Auseinandersetzung zwischen Gesetz und
Gnade ging Paulus nach Jerusalem, um mit Petrus, Jakobus und
Johannes zu sprechen und das Problem zu lösen. Als Paulus und
seine Reisegefährten in Jerusalem ankamen, wurden sie von der
Gemeinde, den Aposteln und den Ältesten empfangen und berichteten über alles, was Gott mit ihnen gemacht hatte. Sie er-
zählten ihnen von der Freiheit, die die Heiden durch den Glauben
an Christus erhielten, und der Freude, in der Beziehung mit Gott
ohne das schwere Joch des Gesetzes zu leben. Aber noch ehe sie
zu Ende sprechen konnten, stand eine Gruppe von gläubigen Pha-

risäern auf, wahrscheinlich dieselben, die nach Antiochia gereist waren, um die dort herrschende »Freiheit in Christus auszukundschaften«. Sie bestanden darauf, dass es notwendig sei, diese Heiden zu beschneiden und ihnen zu gebieten, das Gesetz des Mose einzuhalten (siehe Apg 15,5).

Bei diesem Treffen kam es zum Aufruhr.

»Man kann nicht einfach 1500 Jahre göttliche Gesetzgebung über Bord werfen«, riefen die Judaisierer, »das ist Ketzerei.«

Inmitten dieses religiösen Gezänks stand Petrus auf, und durch seinen Mund übertönte der Geist der Gnade alle Heuchelei.

»Warum wollt ihr Gott herausfordern, indem ihr den Jüngern ein Joch um den Hals legt, das weder unsere Väter noch wir tragen konnten?«, rief Petrus leidenschaftlich. »Seid ehrlich, warum fordert ihr diese Heiden auf, Gesetze einzuhalten, die nicht einmal wir einhalten können? Es ist total heuchlerisch von uns, ihnen eine Lebensführung vorzuschreiben, die wir selbst nicht einhalten können« (siehe Apg 15,10).

Das hat gesessen! Alle Apostel riefen »Amen!« und schickten Paulus mit einem Brief los, der den Gläubigen in Antiochia vorgelesen werden sollte und in dem einige grundlegende Verhaltensregeln bezüglich des Essens von Götzenopferfleisch und sexueller Unmoral hervorgehoben wurden.

Alle Achtung, Petrus. Er hatte den Mut, sich diesen Heuchlern zu widersetzen und sich für eine auf der Gnade beruhenden Beziehung mit Gott stark zu machen, die im Gegensatz zur unterdrückenden, auf dem Gesetz basierenden Beziehung stand, die die Judaisierer forderten.

»Aber Ray, du sagtest doch, Petrus kämpfe immer noch mit Heuchelei: ›die Praxis, seinen Charakter und seine Ansichten falsch darzustellen‹. Aber nach dem, was du uns gerade erklärt hast, scheint es, dass es Petrus völlig egal war, was die Leute über ihn dachten – besonders die Judaisierer. Wie kannst du also sagen, dass er ein Heuchler war?«

Also, lass es mich erklären.

Petrus war fasziniert von dieser erstaunlichen Freiheit der Gnade, wie sie von den heidnischen Gläubigen in Antiochia praktiziert wurde. Er ging hin, um es selbst zu sehen, und er liebte es.

Du musst wissen, dass auch Petrus noch nicht ganz zurechtkam mit dem Übergang von einem Leben, das auf das Gesetz gegründet war, zu einem Leben, das auf der Gnade beruht. Gott musste ihn in einer Vision heimsuchen, in der er alle möglichen Tiere sah, deren Verzehr nach den Speisegesetzen des Alten Testaments verboten war, und Petrus sagen, er solle schlachten und essen (siehe Apg 10,9–16). Unmittelbar danach wurde er selbst dazu gebraucht, das befreiende Evangelium der Gnade in den Haushalt eines römischen Hauptmanns namens Kornelius zu tragen. Tatsächlich erwies sich Petrus als ausschlaggebende Kraft, was die Einschließung der Heiden in die Gemeinde anging. Als er also in Antiochia ankam, liebte er es dort. Er aß mit ihnen, hatte Gemeinschaft mit ihnen, genoss die gleiche Freiheit wie sie – bis einige Judaisierer aus Jerusalem anreisten (siehe Apg 10).

Als Petrus sie sah, knickte er ein und fing an zu heucheln.

Paulus konnte seinen Augen nicht trauen.

Wiederrum in seinen eigenen Worten sagte er:

Bevor nämlich etliche von Jakobus kamen, aß er [Petrus] mit den Heiden; als sie aber kamen, zog er sich zurück und sonderte sich ab, weil er die aus der Beschneidung fürchtete. Und auch die übrigen Juden heuchelten mit ihm, sodass selbst Barnabas von ihrer Heuchelei mit fortgerissen wurde. – Galater 2,12–13

Petrus' Doppelmoral

Was passierte mit Petrus? Dem Felsen.

Was passierte mit Petrus? Demjenigen, der keine Angst hatte, diejenigen zu konfrontieren, die sich der gleichen Heuchelei schuldig gemacht hatten, die er nun selbst an den Tag legte.

Paulus war verärgert über eine solche Doppelmoral. Da ihm bewusst wurde, welche Wirkungskraft der Sauerteig der Heuchelei potenziell hatte, der sich in die Unverfälschtheit des authentischen Evangeliums in der Gemeinde von Antiochia hinein auszubreiten begann, widerstand er Petrus »ins Angesicht, denn er war im Unrecht« (Gal 2,11).

Ich glaube wirklich, dass der Beweggrund für die Heuchelei von Petrus simpel war. Er wollte gemocht werden. Er befürchtete Ablehnung, insbesondere von denen, deren Respekt er seiner Ansicht nach verdiente.

Ich weiß nicht, warum Petrus so doppelzüngig wurde.

Vielleicht liegt es daran, dass er in Jerusalem von Mitjuden umgeben war, die die gleiche Einstellung hatten wie er.

Vielleicht, weil es das Sprechen über ein auf Gnade basierendes Verhalten viel einfacher machte.

In Jerusalem war es leicht, Paulus mit seinen Worten zu unterstützen. In Antiochia musste er es leben. Wir könnten entsetzt die Hände über dem Kopf zusammenschlagen angesichts der Doppelmoral von Petrus, da er seine Lektion anscheinend noch immer nicht gelernt hatte. Es schien, als würde er seine Beziehung mit Jesus immer noch verraten, wenn es hart auf hart kam.

Sicher könnten wir in gerechter Abscheu über Petrus' Heuchelei die Nase rümpfen, aber damit würden wir nur beweisen, dass wir nicht anders sind. Wir alle mögen es, gemocht zu werden. Wir alle wollen akzeptiert werden, und deshalb opfern wir manchmal unser wahres Ich auf dem Altar der Heuchelei.

Die dunkle Seite des Wunsches, gemocht zu werden

Eine unheilvollere Seite der Heuchelei hängt mit der auf einer Selbsttäuschung beruhenden Überzeugung zusammen, dass du wirklich besser seist als andere, während es für alle offensichtlich ist, dass du der einzige bist, der das glaubt.

Die Pharisäer waren professionelle Heuchler. Sie glaubten tatsächlich ihrer eigenen Propaganda. In einer Atmosphäre des Gesetzes waren sie überragend, geradezu unerreichbar, aber in Gegenwart der Gnade war ihre Heuchelei nur allzu offensichtlich. Immer wieder konfrontierte und entlarvte Jesus die Heuchelei in ihrer perfektionierten Form, wie sie sich an den Pharisäern zeigte.

Die Gnade entlarvt immer die Heuchelei.

Deshalb schreibe ich dieses Kapitel, denn genau das war eine der Auswirkungen der Offenbarung der Gnade in meinem Leben: die unbequeme Entdeckung, dass vorhandene Unaufrichtigkeit und Heuchelei ständig von der gleißenden Authentizität der Gnade angestrahlt wird – und so schwierig das auch sein kann, danke ich Gott dafür.

Wir lesen die Bibelgeschichten über David und Daniel, Jona und Noah und viele andere und sehen uns in ihnen. Ihr Menschsein, ihre Umkehr zu Gott, ihre Schwächen und ihr Versagen. Wir finden große Ermutigung und Trost, wenn wir uns mit ihnen identifizieren, aber vergleiche ich mich jemals mit einem Pharisäer? Gott bewahre. Sie sind intrigant, selbstgerecht und verurteilend. Sie predigen das eine und tun das andere.

»Ich kann mich in David erkennen, ich kann mich in Mose sehen, aber in einem Pharisäer?«

Ich bin zu der Erkenntnis gelangt, dass mir die Pharisäer wahrscheinlich ähnlicher sind, als ich zugeben möchte – also los geht's: »Hi, mein Name ist Ray und ich bin Pharisäer ... aber dank Gottes Gnade bin ich jetzt auf dem Weg der Besserung.«

Eines der bemerkenswertesten Merkmale eines guten Christen, besonders eines guten christlichen Leiters, ist sein makelloser Ruf. Aber oft begreifen wir nicht, dass der Ruf das ist, was die Menschen sehen; der Charakter hingegen ist das, was Gott sieht.

Der Ruf ist das wahrgenommene Bild, das die Menschen von dir haben; der Charakter ist die Wahrheit, die Gott über dich weiß.

Bei den Pharisäern ging es nur ums Image, um den guten Ruf in den Augen ihrer Kollegen und ihrer Anhänger. Aber was passiert, wenn dieser Ruf verloren geht? Was passiert, wenn das Image zerstört ist? Die Reputation kann eine gute oder eine schlechte Sache sein.

Natürlich ist für Christen ein guter Ruf bei Nichtchristen sehr wichtig, aber wenn für dich ein guter Ruf Perfektion bedeutet, dann wird er früher oder später für andere abstoßend und für dich selbst zum Götzen werden.

Es gab eine Zeit, in der ich wegen meiner pharisäerhaften Vorstellung von einer guten Reputation nicht nur zu etwas Ekelerregendem im Mund derer wurde, die ich für Christus zu gewinnen versuchte, ich steuerte darüber hinaus auch noch auf große Enttäuschung und viel Kummer zu.

Meine persönliche Reise mit einem inneren Pharisäer

Da ich in einer gesetzlichen Gemeindekultur erzogen wurde, in der Fernsehen in Ordnung war, aber Kinobesuche nicht, in der das Betreten einer Bar als »eine Form des Bösen« angesehen wurde, aber ein Glas Wein zu Hause nicht, entwickelte ich in meiner Frühzeit als Christ eine verzerrte Wahrnehmung dessen, was einen guten Ruf zu haben bedeutet. Ich glaubte, es ginge nur um Äußerlichkeiten: Verhalten, Image, ein Bild der Heiligkeit, Rechtschaffenheit und Reinheit abzugeben; dabei erkannte ich nicht, dass mir die wirklich notwendige Zutat fehlte, die andere beeinflussen würde ... Glaubwürdigkeit.

Weißt du, dein Ruf hat nichts damit zu tun, wie du dich selbst siehst, sondern damit, wie andere dich sehen. Während ich glaubte, dass ich mich als hervorragende Werbung für das Christsein präsentierte, bot ich in Wirklichkeit das Gegenteil dar. Und das war das Problem der Pharisäer. Bei ihrer Reputation ging es ums Image und nicht um Einfluss. Es ging darum, wie sie in ihren eigenen Augen aussahen, nicht in den Augen anderer.

Ich wusste nicht, wie sehr mich mein Ruf als Gemeindeleiter verführt hatte, bis meine 26-jährige Ehe in die Brüche ging. Ohne ins Detail zu gehen: Meine Frau entschied, dass sie raus wollte. Es waren keine anderen Leute beteiligt, und dass ich das überhaupt erwähne, daran merke ich, dass es in mir noch Spuren des Pharisäers gibt, denn ich möchte, dass du weißt, dass ich kein Ehebrecher bin. Ich kann mein inneres Ich flehen hören: »Bitte versteh, dass der Grund für die Scheidung keine sexuelle Sünde war, denk nicht so über mich. Und außerdem hat sich meine Frau von mir scheiden lassen – nicht ich mich von ihr.« Der Pharisäer in mir plappert immer so weiter und versucht verzweifelt, etwas Wohlwollen und Respekt zu retten, denn allein der Gedanke, dass du solche Dinge über mich denken könntest, schmerzt mich in diesem Moment ebenso sehr wie das Trauma der Scheidung selbst.

Durch Gottes Gnade habe ich 1989 die Kings Church gegründet und innerhalb von fünf Jahren erwarb sie den Ruf, die am schnellsten wachsende Kirche in unserem Land zu sein. Der evangelische Zweig der Kirche in Wales führte eine Umfrage durch, um Größe und Zustand der walisischen Kirchen zu ermitteln. Nachdem man alle Daten und Zahlen von den 78 % der Kirchen in Wales, die teilnahmen, erhalten hatte, entfernte man für die Auswertung unsere Besucherzahlen, weil sie das wahre Bild verzerrten. Die durchschnittliche Größe einer Kirchengemeinde in Wales zu dieser Zeit betrug etwa 32 Personen und im Jahr 2014, während ich diese Zeilen schreibe, hat sich daran nicht viel geändert. Obwohl wir nur etwa 600 Personen zählten, hatte es in unserem Land ein solches Wachstum in so kurzer Zeit noch nie gegeben. Oh, wie sehr ich das Prestige und die Aufmerksamkeit genoss, die mit diesem öffentlichen Bild einherging! Ich bin nur ehrlich.

Unsere Konferenzen zogen Menschen aus der ganzen Welt an. Wir waren der erste Dienst in Großbritannien, der auf dem *God Channel* ausgestrahlt wurde, der damals nur ein paar Stunden am Tag sendete. Die Einladungen, auf der ganzen Welt zu sprechen, strömten nur so herein. Ich ahnte nicht, was vor mir lag. Mir war nicht klar, dass ich nicht nur meinem glänzenden Ruf, sondern auch dem Pharisäer in mir frönte, den ich beständig nährte und der nun zum Vorschein kam und stärker wurde. Ich wusste nicht, wie arrogant ich wurde, und wenn ich auf einige der Dinge zurückblicke, die ich gesagt und getan habe, merke ich jetzt, wieviel Wettbewerbsgeist ich entwickelt hatte.

Weißt du, die Pharisäer genossen nicht nur die Tatsache, dass sie die Einzigen waren, die den Standard erreichten, sondern ihnen graute auch davor, dass andere unter Umständen dasselbe von sich behaupten könnten. Die Pharisäer fanden einen Weg, den alten Bund für sie selbst funktionieren zu lassen und so den neuen unnötig zu machen. Als offizielle Ausleger der Gesetze Gottes entwickelten sie mithilfe ihrer Interpretation des Gesetzes einen eigenen Standard – einen Standard, den sie erreichen konnten und der andere denken ließ, dass sie als Pharisäer einfach unglaublich waren.

Der Standard wurde so festgesetzt, dass er nur von ihnen erreicht werden konnte. Mit diesem hohen Standard bewaffnet konnten sie sich selbst als Richter der Gerechtigkeit berufen, deren Forderungen ihrer Maßgabe nach sonst keiner erfüllen konnte. Wie arrogant! Welch eine Selbsttäuschung! Aber hey, sei nicht zu streng mit ihnen – in uns allen steckt ein Pharisäer. Und damals, während meiner Anfangsjahre, geriet meiner außer Rand und Band.

Zu glauben, man sei der Beste, hat viele unschöne Auswirkungen. Eine davon ist das, was ich das »Schneewittchen«-Syndrom nenne. Du stehst vor dem Zauberspiegel und hoffst, dass niemand sonst größer oder besser ist als du. Ich erkannte allmählich, dass ein hoher Bekanntheitsgrad nicht nur positive, sondern auch negative Seiten hat. Du wirst von den Massen nicht nur wegen deiner Erfolge gefeiert (oder »beneidet«, je nachdem, wie stark der Pharisäer in dir ist), sondern auch wegen deiner Fehler kritisiert, wie ich bald herausfinden sollte.

Pharisäer können mit Misserfolgen und der damit verbundenen Kritik nicht umgehen. Schau dir die Reaktion der Pharisäer an, als Jesus ihre Reputation scharf angriff. Jesus war es völlig egal, was die Leute von ihm dachten, denn sein Publikum bestand nur aus einer Person. Er schenkte seinem Ruf keine Beachtung und ließ sich von ihm nicht sein Verhalten diktieren.

Er war nicht darauf aus, sich bei irgendjemandem beliebt zu machen. Solange sein Vater zufrieden war, reichte ihm das. Deshalb hasste er Heuchelei über alles. Besonders die der Pharisäer, denn diese Art ist wie ein um sich fressendes Krebsgeschwür, das einem das Bedürfnis nach Gnade raubt. Ich lasse Jesus hier zu Wort kommen. Seine Worte sind harsch und auf den Punkt:

Weh euch, ihr Schriftgelehrten und Pharisäer, ihr Heuchler! Ihr seid wie getünchte Gräber, die von außen schön aussehen …, innen aber seid ihr voll Heuchelei und Gesetzlosigkeit. – Matthäus 23,27–28 EÜ

Sie hassten es. Jesus riss ihnen die religiöse Fassade weg. Ihr Ruf, Bastionen der Gerechtigkeit zu sein, wurde von Jesus nicht nur verhöhnt, sondern auch öffentlich demontiert.

Als Jesus ihre Scheinheiligkeit aufdeckte, brachte das keinen Geist der Buße, sondern der Vergeltung hervor.

Sie schrien nicht um Erbarmen, sie schrien Zeter und Mordio.

Schneewittchen-Syndrom

Was hat das jetzt aber alles mit meiner erwähnten Situation zu tun? Was meine ich mit dem Schneewittchen-Syndrom? Nun ja, weil der Erfolg meinen Bekanntheitsgrad erhöht hatte, wurde auch meine Scheidung stark in den Fokus gerückt. Sie war sehr öffentlich. Selbst als die Scheidung vollzogen war, wollte ich die Reaktion der Leute darauf immer noch nicht wahrhaben.

»Es war nicht meine Schuld …«

»Ich habe die Scheidung nicht eingereicht, ich bin hier das Opfer …«

»Schau dir meinen Ruf an, der Teufel hat solche Angst vor mir, er fürchtet die Art und Weise, wie Gott mich benutzen wird …«

Ich könnte noch so einiges mehr nennen. Zwar steckte in all dem ein Fünkchen Wahrheit, trotzdem schätzte ich meine Wichtigkeit völlig falsch ein.

Durch den Prozess des Scheiterns meiner Ehe und der darauffolgenden Scheidung wurde der innere Pharisäer schließlich mit sich selbst konfrontiert, und das gefiel ihm gar nicht.

Als sich der Staub legte, die Gerüchte zu kursieren begannen und meine Kontrolle darüber, wie die Leute mich sahen, allmählich schwand (etwas, das jeder Pharisäer hasst), befand ich mich wieder vor dem Zauberspiegel. Diesmal jedoch sorgten Scham, Wut und Erniedrigung, die ganzen Verleumdungen und Lügen und die allmähliche Zersetzung meines von mir vergötterten Rufs dafür, dass ich ständig mit dem Wissen vor dem Spiegel stand, jetzt nicht mehr der Schönste im Land zu sein. Das »Schneewittchen«-Syndrom.

Ich war nicht nur am Boden zerstört durch den Verlust meines Rufs, sondern jetzt auch eifersüchtig auf andere, die ihren guten Ruf behalten hatten. Ich erinnere mich, dass ich unsere Jahreskonferenz im Jahr 2000 ausrichtete. Es war unsere neunte. Zu diesem Zeitpunkt war ich wieder verheiratet mit einer wunderbaren Frau aus Norwegen namens Laila. In den vergangenen Jahren waren diese Konferenzen gerammelt voll und voller Erwartung gewesen.

Zwischen Scheidung und Wiederheirat vergingen etwa zwei Jahre und wir hatten als Begleiterscheinung dieses Prozesses bereits mehr als die Hälfte unserer Gemeinde verloren. Einige gingen aus theologischen Gründen, andere, weil sie den Lügen glaubten, und wieder andere wollten einfach nicht das Stigma tragen müssen, Teil einer Gemeinde zu sein, die von einem geschiedenen und wiederverheirateten Pastor geleitet wurde. Trotzdem klammerte ich mich an den Glauben, dass mein Ruf noch intakt sei.

Ich erschien beim ersten Gottesdienst dieser Konferenz und erwartete, wie üblich, ein voll besetztes Haus. Warum weniger erwarten? Wir hatten uns in den letzten acht Jahren den Ruf aufgebaut, eine der besten Konferenzen in der Gegend mit einigen der besten Referenten der Welt zu sein. Als ich auf die Bühne ging, rutschte mir das Herz in die Hose und mein Stolz wurde hingerichtet. Der Veranstaltungsraum war nicht einmal zu einem Drittel gefüllt. Ich predigte und gab selbstbewusst einige ermutigende pharisäerhafte Klischees von mir, von denen jeder – auch ich selbst – wusste, dass sie meine Verlegenheit überspielen sollten.

In dieser Nacht war ich so deprimiert, dass ich meiner Frau Laila gegenüber meine Niedergeschlagenheit zum Ausdruck brachte. Sie sah mich an und sagte mir freiheraus, dass ich nicht wegen der geringen Besucherzahl deprimiert sei, sondern wegen meines verletzten Stolzes. Der Pharisäer in mir schrie jetzt, während er zum Galgen geführt wurde, um gehängt zu werden.

»Wer spricht morgen früh?«, fragte sie.
»Ich«, sagte ich kleinlaut und erwartete eine Umarmung und eine Schulter zum Ausweinen.
»Ich hoffe, es taucht niemand auf. Es wäre das Beste, was dir je passieren könnte.«

Obwohl der Pharisäer in mir diese Worte hasste, wusste ich, dass der Geist der Gnade durch meine Frau sprach, um mich von der Krankheit des Pharisäertums zu befreien. Die Falltür öffnete sich, der Pharisäer in mir spürte, wie sich die Schlinge um seinen Hals zuzog, und es war vorbei.

In dieser Nacht ist etwas in mir passiert.

Es war nicht angenehm, aber zum ersten Mal seit langer Zeit war es mir egal, was die Leute dachten. Es war mir egal, ob jemand auftauchte, und bald sollte ich herausfinden, dass Jesus mich nie verlassen hatte, und das war alles, was zählte.

Es ging nur um seine Ermächtigung durch die Gnade (seine unverdiente Gunst), nicht durch den eigenen Ruf oder durch Gefälligkeiten anderer.

Ich war im Begriff festzustellen, dass es nicht um die Schulterklopfer und die »Ohs« und »Ahs« von Anhängern und Kollegen geht.

Ich war dabei, wirklich zu entdecken, dass seine Gnade in der Schwäche zur Vollkommenheit gelangt. Weißt du, man kann das eine nicht ohne das andere haben. Wir alle wollen, dass andere die Gnade und Gunst Gottes in unserem Leben sehen, aber schrecken bei dem Gedanken zurück, dass unsere Schwächen öffentlich zur Schau gestellt werden.

Am folgenden Morgen kam ich also wieder, um zu predigen, und es waren weniger Menschen da als am Vorabend. Die Situation war dieselbe. Die traurigen Blicke der Leute, die meinetwegen in Verlegenheit gebracht waren, konnte man nicht übersehen und es wurde deutlich, dass auch die Gerüchte dieselben waren.

Die Lügen hatten sich nicht geändert, aber ich hatte mich geändert.

Ich erkannte allmählich etwas, das der Heuchler in mir nicht ertragen konnte: Die Gnade ruft lauter als die Heuchelei.

Die Festung war zerstört worden. Ich war frei, mit einem Ein-Mann-Publikum zu leben und gleichzeitig zufrieden zu sein. Versteh mich nicht falsch, der Heuchler ist immer noch da. Er lauert darauf, sich in den Mittelpunkt zu drängen, aber seine Stimme ist nicht mehr der dominierende Faktor. Die Stimme der Gnade ruft stets lauter als er und hilft mir, zunehmend in Authentizität zu leben.

Tullian Tchividjian schrieb in seinem Buch *One Way Love* folgende Worte, die auf ein Amen in meinem Herzen stießen, als ich über die schmerzhafte, aber befreiende Zeit nachdachte, von der ich dir gerade erzählt habe.

Jesus kam, um uns von der Last zu befreien, es aus eigener Kraft schaffen zu müssen, von der Forderung, den Standard zu erfüllen. Er kam, um uns von der Bürde zu erlösen, alles richtig machen zu müssen. Von der Verpflichtung, uns zurechtzubringen und uns selbst zu befreien. Jesus kam, um uns von dem sklavischen Drang zu befreien, Recht zu haben, belohnt, geachtet und respektiert zu werden. Weil Jesus kam, um die Gefangenen zu befreien, muss das Leben nicht aus der unablässigen Anstrengung bestehen, uns zu beweisen, zu rechtfertigen und uns Anerkennung zu verschaffen. Gnade ist ein bisschen wie eine Achterbahnfahrt, die uns vor Angst kreischen und gleichzeitig unkontrolliert lachen lässt.

Hier wird gerade renoviert – wir bitten um Verständnis

Pharisäer finden es sehr schwer, sich zu entschuldigen und zuzugeben, dass sie sich irren. Pharisäer finden es äußerst schwierig, Gerüchte und Lügen unwidersprochen zu lassen. Pharisäer empfinden es als sehr heikel, die Kontrolle zu verlieren. Pharisäern fällt es schwer, um Hilfe zu bitten. Der Grund, warum ich wusste, dass ich ein genesender Pharisäer war, ist der, dass sich all dies nun besserte.

Zwei Vorfälle sind besonders hervorzuheben.

Einmal, als ich bei einem Freund in Glasgow war, liefen wir durch ein großes Einkaufszentrum. Ich weiß noch, dass ich mich damals ziemlich verwundet und sehr verletzlich fühlte. Diese beiden Zustände haben übrigens nichts mit Gekränktsein und verletztem Stolz zu tun. Gott kann nicht viel mit Menschen anfangen, die sich gekränkt fühlen und stolz sind; Pharisäer brauchen nämlich keine Hilfe – sie streben nach der Rettung ihrer Ehre.

Im Einkaufszentrum fiel mir ein bestimmter Laden auf, der gerade renoviert wurde. Am Schaufenster war ein großes Schild angebracht, auf dem stand: »Hier wird gerade renoviert – wir bitten um Verständnis«.

Weil die Gnade jetzt lauter als der Heuchler in mir rief, hatte sich der Fokus von mir auf mein Umfeld verlagert. Von mir auf andere. Ich begann, wirklich über die Auswirkungen nachzudenken, die das Scheitern meiner Ehe auf die Gemeinde gehabt hatte. Während ich den Menschen nachtrauerte, die gegangen waren, während ich von der Verwüstung durch den Verrat derer, die gegangen waren, erschüttert war, hatte ich die Loyalität derjenigen vergessen, die geblieben waren. Sie mussten zusehen, wie ihr Pastor mit privatem und öffentlichem Schmerz und Erniedrigung kämpfte. Sie mussten die Folgen meines Scheiterns ertragen, und ich erkannte sofort, dass das, was ich vor diesem Laden stehend las, das war, was die Gnade Gottes in mir ihnen sagen wollte.

Am folgenden Sonntag stand ich vor der Gemeinde und erklärte, was mir in Schottland passiert war. Ich entschuldigte mich dafür, dass ich nicht der Pastor war, den sie verdient hatten. Ich entschuldigte mich für die Momente in meinem Predigtdienst der letzten Monate, in denen ich aus meiner Frustration, Wut und Verletztheit heraus gedient hatte. Ich entschuldigte mich dafür, dass ich dem Pharisäer in mir erlaubte, den Inhalt meiner Predigten zu dominieren, anstatt der Gnade Gottes den Vorrang zu geben.

»Hier wird gerade renoviert – wir bitten um Verständnis.«

Als ich fertig war, fragte ich sie, ob sie mutig genug seien, das Gleiche zu sagen.

Wer möchte das Gleiche sagen, wenn er sein Verhalten als Ehepartner, Freund oder sogar als Christ überprüft? Wer ist bereit, den inneren Pharisäer zum Schweigen zu bringen und sich für etwaige Unannehmlichkeiten zu entschuldigen, die während der auszuführenden Renovierungsarbeiten entstehen?

An jenem Tag, als ich meiner Gemeinde diese Frage stellte, war ich erstaunt. Fast alle standen auf. Meine Augen füllten sich mit Tränen, als ich zu erkennen begann, dass Gott uns auch durch mein Desaster zeigen konnte, dass seine Gnade lauter ruft. Eine Kultur der Authentizität wurde geboren, in der unvollkommene Menschen die Freiheit und Sicherheit hatten, offen zu reden, ohne verurteilt zu werden.

Wie bereits erwähnt, wollen Pharisäer Vergeltung, es ist eine »Auge-um-Auge«-Angelegenheit. Für sie geht es um die Rettung ihrer Ehre, vor allem, wenn sie falsch dargestellt werden und man sich Lügen über sie erzählt. Ich kann mich an die Wut des Pharisäers in mir als Reaktion auf einen Artikel im Internet erinnern, der von jemandem veröffentlicht wurde, der die Notwendigkeit verspürte, die Kirche vor dem »Aussatz geschiedener Pastoren« zu schützen. In dem Artikel log er unverhohlen über die Umstände meiner Scheidung und erklärte im Grunde genommen, dass ich sie erbeten hätte.

Der Artikel spie eine totale Verzerrung der Fakten aus, was mich richtig wütend machte. Wenn du zu diesem Zeitpunkt meinen Namen gegoogelt hättest, wäre dir als Erstes dieser diffamierende Beitrag untergekommen.

Mein erster Gedanke? »War mein Ruf nicht schon ramponiert genug ... Ich werde es diesem Kerl zeigen!«

Mitten in meinem selbstverteidigenden Gezeter und meinem wütenden Eifern nach Gerechtigkeit und Ehrenrettung hörte ich eine innere Stimme »Lass es« sagen.

»Es lassen?! Ernsthaft? Das sind unverfrorene Lügen. Ich will, dass die Leute die Wahrheit erfahren. Ich lasse nicht zu, dass dieser Kerl damit durchkommt.«

Noch einmal sagte die sanfte, doch autoritäre Stimme: »Lass es.«

Ich wollte es nicht zugeben, aber die einzige Stimme, die ich hören wollte, war die des Pharisäers, nicht die der Gnade. Aber die ganze Zeit, während der Pharisäer in mir nach Blut schrie, übertönte ihn die Gnade in mir beharrlich.

»Lass es.«

Das tat ich, etwa acht Jahre lang, bis mir eines Tages dieselbe Stimme sagte, ich solle den Mann konfrontieren, der diesen Lügenartikel geschrieben hat. Den hatte ich inzwischen ganz vergessen. Dieser Artikel mit seinen Auswirkungen auf meinen Ruf hatte sein Werk getan. Und es störte mich nicht mehr. Der Pharisäer in mir war gefesselt, geknebelt und gehängt worden. Warum jetzt noch die Lüge konfrontieren? Als Antwort auf diese Frage hörte ich die Gnade noch einmal rufen, wobei sie diesmal sagte: »Weil es jetzt nicht um dich geht, sondern um andere.«

Acht Jahre zuvor war ich um meinen Ruf besorgt gewesen, aber in diesem Moment war ich wirklich um andere besorgt. Wenn dieser Mann lügen und mich diskreditieren konnte, könnte er noch vielen anderen großen Schmerz und Schaden zufügen. Und bei meiner Recherche entdeckte ich, dass er es auch schon getan hatte.

Ich konfrontierte ihn, drohte ihm mit gerichtlichen Schritten, nicht von einem Geist der Rache motiviert, sondern von der Sorge um die potenzielle Beschmutzung des Rufs anderer durch diesen kranken Mann. Innerhalb von 24 Stunden war alles gelöscht.

Durch diese Erfahrung wurde mir dann klar, dass ich auf dem besten Weg war, vom Pharisäertum zu genesen.

Ich merkte auch, dass wir sehr oft vertikal aus der Gnade leben, aber horizontal nach dem Gesetz. Mit anderen Worten, wir erhalten Gnade von Gott, wenn wir es vermasseln, aber wir weigern uns, sie anderen zu gewähren, wenn sie es vermasseln. Es wird eine Zeit kommen, in der dieser Mann, der bis dahin täglich die vertikale Gnade für seine eigenen offensichtlichen Defizite genoss, der verblüffenden Erkenntnis ins Auge sehen müssen wird, dass er von anderen horizontale Gnade braucht.

Sehr oft leben wir unsere Beziehung zu Gott durch Gnade, aber unsere Beziehung zu Menschen durch das Gesetz. Dazu noch einmal Tchividjian in *One Way Love*:

Die meisten Menschen, egal, ob Eltern, Ehepartner, Geschwister, Freunde oder auch Prediger, fallen der Illusion zum Opfer, dass echte Veränderung geschieht, wenn wir Vorschriften machen, Kontrolle ausüben, gute Leistungen verlangen, oder nachdem wir »konstruktive Kritik« geübt haben. Wir fragen uns, warum sich unser Ehepartner im Laufe der Jahre immer mehr zurückzieht, warum uns unsere Kinder nicht so oft anrufen, wie wir es uns wünschen, warum unsere Kollegen uns nicht vertrauen, warum sich unsere Gemeinden beziehungsmäßig und emotional von uns dis-

tanzieren. In den meisten Fällen geschieht dies, weil wir den Richter spielen und dadurch ihre tiefe Angst vor dem Gericht schüren. Es mögen unsere Lippen sein, die sich bewegen, aber die Stimme, die sie hören, ist die des Gesetzes. Das Gesetz hat vielleicht die Kraft, zu unterweisen und aufzudecken, aber es hat nicht die Kraft, zu inspirieren und zu erschaffen.

Sehr oft genießen wir eine vertikale Beziehung zu Gott, die bedingungslos ist, aber in unseren horizontalen Beziehungen stellen wir Bedingungen. Wir schwelgen in Gottes bedingungsloser Annahme, aber wir weigern uns, dasselbe unseren Mitmenschen anzubieten. Als Petrus Jesus in Bezug auf die horizontale Vergebung nach dem erforderlichen Maß fragte, verdeutlichte die Antwort Jesu die immense Kluft zwischen Vergebung, die auf dem Gesetz basiert, und Vergebung, die auf der Gnade beruht.

Laut dem »gesetzlich gesinnten Petrus« war es nötig, siebenmal zu vergeben! Die Gnade kommt mit siebzig mal sieben um die Ecke! (siehe Mt 18,22).

Mit anderen Worten, Petrus' Horizont war, was Vergebung betrifft, begrenzt. Die Gnade hingegen kennt keine Grenzen. Das Gesetz sagt siebenmal. Gnade sagt IMMER!

Jesus verdeutlichte ihm dann die Heuchelei, vertikal aus der Gnade zu leben, horizontal jedoch nach dem Gesetz. Nimm dir jetzt die Zeit, das Gleichnis vom unbarmherzigen Knecht in Matthäus 18,21–35 zu lesen und dann stelle dir im Gebet die Frage: »Welche Beziehungen in meinem Leben beruhen auf dem Gesetz und müssen zu Beziehungen der Gnade umgewandelt werden?«

Gnade an den seltsamsten Orten

Ich las von einem beeindruckenden Beispiel für horizontale Gnade an einem äußerst ungewöhnlichen Ort ... einer Preisverleihung der Filmindustrie in Hollywood. Hollywood ist nicht gerade für eine Kultur der Gnade bekannt. In Hollywood wird dein persönlicher Wert von deinen Einspielergebnissen bestimmt. Du kannst die eine Woche ein A-Promi und heißbegehrt sein und die Woche darauf nur noch als letzte Wahl infrage kommen, abhängig von deiner Popularität.

Genau in dieser Umgebung der Gnadenlosigkeit zeigte sich die Schönheit horizontaler Gnade. Robert Downey jr. erhielt eine sehr renommierte Auszeichnung für seinen Kino-Beitrag im Jahr 2011. Diese Preisverleihungszeremonie und die damit verbundene Auszeichnung sind für fast jeden Schauspieler das heißbegehrte Ziel. Wenn man für diese Auszeichnung auserkoren wird, darf man sogar die Person benennen, die einem den Preis überreichen soll. Man fragte Herrn Downey, von wem er den Preis überreicht haben wolle. Er bat um Mel Gibson. Zu jener Zeit war Mel Gibson keine beliebte Wahl. Sein Ruf hatte einen historischen Tiefpunkt erreicht, während Robert Downey zu den Topstars in seiner Branche gehörte. Mel Gibson befand sich am anderen Ende der Skala. Ganz Hollywood hatte ihm wegen seiner verhaltensmäßigen Abwärtsspirale den Rücken gekehrt. Im Jahr 2006 wurde Gibson wegen Alkohol am Steuer verhaftet. Im selben Jahr war die Welt wütend über seine angeblich antisemitischen Äußerungen. Im Jahr 2009 gab es noch eine öffentlich breitgetretene Scheidung, wobei auch sein Ehebruch zur Sprache kam, und im Jahr 2010 wurden Aufnahmen veröffentlicht, die schreckliche Beschimpfungen gegen seine Freundin nahelegten und später in den sozialen Medien veröffentlicht wurden. Mel Gibsons Name hatte für Hollywood einen bitteren Beigeschmack angenommen. Mit all diesen Makeln, die an Gibsons Namen hafteten, überraschte Downey seine Kollegen, indem er ihn einlud, den Preis zu überreichen.

Die Frage auf den Lippen aller war: »Warum?« Ich werde Robert Downey das erklären lassen, indem ich direkt die Rede zitiere, die er hielt, bevor er Mel Gibson auf der Bühne begrüßte. Sie brachte jeden Pharisäer im Raum zum Schweigen. Er sagte:

Ich habe Mel aus einem bestimmten Grund gebeten, mir diesen Preis zu überreichen, denn als ich nicht nüchtern werden konnte, sagte er mir, ich solle die Hoffnung nicht aufgeben, und er drängte mich, meinen Glauben zu finden – es müsse nicht seiner oder der von jemand anderem sein, solange er in der Vergebung verwurzelt sei.

Und als mich niemand engagieren wollte, hat er mich die Hauptrolle in einem Film spielen lassen, der eigentlich für ihn entwickelt worden war. Und er sorgte für ein Dach über meinem Kopf und für Essen auf dem Tisch. Am wichtigsten war aber, dass er sagte, wenn ich die Verantwortung für mein Fehlverhalten übernähme und wenn ich den Teil meiner Seele annähme, der hässlich ist – »den Kaktus umarmen« nennt er es –, wenn ich den Kaktus lange genug »umarmte«, sagte er, dann würde ich ein Mann der Demut werden und mein Leben würde eine neue Bedeutung annehmen.

Und das habe ich getan, und es hat funktioniert. Alles, was er im Gegenzug wollte, war, dass ich eines Tages dem nächsten Kerl auf eine kleine Art und Weise helfe.

Man kann wohl vernünftigerweise annehmen, dass er sich damals nicht vorstellte, dass der nächste Typ er sein würde. Oder dass »eines Tages« heute Abend sein würde.

*Jedenfalls bitte ich euch bei dieser besonderen Gelegen-
heit ... demütig darum, euch mir anzuschließen – es sei
denn, ihr seid völlig ohne Sünde (in diesem Fall habt ihr die
falsche Branche gewählt) –, meinem Freund seine Übertretungen zu vergeben, ihm die gleiche reine Weste anzubieten
wie mir und ihm zu erlauben, seinen großen und nachhal-
tigen Beitrag zu unserer kollektiven Kunst ohne Scham bei-
zusteuern. Er hat den Kaktus lange genug umarmt.*

Wenn du mit einem Preis ausgezeichnet wirst, sind alle Augen auf dich gerichtet, aber Downey hat den Kern der horizontalen Gnade wunderschön demonstriert, indem er zuließ, dass das
Rampenlicht auf jemand anderen fiel.

In Steve Browns Buch *A Scandalous Freedom* warnt uns der
Autor vor der Gefahr, »unsere Helden aufzublähen«. Wenn wir
das tun, berauben wir Gott seiner Herrlichkeit und heizen den
Geist des Pharisäertums an. Er schreibt:

*Ich habe aufgehört, aufgebauschte Biographien berühmter
Christen zu lesen. Als ich mir die Zeit nahm, selbst Nachfor-
schungen anzustellen, habe ich entdeckt, dass diese Art von
Biographien Christen nichts weiter als einen großen Bärendienst erweisen. Sie erschaffen nicht existente Menschen,
deren Beispiele nicht zu Exzellenz anregen, sondern lediglich
zu Verzweiflung.*

Die fehlerbehaftete Menschheit ist die einzige, die Gott benutzt – es ist Zeit, dass wir es uns eingestehen

Wenn du eine Biographie eines großen *Christen* liest und dir diese Biographie nicht sowohl das Schlechte als auch das Gute erzählt, dann verbrenne das Buch. Es ist eine Lüge und es wird nur dazu führen, dass du dich schuldig fühlst. Charles Spurgeon hatte monatelang Depressionen und weigerte sich deshalb zu predigen. Liest man manche Worte Martin Luthers über die Juden seiner Zeit, so könnte man meinen, es seien direkte Zitate von Nationalsozialisten 400 Jahre später. John Wesley, der das Gesicht der Christenheit in unserer Nation veränderte, tat dies, während er eine katastrophale Ehe ertrug. Wir müssen verstehen, dass Gott sündige Menschen mit Fehlern gebraucht, denn das ist die einzige Sorte von Menschen, die er zur Verfügung hat. Und das weiß er. Es ist Zeit, dass wir es uns eingestehen. In meiner Entdeckung habe ich eine unglaubliche Freiheit gefunden. Eine Freiheit, die mir Menschen auf Podeste zu stellen, nie gegeben hat. Brown fährt fort:

Was auch immer man über die Bibel denkt, sie enthält keine aufgebauschten Biographien. Tatsächlich war Gott sehr sorgfältig darin, die Größe und die Kleinheit der biblischen Figuren sichtbar zu machen. In der ganzen Bibel begegnen wir Helden des Glaubens mit großen Schwächen, schwerer Sünde und peinlichen Fehlern. Adam und Eva setzten für sich selbst und für den Rest von uns alles in den Sand. Noah betrank sich. Abraham bot zweimal seine Frau als Gegenleistung für seine eigene Sicherheit an. Sarah bot Abraham ihre Magd an, damit Abraham einen Sohn bekommen könnte. Jakob war ein Betrüger. Mose war ein Mörder. David war ein

Ehebrecher und Mörder. Jeremia war ein Riesenversager. Rahab, eine Vorfahrin Jesu, war eine Prostituierte. Paulus war streitlustig. Und wie wir bereits gesehen haben, war Petrus ein Heuchler.

Eine Gruppe konservativer, politischer und religiöser Führer versammelte sich einmal während der schlagzeilenträchtigen Präsidentschaft von Bill Clinton. Eine Mutter hoffte auf ihren Kollegen und bat ihn um Vorschläge, was sie ihren Kindern sagen sollte, wenn sie unseren Präsidenten in einem Skandal stecken sehen. »Madam«, sagte ein weiser Rabbi, der zufällig zuhörte, »sagen Sie einfach dasselbe, was Sie sagen, wenn Sie ihnen die Bibel vorlesen.«

Ich deute nicht an, dass wir uns an der Sünde freuen, dass wir sie loben oder dass wir sie nachahmen sollten. Gott bewahre! Wir erweisen uns selbst und anderen Christen jedoch einen großen Bärendienst, wenn wir so tun, als ob irgendeiner in unserer Familie keine Erlösung nötig hätte.

Die Größe eines Problems lässt sich daran messen, wie weit man gehen muss, um es zu beheben. Im Fall unserer Sünde löste Gott das Problem, indem er seinen Sohn als unseren Erlöser am Kreuz sterben ließ. Wenn wir so gut und treu sein könnten, wie einige vermuten ließen, hätte Gott anstelle seines Sohnes ein Buch geschickt.

Jedes Mal, wenn Gott die Podeste zerstörte, auf die ich andere Menschen gestellt hatte, hasste ich es. Aber ohne mein Wissen lehrte mich Gott etwas sehr Wichtiges und es ist dasselbe, was ich dir beibringen möchte.

Es gibt keine Superchristen, und wenn du meinst, einen gefunden zu haben, hast du dich selbst herabgesetzt.

Und es kommt noch schlimmer.

Wenn du dich derart erniedrigt hast, wirst du dich in einem Gefängnis der Scham, der Schuld und der unmöglichen Erwartungen wiederfinden. Das falsche Götzenbild der Superchristen hat die Freiheit derjenigen zerstört, die nicht mithalten können.

Zum Abschluss dieses Kapitels muss ich eines der besten Bücher erwähnen, die mir geholfen haben, die Gnade in meinem Leben lauter rufen zu lassen als die Heuchelei.

Es stammt von einem Mann namens John Fischer und heißt *Twelve Steps for a Recovering Pharisee* (Zwölf Schritte für einen genesenden Pharisäer), und in Klammern neben dem Titel schreibt der Autor »(like me)« (wie mich).

Ich werde dir die zwölf Schritte nennen, die Fischer skizziert hat, ermutige dich aber auch, das Buch zu kaufen. Denjenigen von euch, die sich bereit fühlen, der Reha-Gruppe beizutreten, aufzustehen und sich ihr pharisäerhaftes Verhalten einzugestehen, denen wird die in diesem Buch enthaltene Medizin auf dem Weg zur Besserung helfen.

Schritt eins: Wir geben zu, dass unser größtes Vergnügen darin besteht, über andere Menschen zu richten.

Schritt zwei: Wir werden uns darüber klar, dass unsere Methode, um Größe zu erlangen, darin besteht, in unseren Augen jeden kleiner als uns selbst zu machen.

Schritt drei: Wir erkennen, dass wir es verabscheuen, wenn denen Gnade erwiesen wird, die im Gegensatz zu uns nicht dafür gearbeitet haben und es nicht verdienen.

Schritt vier: Wir haben die Entscheidung getroffen, dass wir gar nicht bekommen wollen, was wir verdienen, und wir wollen auch nicht, dass jemand anderes es tut.

Schritt fünf: Wir stellen alle Versuche ein, Unterweisungen und Ermahnungen auf jemand anderen außer auf uns selbst anzuwenden.

Schritt sechs: Wir sind bereit, Gott all diese Mängel in Haltung und Charakter beseitigen zu lassen.

Schritt sieben: Wir nehmen die Überzeugung an, dass wir Experten im Sündigen sind und immer sein werden.

Schritt acht: Wir sehen uns das Leben berühmter Männer und Frauen in der Bibel genau an, die sich als gewöhnliche Sünder wie wir erwiesen.

Schritt neun: Wir trachten durch Gebet und Meditation danach, andere bewusst besser als uns selbst zu erachten.

Schritt zehn: Wir nehmen den Zustand des Staunens als permanente und herrliche Realität an.

Schritt elf: Wir beschließen, jede Haltung loszuwerden, die nicht von Dankbarkeit durchdrungen ist.

Schritt zwölf: Nachdem wir durch diese Schritte ein spirituelles Erwachen erlebt haben, werden wir uns bemühen, diese Botschaft an andere weiterzugeben, die denken, dass Christen besser seien als alle anderen.

Der Geist des Pharisäertums ist nicht in dem Wunsch begründet, Einfluss zu nehmen, sondern in dem Bedürfnis, zu beeindrucken. Dem Bedürfnis, bewundert zu werden. Mein Bedürfnis zu beeindrucken, hinderte Gottes Wunsch, Einfluss zu nehmen.

Ich habe erkannt, dass Gottes Methode zur Heilung einer verlorenen und blinden Generation die gleiche ist, mit der er einen blinden Menschen heilte. Wenn sich seine göttliche Spucke mit unserer schmutzigen Erde vermischt, entsteht der Heilschlamm, der die Welt wiederherstellt.

(Zur weiteren Lektüre empfiehlt der Autor *Extreme Righteousness* von Tom Hovestol.)

KAPITEL ELF

GNADE RUFT LAUTER ALS DIE STIMME DER GELEBTEN KULTUR

»Echte Gnade kann nicht beherrscht werden.
Sie kann nicht gezähmt werden.«

Bartimäus war ein Bettler. Das war er schon lange. Sein Lebensstil, seine Kleidung und sein Verhalten waren die eines Bettlers. Wenn man Kultur als »Selbstverständnis, das über einen langen Zeitraum hinweg gepflegt und gefördert wird« definiert, dann ist Bartimäus ein typisches Beispiel dafür. Seine gelebte Kultur der Abhängigkeit machte ihn zu dem, was er war. Seine Bettelkultur prägte seine Mentalität und gab seine Zukunft vor. Wenn man lange Zeit mit einer bestimmten Denkweise lebt, entsteht eine geistige Kultur mit einer starken Stimme (siehe Mk 10).

Als Jesus sich näherte und Bartimäus bewusst wurde, dass sein Tag der Befreiung endlich gekommen sein könnte, hatte er zwei Möglichkeiten: Er konnte das Übliche tun – sich auf dem Boden ausbreiten und seine Kluft der Abhängigkeit, seine Schüssel und seinen Mantel zur Schau stellen und auf die Stimme der Kultur hören, die spottete: »Du wirst immer ein Bettler sein ... Du bist ein Opfer und wirst immer ein Opfer sein.«

Oder er könnte auf die Stimme der Gnade hören.

In Markus 10,49 (EÜ) steht: »Jesus blieb stehen und sagte: Ruft ihn her! Sie riefen den Blinden und sagten zu ihm: Hab nur Mut, steh auf, er ruft dich.«

Das ist die Einladung der Gnade.

Das ist der Ruf der Gnade.

Kannst du hören, wie sie dich ruft?

Sie spricht:

»Ich bin hier. Ich warte. Ich bin bereit. Ich will dich befreien, dich ins Leben der Freiheit entlassen.

Steh auf, lass dich von der Stimme der Kultur, die du lebst und die darauf besteht, dass du dich nicht über deine Umstände erheben kannst, nicht weiter terrorisieren, die Stimme der Kultur, die sich hämisch freut und sagt, dass du immer ein Opfer sein wirst; so bist du eben, und so wirst du auch immer sein.«

»Halt die Klappe, und erwarte nicht zu viel. Mach das Beste aus dem, wo du gerade stehst« – das will dir die Stimme der Kultur eintrichtern.

Die Stimme der gelebten Kultur ist eine durchdringende Stimme, doch die Gnade ruft lauter und befiehlt uns, aufzustehen und frei zu sein.

Die Gnade verlangt eine Reaktion

Der Schlüssel zu Bartimäus' Befreiung aus seinem lähmenden Selbstverständnis liegt im nächsten Vers dieses Abschnitts. Markus 10,50 erklärt: »Er aber warf seinen Mantel ab, stand auf und kam zu Jesus.«

Bartimäus traf eine bewusste Entscheidung, mit seinem Lebensstil der Abhängigkeit zu brechen, und zeigte allen, dass er es ernst meinte. Oftmals scheint es, dass zuerst eine Reaktion nötig ist, bevor Jesus seine Kraft und Gnade in eine Situation bringt.

Für die Hochzeitsfeier in Kana war der Schlüssel zu dem Wunder, Wasser in Wein zu verwandeln, die Befolgung des Befehls, »die Krüge zu füllen« (siehe Joh 2,1–12).

Einem anderen blinden Mann strich Jesus Schlamm auf die Augen, und der Schlüssel zum Empfang seines Augenlichts war, dem Befehl »Geh und wasch dich« (siehe Joh 9,6–7) zu gehorchen

Als Jesus sich dem Grab von Lazarus näherte, anscheinend losgelöst von der Atmosphäre der Trauer und eher erzürnt über die Verwüstung, die Sünde und Tod verursachen, musste zuerst jemand dem Befehl gehorchen, den Stein wegzurollen, bevor die Gnade die Worte »Lazarus, komm heraus« laut rufen konnte (siehe Joh 11,43).

Während ich über diese Begebenheiten nachdachte, verstand ich langsam den Grund, weshalb Jesus Bartimäus das Offensichtliche fragte, als er sagte: »Was soll ich für dich tun?« Jesus wusste genau, was Bartimäus brauchte, aber die Gnade brauchte eine Antwort.

So verrückt es auch erscheinen mag, es gibt einige Menschen, die es genießen, Opfer zu sein. Es scheint, dass sie von der Zuneigung leben, die sie aufgrund ihrer misslichen Lage erhalten. Die Stimme ihrer gelebten Kultur hat sie schon so lange angebrüllt, dass es ein Klang ist, den sie inzwischen fast genießen können. So verzerrt es auch wirken mag, ihr Schmerz ist zu ihrem Pass ins Land des Mitleids geworden. Ohne das würden sie ihre Identität, ihre Bedeutung und ihre Abhängigkeit verlieren. Ich habe sogar von Menschen gehört, die nicht wollen, dass Jesus sie heilt, denn wenn das passierte, würden sie ihre Erwerbsunfähigkeitsrente einbüßen.

Bartimäus reagierte auf die Einladung der Gnade, indem er seinen Mantel abwarf und aufstand, um zu Jesus zu gehen.

Er stand auf.

Es ist Zeit, auf einer höheren Ebene zu leben, dort zu sitzen, wo Christus zur Rechten Gottes sitzt (siehe Mk 16,19).

Was musst du abwerfen, um die Freiheit der Gnade zu genießen? Vielleicht ist das dein Problem – dass du Angst vor der Freiheit hast, die die Gnade bringt. Der Grund, warum viele die Botschaft der Gnade nicht annehmen können, ist der, dass sie nicht mit der Freiheit umgehen können. Sie brauchen die Kluft eines Bettlers. Sie brauchen ihre Regeln und ihre Rituale.

Jahrelang war ich auf meine »Schüssel« und meinen »Mantel« angewiesen. Ich hörte auf die Stimme der Kultur, die ich lebte und die mich immer weiter betteln ließ. Ich hatte eine religiöse Denkweise, die verlangte, dass ich um Gunst und Freiheit durch Werke und Verdienste bettle. Ich erinnere mich, dass mir der Umgang mit dieser Freiheit schwerfiel, nachdem ich durch die Offenbarung des Evangeliums der Gnade Gottes frei geworden war.

Lieber die wohlvertraute Einschränkung als die unbekannte Freiheit?

Langzeitgefangenen macht nach ihrer Entlassung aus dem Gefängnis ihre neu gewonnene Freiheit oft schwer zu schaffen. In gewisser Weise werden die Mauern und Gitterstäbe und der reglementierte Lebensstil zu einer Kultur, die ihnen ein Gefühl der Sicherheit vermittelt. Man sagte ihnen, wann sie essen, wann sie schlafen und wann sie duschen sollten. Mit der Zeit wurde die

Stimme dieser Kultur, so restriktiv sie auch war, fast zu ihrem Freund. Nach ihrer Entlassung wurde die Tatsache, wie sehr sie sich an Jahre eines eingeschränkten Lebensstils gewöhnt hatten, angesichts der Freiheit zu einer brutalen Realität.

Keine Regeln.

Keine Gitter.

Keine Befehle.

Plötzlich müssen sie fortan selbst herausfinden, wohin sie gehen, was sie tun und wie sie handeln sollen.

Ich liebe den klassischen Gefängnisfilm *Die Verurteilten*, aber er beinhaltet auch die erschütternde Geschichte von einem Gefangenen, der entlassen wird, nachdem er sein ganzes Leben hinter Gittern verbracht hat. Als alter Mann blickt er an seinem ersten Tag in Freiheit in den blauen Himmel, doch nicht mit dem Ausdruck der Freude im Gesicht, sondern der Verzweiflung. Eine Woche später wird er tot in einem Motelzimmer aufgefunden – er hat sich erhängt.

Warum? Weil er mit der Freiheit nicht zurechtkam.

Das Problem mit der Gemeinde der Galater und den Empfängern des Hebräerbriefes war genau das gleiche. Sie konnten mit der Freiheit, die die Gnade mit sich brachte, nicht umgehen. Sie brauchten ihre Rituale und Regeln. Sie brauchten ihre »Kluft der Abhängigkeit«. Ihre Sicherheit war in ihrer Opfermentalität begründet. Sie liebten ihre Abhängigkeit; die Gnade kam und brachte alles durcheinander.

Für sie war es keine gute Nachricht. Die Stimme der Gefängniskultur brüllte lauter und überzeugte sie, sich an ihre Schüssel und ihren Mantel zu halten. Sie kamen mit ihrer Freiheit in Christus nicht zurecht. Sie brauchten für ihre gewohnte Sicherheit die Gefängnisgitter ihres Opfersystems, das für sie Schüssel und Mantel bedeutete. Sie weigerten sich, auf den Ruf der Gnade zu reagieren. Sie bevorzugten den Lebensstil eines Bettlers. Er nährte ihr Ego. Sie liebten die Aufmerksamkeit. Das Gesetz stachelte sie an, an ihrer religiösen Kluft der Unselbstständigkeit festzuhalten; es ließ sie glauben, dass es ihnen die Ehrbarkeit gab, nach der sie sich sehnten.

Das Gesetz rief: »Bettel weiter, es sieht sehr geistlich aus. Du siehst sehr demütig aus. Du siehst sehr heilig aus.«

Paulus forderte die Galater und, wie anzunehmen ist, auch die Hebräer auf, ihre Bettelschüssel zur Seite zu legen und auf den Ruf der Gnade zu antworten.

So hat uns Christus also wirklich befreit. Sorgt nun dafür, dass ihr frei bleibt, und lasst euch nicht wieder unter das Gesetz versklaven. Hört zu! Ich, Paulus, sage euch: Wenn ihr auf die Beschneidung vertraut, um vor Gott gerecht zu werden, dann kann Christus euch nicht helfen. Ich wiederhole es: Wer sich beschneiden lässt, der muss sämtliche Vorschriften des Gesetzes erfüllen. Denn wenn ihr durch das Gesetz vor Gott bestehen wollt, seid ihr von Christus getrennt und aus Gottes Gnade gefallen.
– Galater 5,1–4 NLB

Da ist jedoch etwas an dieser Gnade, das einigen religiösen Menschen einfach gegen den Strich geht. Das war auch bei mir nicht anders. Echte Gnade kann nicht beherrscht werden. Sie kann nicht gezähmt werden. Sie kann von der Leiterschaft nicht als Wertekonzept benutzt werden, um die Menschen damit zu manipulieren. Sie ist wild. Und man muss darauf vertrauen, dass sie ihre Aufgabe erfüllt.

Die Gnade singt ein anderes Lied

In der griechischen Mythologie waren die Sirenen äußerst verführerische Gestalten. Es waren geflügelte, später als Meerjungfrauen dargestellte weibliche Wesen, die auf einer Insel lebten und mit ihrer hinreißenden Musik und ihrem Gesang vorbeifahrende Boote anlockten. Arglose Seeleute folgten ihren Stimmen in gefährliche Meeresuntiefen, wo sie Schiffbruch erlitten. Man glaubte, dass die Seeleute mit der Zeit herausfanden, wo sich die Sirenen aufhielten, und daher alles in ihrer Macht Stehende taten, um sich vor ihrem Gesang zu schützen.

In Homers Epos *Odyssee* stopften sich die Matrosen Wachs in die Ohren, um nicht in den Tod gelockt zu werden. Damit Odysseus die Musik hören konnte – und vermutlich auch, damit er wusste, wann es für die anderen sicher war, ihre Ohren frei zu machen –, verlangte er von seinen Männern, ihn an den Mast zu binden, damit er das Boot nicht steuern konnte. Als sie sich in der Nähe der Sirenen befanden, verlangte Odysseus, befreit zu werden, damit er zu ihnen gelangen konnte, aber seine Männer banden ihn nur noch fester an den Mast.

In Apollonius' epischem Gedicht *Argonautica*, das die Geschichte von Jason erzählt, der das Goldene Vlies gestohlen hat, wird die Begebenheit um die Sirenen mit einem anderen Detail erzählt. Dabei kommt wiederum die Sirenen-Insel vor und wie schon zuvor nähert sich ihr ein Boot.

In dieser Version sind die Sirenen als Mensch-Vogel-Hybriden dargestellt und die Segler stopfen sich kein Wachs in die Ohren. Die Argonauten werden von einem Mann namens Orpheus vor den Sirenen gerettet. Anstatt sie zu fesseln oder ihnen Wachs in die Ohren zu stopfen, als er sieht, wie seine Männer Anstalten machen, ins Wasser zu tauchen, spielt Orpheus seine Leier, um die

Sirenen zu übertönen. Er tat genau das, was auch die Sirenen taten, nur dass seine Musik lauter und anziehender war. Aus diesem Grund wurden alle Männer bis auf einen gerettet. Sie mussten sich nicht festbinden und zwingen, nirgendwohin zu gehen, denn ihre Ohren waren mit dem Klang seines Zupfens erfüllt, und die Leier überwand die Stimme der Jungfern.

Das ist die Wahrheit über Gottes Gnade. Es ist nicht so, dass wir in der Hoffnung an ihr festhalten, nicht von unserem alten Leben und unserer Sünde verführt zu werden, sondern es ist vielmehr so, dass Gottes Gnade so süß und kostbar ist, dass sie uns dazu treibt, bei ihr zu bleiben.

Das Lied der Gnade klingt besser als das der Sünde. Wir nutzen die Gnade nicht aus, weil es gar nichts Besseres gibt, weswegen man sie ausnutzen sollte. Ebenso wie die Musik von Orpheus wunderschön war, so ist Gottes Gnade eine verführerische, unwiderstehliche, atemberaubende und mächtige Kraft, die uns einlädt, uns in ihrer unermesslichen Weite zu verlieren.

Wir haben nicht mehr die angsteinflößende Denkweise, dass unsere Handlungen die Züchtigung Gottes nach sich ziehen können. Stattdessen kommen wir zu dem Schluss, dass seine Gnade so viel besser ist als alles, was einem sonst geboten werden könnte, und so klammern wir uns an die Gnade und fangen an, die Sünde zu meiden.

Wir gefallen Gott nicht, wenn wir uns massiv unter Druck setzen oder uns irgendwelche Fesseln anlegen, um unseren Gehorsam zu beweisen. Vielmehr freut er sich über uns, wenn wir der Welt zeigen, mit wie viel Vergnügen es verbunden ist, die Dinge auf seine Art zu tun.

Das Beste an dieser Art von Gnade ist, dass sie die Menschen verändert. Wahre Gnade liebt uns genau dort, wo wir stehen, aber sie liebt uns zu sehr, um uns dort zu lassen.

Billige Gnade – die eigentlich gar keine Gnade ist – ist wie eine grauenhafte Version der Liebe, die den geliebten Menschen in Gefahr sieht und einfach sagt: »Ich liebe dich.«

Das reicht nicht. Wir müssen gerettet werden. Und Gott tut genau das.

Verantwortungsbewusste Freiheit

Wir wissen, dass wir Gottes verwandelnde Gnade angenommen haben, wenn wir allmählich anders aussehen. Glaube nicht, dass die Gnade außer Reichweite für dich ist. Gott bietet sie dir an. Sie ist ein Geschenk. Und sie spendet Leben. Wirst du ihm vertrauen?

Jemand beschrieb mal das Leben in der Gnade Gottes als »verantwortungsbewusste Freiheit«.

Ich mag diese Definition, denn genau so ist es. Wie in einem vorstehenden Kapitel veranschaulicht, weiß ich aus eigener Erfahrung, wie schwierig es ist, radikale Gnade anzunehmen, wenn man mit einer geistigen Kultur der Angst, Schuld, gesetzesbasierter Leistung und Besänftigung gelebt hat.

Die tägliche Beziehung zu Gott, die ausschließlich auf unverdienter Gunst basiert, kann verwirrend und beängstigend sein. Der Grund ist, dass sich das Verhältnis der Menschen zu Gott unter dem alten Bund stark von dem unter dem neuen Bund unterscheidet.

Unter dem alten Bund galt das Gebot, ein Leben des Gehorsams zu führen, um einen heiligen Gott zu besänftigen.

Unter dem neuen Bund veränderte das Kreuz alles. Gottes Heiligkeit und sein gerechter Zorn wurden ein für allemal besänftigt.

Unter dem alten Bund glaubtest du, dass dein rechtschaffenes Leben eine Gabe an Gott war, um mit ihm im Reinen zu sein.

Unter dem neuen Bund macht er uns sein gerechtes Leben zum Geschenk, damit wir unseren Platz bei ihm einnehmen können.

In der Beziehung zu Gott unter dem neuen Bund steht nicht Gehorsam, sondern der Glaube an erster Stelle. Dieser Ansatz ist für diejenigen, die ihr christliches Leben auf der Grundlage von Besänftigung statt Vertrauen geführt haben, sehr schwierig.

Wenn man sich die Geschichte des Christentums ansieht, so wurde die Lehre von der Furcht vor Gott und seinen Gerichtsurteilen mehr als jedes andere Mittel benutzt, um die Gläubigen in Schach zu halten. Es scheint fast allgemein als beste Methode anerkannt zu sein, die die Menschen dazu bringt, Gott zu folgen.

Die richtige Kombination aus Belohnung und Bestrafung nutzt diese tief sitzenden Ängste bei Menschen aus, die sie dazu bringen, das zu tun, was sie sonst nicht tun würden. So zu predigen, dient nur dazu, Christen zu animieren, sich weiter an ihre Schüssel und ihren Mantel zu halten. Solches Predigen lässt die Gläubigen weiter betteln.

Freunde, es ist an der Zeit, eure Schüssel und euren Umhang wegzuwerfen; steht auf, antwortet auf die Stimme der Gnade und erhaltet wie Bartimäus euer Sehvermögen.

Als Jesus den gescheiterten Petrus wiederherstellte, fragte er nicht, ob er ihn fürchte, sondern ob er ihn liebe (siehe Joh 21,17).

Als Maria und Martha darum baten, dass Jesus kommen und Lazarus heilen sollte, sagten sie nicht »der, der dich fürchtet, ist krank«, sondern »der, den du liebst, ist krank!« (siehe Joh 11,3). Sie versuchten nicht, Jesus Gunst abzuringen, indem sie von Lazarus' religiöser Gymnastik berichteten; sie benutzten nicht Lazarus' frühere Treue als Grundlage, damit Jesus heilende Gnade spendet. Sie baten Jesus nicht, ihren Bruder auf Grundlage seiner Liebe zu Jesus zu heilen, sondern aufgrund der Liebe Jesu zu ihm.

Angst und Schuldgefühle, egal, in welcher Beziehung, doch besonders in unserer Beziehung zu Gott, können uns nicht in eine lebenslange Umformung führen, sondern nur in eine vorübergehende Läuterung unseres Verhaltens. Ein Leben, das auf Angst und Besänftigung gründet, treibt uns mit Gefühlen der Unzulänglichkeit und dem Eindruck, ein ständiger Versager zu sein, von Gott weg.

Es ist schwierig, unsere Angst vor Gott fallen zu lassen, wenn sie uns so lange so gut gedient hat. Ich bin sicher, wenn du Zeit damit verbrächtest, über Römer 8,15–16 und 1. Johannes 4,16–18 nachzusinnen, würdest du allmählich jede religiöse Kluft der Abhängigkeit abwerfen und auf die Stimme der Gnade auf ganz neue Weise reagieren.

Echter Liebe kann nicht befohlen werden

Unter dem neuen Bund ist unsere Liebe zu Gott eine Reaktion und kein Befehl. Wir lieben ihn, weil ER uns zuerst geliebt hat. Unter dem alten Bund war unsere Liebe zu ihm ein Gebot, das unmöglich zu halten war. Diese einfachen Worte, die wir so gut kennen: »Du sollst den Herrn, deinen Gott, lieben mit deinem ganzen Herzen und mit deiner ganzen Seele und mit deinem ganzen Denken und mit deiner ganzen Kraft!« (Mk 12,30), hielten die jüdische Nation 1500 Jahre lang in einem Dauerzustand des Strebens und Scheiterns fest.

Und das war auch Sinn der Sache. Gott gab den Juden und uns Gebote, um zu zeigen, dass unsere Liebe zu ihm mangel- und fehlerhaft ist, wenn sie durch eigene Anstrengung erzeugt wird.

Im neuen Bund gibt er uns tatsächlich die Liebe, die wir brauchen, um seine Liebe zu erwidern. Seine Liebe, so heißt es in

Römer 5,5, ist durch den Heiligen Geist in unsere Herzen ausgegossen.

Jesus kam nicht, weil er Mitarbeiter suchte. Er kam, um sich für unser Wohl einzusetzen. Versuch niemals, für ihn zu arbeiten, weil du ihn besänftigen willst oder um eine Belohnung zu erhalten, denn sonst würdest du ihn seiner Herrlichkeit berauben.

Alle Ehre gebührt Gott und seiner Gnade

Paulus war überzeugt, dass kein Segen im Leben irgendetwas zugeschrieben werden kann, was wir tun können – alles kommt durch Gottes Gnade. Sieh dir diese vier Beispiele an:

Wenn Menschen arbeiten, erhalten sie ihren Lohn nicht als Geschenk. Ein Arbeiter hat sich verdient, was er bekommt. Gerecht gesprochen aber wird ein Mensch aufgrund seines Glaubens, nicht aufgrund seiner Taten. – Römer 4,4–5 NLB

Denn Gott bewirkt in euch den Wunsch, ihm zu gehorchen, und er gibt euch auch die Kraft zu tun, was ihm Freude macht. – Philipper 2,13 NLB

Aber durch Gottes Gnade bin ich, was ich bin; und seine Gnade mir gegenüber ist nicht vergeblich gewesen, sondern ich habe viel mehr gearbeitet als sie alle; nicht aber ich, sondern die Gnade Gottes, die mit mir ist. – 1. Korinther 15,10 ELB

Gottes Zusagen erhalten wir also nicht, indem wir sie uns
wünschen oder uns darum bemühen, sondern Gott erbarmt
sich über den, den er erwählt. – Römer 9,16 NLB

Auch Petrus versteht die Wichtigkeit, Gott die Ehre zu geben,
und macht uns mit seinen Worten folgendes Prinzip unmissver-
ständlich klar:

Jeder soll dem anderen mit der Begabung dienen, die ihm
Gott gegeben hat. Wenn ihr die vielfältigen Gaben Gottes
in dieser Weise gebraucht, setzt ihr sie richtig ein. Bist du
dazu berufen, vor der Gemeinde zu reden, dann soll Gott
durch dich sprechen. Hat jemand die Aufgabe übernommen,
anderen Menschen zu helfen, dann arbeite er in der Kraft,
die Gott ihm gibt. **So ehren wir Gott mit allem, was wir**
haben und tun. Jesus Christus hat uns dies ermöglicht.
Gott gebührt alle Ehre und Macht in Ewigkeit. *Amen.*
– 1. Petrus 4,10–11 HFA

Er ermutigt uns im Grunde genommen, Gott nicht mit dem zu
dienen, was von Timothy Keller als »Schuldnerethos« bezeichnet
wird. Jahrelang diente ich Gott mit der Gesinnung eines Schuldners. Mein Dienst war das Mittel, mit dem ich eine Schuld zu-
rückzahlte, die ich bei Gott zu haben glaubte. Meine guten Taten
und Diensthandlungen waren die Raten, mit denen ich diese vermeintlichen Schulden beglich. Ich verwechselte Dankbarkeit mit
der von Verpflichtung geprägten Haltung eines Schuldners. Es
war, als ob ich sagte: »Schau Gott – durch meinen Dienst für dich
zeige ich dir, wie dankbar ich bin.«

Das ist keine Dankbarkeit – das ist das Schuldnerethos.

Römer 11,35–36, aus der *Neues Leben Bibel* zitiert, fasst dies schön zusammen:

Und wer hat Gott jemals so viel gegeben, dass Gott ihm etwas zurückerstatten müsste? Denn alles kommt von ihm; alles besteht durch seine Macht und ist zu seiner Herrlichkeit bestimmt. Ihm gehört die Ehre in Ewigkeit! Amen.

Gott sucht nicht nach Menschen, die für ihn arbeiten, sondern nach Menschen, die ihm erlauben, durch sie zu arbeiten.

Auf den ersten Blick scheint das Evangelium jeden Anreiz zu beseitigen, ein heiliges Leben zu führen. Deshalb haben viele Kirchen im Laufe der Jahrhunderte die Notwendigkeit verspürt, die radikalen Behauptungen des Evangeliums einzudämmen. Das Evangelium der Freiheit wurde bisweilen gegen eine auf dem Gesetz beruhende Botschaft eingetauscht, die darauf abzielt, Menschen davon abzuhalten, nach eigenem Gutdünken zu leben.

Das Verhalten ist wichtig.

Das Handeln ist wichtig.

Aber es geht darum, was das Verhalten motiviert, nicht um die bloße mechanische Ausführung von Verhaltensweisen.

Dein dauernder Stand vor Gott basiert nicht auf deiner Moral oder deinem Verhalten, sondern auf dem Glauben an Jesu Blut. Als der Todesengel durch die Straßen Ägyptens zog und die Erstgeborenen aufsuchte, ging er nicht in die Häuser, um das Verhalten der Bewohner zu überprüfen. Sah er das Blut, zog er weiter. Er überprüfte nicht jede Person einzeln, um festzustellen, ob sie die Verhaltensnorm erfüllt hatte. Das Blut auf den Türpfosten war ihre Norm. Die Bewohner setzten ihr Vertrauen in das Blut, um den Tod ihrer Erstgeborenen zu verhindern (siehe Hebr 11,28).

Das gleiche Prinzip gilt im neuen Bund – es ist unser Glaube an Jesu Blut, der es Gott erlaubt, mit seinem Zorn über uns hinwegzugehen.

Nichts anderes.

Das ist es.

Wenn unsere Stellung vor Gott vom Verhalten abhinge, würden viele Muslime uns Christen in den Schatten stellen.

Das Problem mit der Gemeinde in Galatien war genau das; die Menschen dort konzentrierten sich auf die bloße Ausführung von Verhaltensweisen, nicht darauf, was sie dazu motivieren sollte.

Paulus gebot den Gläubigen, treu bei dem durch die Gnade motivierten Verhalten zu bleiben und nicht in gesetzliche, rein mechanisch ausgeführte Verhaltensweisen zu verfallen.

Mechanisches Verhalten, das auf dem Gesetz basiert, kann nachgeahmt werden.

Verhalten, das durch die Gnade motiviert ist, wird hervorgebracht.

Das eine ist natürlich, das andere ist übernatürlich. Eines hat einen Schein von Gottesfurcht, aber keine Kraft. Das andere ist die Frucht von Gottesfurcht, die durch Kraft erzeugt wird.

Die Gemeinde in Galatien wurde Opfer einer Verunreinigung des Evangeliums. Auf dem Gesetz gegründetes, mechanisches Verhalten stand gegen Verhalten, das auf der Gnade beruhte. Paulus war deshalb so leidenschaftlich, weil die Freiheit, die die Gnade hervorgebracht hatte, untergraben wurde. Die Galater wurden durch ihre Freiheit in Christus zurück in die Angst, Unsicherheit und Abhängigkeit von der Bettlerschüssel gelockt.

Das war und ist ein wichtiges Thema. Paulus spricht von »aus der Gnade fallen« oder »Sklaven werden« oder »von Christus entfremdet zu sein« und gibt den Beschmutzern des Evangeliums der Gnade einige ernste Warnungen mit auf den Weg. Gesetzlich-mechanisches Verhalten gegenüber von der Gnade motiviertem Verhalten markierte den Unterschied zwischen einem Leben in Angst oder in Freiheit, dazwischen, aus der Fülle zu leben oder wie ein Sklave.

Die wörtliche Übersetzung von Galater 5,1 ist sehr viel eindringlicher als so manche freiere Übertragung. Es heißt wörtlich: »Für die Freiheit hat Christus uns befreit.« Alles am christlichen Evangelium ist Freiheit.

»Er hat mich frei gemacht.« Diese Worte sind in der aoristischen Zeitform geschrieben und beziehen sich somit auf einen einmaligen Vorgang, der in der Vergangenheit ausgeführt und auch abgeschlossen wurde. Paulus warnt davor, dass die Freiheit angegriffen und verloren werden kann. Deshalb gebot er den Galatern, standhaft zu bleiben.

Gnade ist verantwortungsbewusste Freiheit. Wenn Grenzen aufgehoben werden, bleibt uns die Entscheidung überlassen, was nützlich ist und was nicht.

Man erinnere sich an Bartimäus – wir stehen vor einer Herausforderung: Kultur versus Christus.

Bartimäus entschied sich, nicht länger auf die Stimme der Kultur zu hören, die ihn in Gebundenheit hielt und weiter betteln ließ. Er reagierte auf die Stimme der Gnade, die lauter rief, und warf sein Gewand ab, um aufzustehen und zu Jesus zu gehen.

Jeden Tag aufs Neue müssen wir unsere Kluft der Abhängigkeit von uns werfen – was auch immer sie sei: menschliche Bestätigung, eine negative Vergangenheit, gesellschaftlicher Status, Selbstmitleid oder kraftlose Religion. Komm zu Jesus und lebe frei.

Es gibt eine altbekannte Geschichte über Abraham Lincoln, der eine Sklavin vom Marktplatz zurückkauft. Er kaufte die Frau frei und ging dann. Er sah sie da in ihrem Sklavendasein und wollte sie einfach befreien. Sie lief ihm hinterher und fragte, was er nun, da er für sie bezahlt habe, von ihr wolle. Er antwortete bekanntermaßen: »Du bist frei. Ich wollte dich einfach nur aus deiner Gebundenheit entlassen. Du kannst nun tun, was immer du willst. Das ist die Definition von frei.«

Sie traute ihren Ohren nicht und fragte: »Frei? Ich kann tun, was immer ich will?«

Er sagte ja.

»Ich kann sein, was immer ich will?«

Nochmals ja.

»Ich kann gehen, wohin ich auch will?«

Und wieder sagte er ja.

Mit einem Lächeln auf dem Gesicht antwortete sie einfach: »Gut, wenn das der Fall ist und ich wirklich frei bin zu tun, was ich will, dann folge ich Euch.«

Klingt vertraut, oder? Das ist Gnade. Und sie ruft so viel lauter als die Stimme der Kultur.

KAPITEL ZWÖLF

GNADE RUFT LAUTER ALS DIE STIMME DER ENTMUTIGUNG

»Es ist kein Zufall, dass du diese Worte liest. Er ist nicht
überrascht – er hat dich sogar schon erwartet.«

Sehr viele Gläubige leben mit der Überzeugung, dass selbst Gott sie vergessen hat. Vielleicht liest du diese Worte und es fällt dir schwer zu glauben, dass Gott deine Gebete erhört, denn die Stimme der Entmutigung hat dich angebrüllt, wie es bei Bartimäus der Fall war.

Ich erwähne das Leben von Bartimäus mehrmals in diesem Buch, denn er ist ein großartiges Beispiel dafür, wie die vielen Stimmen, die unser Leben umgeben, lauter schreien können als die eine Stimme, auf die wir uns einstellen sollten: Gnade.

Ich stelle mir gerne mich selbst in der Geschichte vor und entwerfe gedanklich eine Szene. Ich kann förmlich hören, wie die Menschen in Bartimäus' Nähe versuchen, seine Stimme zu übertönen, als er hört, dass Jesus vorbeikommt.

Halt die Klappe ... Was glaubst du, wer du bist?
Jesus geht an dir vorbei ... Er schaut nicht einmal in deine
Richtung. Er hat Wichtigeres zu tun. Du verdienst seine Auf-
merksamkeit sowieso nicht. (siehe Mk 14,46–52)

Im Gegensatz zur Stimme der Kultur, die versucht, uns dort festzuhalten, wo wir sind, macht es die Stimme der Entmutigung zu etwas Persönlichem. Sie ruft laut:»Sogar Gott hat dich vergessen!«

Auch wenn es Bartimäus möglicherweise zuerst schwerfiel zu glauben, dass Jesus die Richtung ändern und sich seiner Not annehmen würde, weigerte sich etwas in ihm, klein beizugeben. Etwas in ihm glaubte, dass es kein Zufall war, dass Jesus an diesem Tag an diesem Ort vorbeikam. Etwas in ihm glaubte, dass diese Begegnung, diese Gelegenheit, kein Zufall war. Er wagte es, einer anderen Stimme zu glauben, der Stimme der Gnade.

Das war sein Tag der Befreiung. Etwas im Inneren gab ihm Kraft, lauter zu schreien. Du hast dich nicht zufällig entschieden, dieses Buch zu kaufen; etwas in dir rief lauter als die Stimme deiner Umstände, lauter als die wiederholte Negativität entmutigender Stimmen, und du weißt wie Bartimäus, dass Jesus sieht, was andere nicht sehen, und hört, was andere nicht hören.

In Vergessenheit geraten zu sein, muss eine der schlimmsten Lebenserfahrungen überhaupt sein. Mutter Teresa besuchte einmal ein Altenpflegeheim in Großbritannien. Als sie durch das Gemeinschaftszimmer ging und mit den betagten Bewohnern sprach und sie umarmte, wandte sie sich an eine der Krankenschwestern und fragte, warum die Bewohner alle so traurig aussähen. Sie ging so weit zu behaupten, dass selbst die Sterbenden in den Slums von Kalkutta keinen solch traurigen Gesichtsausdruck hätten.

Während sie einen letzten Blick durch den Raum schweifen ließ, fügte Mutter Teresa hinzu:»… und warum schauen sie immer wieder Richtung Tür?«

»Sie hoffen, dass jemand für sie durch diese Tür kommt«, antwortete die Krankenschwester, »viele von ihnen fühlen sich einfach vergessen.«

An einem Ort zu sein, an dem man nicht wertgeschätzt, besucht, gestreichelt oder berührt wird, wo sich keiner an einen erinnert und man nicht beim Namen gerufen wird, ist sicherlich der effektivste Weg, um das Selbstwertgefühl zu zerstören.

Meine Frau ist Norwegerin und jeden Sommer verbringen wir Zeit in einem wunderschönen Tal in der Nähe des Ortes, in dem sie aufwuchs. Ihre Tante Inga ist weit in ihren Achtzigern und lebt jetzt in einem Altenpflegeheim in einer kleinen Stadt namens Stryn, in der Nähe unseres Ferienhauses.

Als ich sie eines Tages besuchte, wurde mir die Wirklichkeit der Erfahrung von Mutter Teresa auf heftige Weise klar. Als sie meine Frau Laila das Zimmer betreten sah, als sie sie ihren Namen sagen hörte, als sie Lailas Hand über ihr Gesicht streichen spürte, sagte ihr Ausdruck alles: »Man hat mich nicht vergessen, jemand weiß, dass ich hier bin.«

Für jemanden in dieser Lage braucht es nicht viel, um ihm Freude zu bereiten. Einfach nur zu wissen, dass man sich an einen erinnert, einfach nur zu der Erkenntnis zu kommen: »Jemand weiß, dass ich hier bin«, kann unglaublich viel Hoffnung hervorrufen.

Mit der Einsicht zu leben, dass man nicht nur in Vergessenheit geraten, sondern für andere scheinbar auch unsichtbar ist, kann verheerend sein. Bartimäus muss all diese Gefühle erlebt haben und, als wäre das nicht genug, sagte man auch noch zu ihm: »Halt die Klappe, selbst Gott hat dich vergessen«; das muss kaum auszuhalten gewesen sein (siehe Mk 10,46–52).

Gnade hilft dir, im Dunkeln zu sehen

Die Stimme der Entmutigung beschränkt ihr erdrückendes Vokabular nicht auf einen Teil der Gesellschaft oder eine bestimmte Altersgruppe. Diese Stimme macht keine Unterschiede. David war in seinen Dreißigern, als er folgendes Gebet sprach:

Denn der Feind verfolgt meine Seele;
er hat mein Leben zu Boden getreten
und zwingt mich, im Dunkeln zu sitzen ...
Und mein Geist ist verzagt in mir,
mein Herz ist erstarrt in meinem Innern. – Psalm 143,3–4

Für mich beschreiben diese Worte Davids nicht nur das Wesen der Entmutigung, wenn es um Beschimpfungen geht, sondern auch die demoralisierende Wirkung, die sie auf ihr Opfer hat.

Als David in einer dunklen Höhle saß, von einem wahnsinnigen König gejagt, vertrieben von seiner Familie, seinen Freunden, seinem Ort der Anbetung, seiner Frau und seiner wahrgenommenen Bestimmung, hallte die Stimme der Entmutigung an diesem trostlosen Ort wider.

Wo ist dein Gott jetzt?
Sogar Gott hat dich vergessen ... Er geht an dir vorbei.

Diese tyrannisierende Stimme hatte ihn nicht nur siebzehn Tage, sondern siebzehn Jahre lang angeschrien. Er konnte immer noch das Salböl in seinem Mund schmecken, er konnte immer noch die Stimme des Propheten hören, der ihn zum nächsten König von Israel erklärte, aber die Stimme der Entmutigung übertönte die Verheißung Gottes und versuchte ihn zu überzeugen, dass es ein längst vergessener Traum sei.

Aber wie Bartimäus konnte David im Dunkeln sehen. Das bewirkt die Gnade – sie ermöglicht es dir, im Dunkeln zu sehen. Die

Stimme der Entmutigung ruft: »Man hat dich vergessen«, aber die Stimme der Gnade ruft lauter.

Bartimäus saß dort im Dunkeln, desorientiert in der Menge, während die Stimme der Entmutigung auf ihn einhämmerte. Aber wie in der Geschichte von David, die ich uns im Kapitel über Schmerzen ausführlicher ins Gedächtnis gerufen habe, streckte auch er seine Hände aus (siehe Ps 143,5–6). Er rief nach Jesus und sagte im Wesentlichen, was David in seiner Dunkelheit und Orientierungslosigkeit zu artikulieren versuchte: »Ich kann dich nicht sehen, ich kann dich nicht fühlen, aber ich weiß, dass du hier irgendwo bist!« Welch ein Bild, welch eine Ermutigung für diejenigen, die sich gerade mit Bartimäus und David identifizieren.

Du bist verwirrt, verletzt, sitzt völlig desorientiert an einem dunklen Ort. Die Stimme der Entmutigung schreit dich an: »Selbst Gott hat dich vergessen.«

Aber Gnade ruft lauter.

Höre jetzt auf diese Stimme, strecke deine Hände aus und gebe diese Erklärung ab: »Ich kann dich nicht sehen, ich kann dich nicht fühlen, Jesus, aber ich weiß, dass du hier irgendwo bist, und es genügt mir zu wissen, dass du Bescheid weißt.«

Ein Vermächtnis der Gnade, das lauter ruft

Paulus bat Gott, ihn von der ständigen Belästigung zu befreien, die sich wie ein Dorn anfühlte, der auf ärgerliche Weise sein Fleisch aufschürfte. Er hatte keine Ahnung, weshalb Gott sie zuließ. Als Folge der ständigen Irritation hatte er seine Orientierung verloren. Er rief dreimal zu Gott, damit er befreit würde. Gottes Antwort ... »Meine Gnade genügt dir« (2Kor 12,9 ELB). Paulus antwortete, voller Energie und getröstet, mit der Offenbarung: Es genügt für mich zu wissen, dass er Bescheid weiß.

Als die Stimme der Entmutigung in Davids Kopf kreischte, um ihn glauben zu lassen, dass er vergessen wurde und dass Gott an ihm vorbeigehen würde, wandte er sich einfach der Stimme der Gnade zu, um den zermürbenden Einfluss der anderen Stimme wirkungslos zu machen und zu übertönen. Dann erklärte er: »Es genügt für mich zu wissen, dass er Bescheid weiß.« Diese Empfindungen aus Psalm 139 skizzieren Davids persönliche Erklärung:

Er weiß, wo ich bin,

er weiß, wie ich mich fühle,

er kennt meine Zukunft,

er kennt meine Vergangenheit,

er kennt meine Gegenwart.

Er weiß, was ich sagen werde, bevor ich es sage.

Er weiß alles, was es über mich zu wissen gibt, und das genügt.

Dora Haley war Bewohnerin im Beeches-Altenpflegeheim in einem Ort in Südwales, Großbritannien, der Blaenavon hieß. In den letzten Jahren ihres Lebens konnte sie nicht mehr sprechen, wurde aber gelegentlich beim Schreiben gesehen. Nach ihrem Tod wurde ihr Spind geleert und ein Gedicht gefunden. Wir wissen nicht, ob sie es selbst schrieb oder ob sie es nur gernhatte, weil es ihre eigenen Gedanken wiedergab. So lautete das Gedicht:

Was siehst du, Schwester, was siehst du?

Was denkst du, wenn du mich ansiehst?

Eine misslaunige alte Frau, nicht sehr klug,

unsicher in ihrer Gewohnheit, mit einem entrückten Blick.

Die mit ihrem Essen kleckert und nicht antwortet,

wenn man mit lauter Stimme sagt: »Können Sie es nicht

wenigstens versuchen?«

Die die Dinge, die du tust, nicht zu bemerken scheint,
und dauernd etwas verliert, einen Strumpf oder einen Schuh.
Die dich, mal mit, mal ohne Widerstand, beim Baden und
Füttern tun lässt,
was du willst, den lieben langen Tag.
Ist es das, was du denkst? Ist es das, was du siehst?
Dann öffne deine Augen, Schwester; du siehst mich nicht an.

Ich sage dir, wer ich bin, während ich hier sitze so still,
während ich nach deiner Pfeife tanze und esse, wann du es sagst.
Ich bin ein kleines Kind von zehn Jahren mit Vater und Mutter,
Brüdern und Schwestern, die einander lieben.

Ein junges Mädchen von sechzehn Jahren, mit Flügeln an den Füßen,
davon träumend, bald der Liebe ihres Lebens zu begegnen.
Eine Braut von fast zwanzig Jahren – mein Herz hüpft vor Freude,
wenn ich mich an die Gelübde erinnere, die zu halten ich versprach.

Mit fünfundzwanzig Jahren habe ich nun eigene Kinder,
die meine Führung und ein sicheres, glückliches Zuhause brauchen.
Eine Frau von dreißig Jahren – meine Kinder sind schnell gewachsen,
haben feste Bande, die überdauern sollten.

Mit vierzig Jahren sind meine kleinen Söhne nun groß und fort,
aber mein Mann ist bei mir und gibt Acht, dass ich nicht trauere.
Mit fünfzig Jahren spielen wieder Babys um mein Knie,
wir kennen doch die Kinder, mein Liebster und ich.

Düstere Zeiten sind gekommen, mein Mann ist tot;
ich schaue in die Zukunft und mich schaudert vor Furcht …

Denn meine Kinder erziehen alle schon ihre eigenen Kinder,
und ich denke an die Jahre und die Liebe, die ich erlebt habe.

Ich bin jetzt eine alte Frau und die Natur ist grausam;
es muss ein Scherz sein, die Alten wie Narren aussehen zu lassen.
Der Körper, er zerfällt, Anmut und Kraft vergehen,
wo ich einst ein Herz hatte, ist jetzt ein Stein.

Doch selbst in diesem alten Körper wohnt noch ein junges Mädchen,
und ab und zu schwillt mein angeschlagenes Herz.
Ich erinnere mich an die Freuden, ich erinnere mich an den Schmerz,
und ich liebe und lebe das Leben jeden Tag aufs Neue.

Ich denke an die Jahre; die allzu wenigen, zu schnell verflogenen,
und akzeptiere die schlichte Tatsache, dass nichts die Zeit überdauert.
Also öffne deine Augen, Schwester, öffne sie und sieh,
keine misslaunige alte Frau; sieh genauer hin – sieh MICH!![7]

Du fühlst dich vielleicht wie der unbedeutendste Mensch der
Welt, die Stimme der Entmutigung hat dich vielleicht angeschrien.
Tritt in die Reihe von Bartimäus, Paulus, David und anderen und
erlaube der Gnade, lauter zu rufen.
Es genügt mir zu wissen, dass er Bescheid weiß.

---

7 »Look at Me« soll 1966 von Phyllis McCormack geschrieben worden sein, die damals als
   Krankenschwester am Sunnyside Hospital in Montrose, Schottland, arbeitete, obwohl es
   keine faktische Bestätigung dafür gibt und das Gedicht offiziell anonym bleibt.

Die Gnade am unwahrscheinlichsten Ort erwarten

Wir wissen nicht, warum er zum Übeltäter wurde, vielleicht aus Überzeugung, vielleicht aufgrund schlechter Gesellschaft oder aus Gier. Was auch immer der Grund war, seine Strafe hatte ihn eingeholt, und er wusste, als man ihn an dieses Kreuz band, dass er nur noch wenige Stunden zu leben hatte.

Als das Kreuz beim Aufrichten mit einem dumpfen Schlag ins Bodenloch rutschte, war es nur noch eine Frage der Zeit, bis es vorbei war. Wir wissen nicht, ob er in seinen letzten Stunden die Unterstützung seiner Freunde und Familie hatte, aber eine Sache muss für ihn harte Realität gewesen sein, als er dort hing und sich wertlos und vergessen, schuldig und verlassen fühlte.

Es wäre völlig plausibel anzunehmen, dass er das Gefühl hatte, den Menschen vollkommen egal zu sein, und vielleicht hatte er den Eindruck, dass auch Gott sich nicht für ihn interessierte.

Als er den Kopf nach rechts drehte, sah er die zerschundene Gestalt des nazarenischen Predigers. Er hatte ihn wahrscheinlich ein paar Mal predigen hören; vielleicht war sogar ein Freund von ihm geheilt worden. Aus Gründen, die wir nicht kennen, erkannte dieser sterbende Übeltäter in jenem Moment, dass dieser Nazarener die Antworten nicht nur auf das Leben, sondern auch auf den Tod und darüber hinaus hatte.

Mit einer Offenbarung ähnlich wie die von Bartimäus rief er: »Denk an mich« (siehe Lk 23,33–43).

Der Schrei nach Gnade tönte laut über das lärmende Unglück von Golgatha hinaus, doch noch lauter rief die Stimme der Gnade, als sie antwortete: »Heute wirst du mit mir im Paradies sein.«

Es war kein Zufall, dass dieser Übeltäter an jenem Tag, zu jener Zeit neben diesem Mann gekreuzigt wurde. Es ist, als ob es speziell für ihn arrangiert worden wäre, so als hätte Jesus ihn erwartet. Es ist, als ob Jesus sagte: »Ich habe auf dich gewartet.«

Für andere kam Jesus vorbei, aber bei Bartimäus war es, als ob Jesus darauf wartete, dass er nach ihm schreit.

Es ist kein Zufall, dass du diese Worte liest. Er ist nicht überrascht – er hat dich sogar schon erwartet.

Wie du jetzt flüsterst: »Gott, denk an mich …«, so ruft die Stimme der Gnade dir ihre Antwort zu.

»Ich weiß. Ich bin hier. Empfange.«

KAPITEL DREIZEHN

GNADE RUFT LAUTER ALS DIE STIMME DER RELIGION

»Die Religion sagte: Steinigt sie;
die Gnade sagte: Lasst sie gehen.«

Ich möchte dich in diesen ganzen Bereich der Gegenüberstellung von Religion und Evangelium noch etwas tiefer einführen, indem ich noch einmal auf unseren guten Freund Bartimäus zurückkomme.

Eine der ohrenbetäubendsten Stimmen, die Satan benutzt, um Menschen daran zu hindern, von Gott Segen zu empfangen, ist nicht die Sünde, sondern die Religion. Die Stimme der Religion will dich bettelnd und arm halten.

Das ist das Wesen der Stimme der Religion:

»Tu dies, sonst …«
    »Erreiche diesen Maßstab oder verschwinde.«
    »Was glaubst du, wer du bist, Bartimäus?«
    »Du bist einfach nicht gut genug.«
    »Du musst zuerst dein Leben aufräumen.«
    »Wann hast du das letzte Mal die Synagoge besucht?«
    »Gibst du den Zehnten? Ich glaube nicht!«

*»Welche Art von Gebet war das? ›Jesus, Sohn Davids ...‹ –
wie kannst du es wagen!«*

*»Du bist so ehrfurchtslos, und überhaupt – hast du dich
jemals gefragt, warum du blind bist? Wahrscheinlich das Ergebnis einer Sünde.«*

*»Sei lieber dankbar, dass Jesus an dir vorbeigeht. Wer
weiß, was er mit einem derart sündigen Menschen wie dir
machen würde.«*

Die Stimme der Religion ist hart, verurteilend, voreingenom-
men, anklagend und völlig gnadenlos.

Die Stimme der Religion fordert, dass du den Preis für deine
Annahme zahlst.

Das menschliche Herz sehnt sich nach bedingungsloser Liebe,
bezweifelt aber die Realität ihrer Existenz. Deshalb funktioniert
Religion.

Die Stärke einer jeden Religion basiert auf zwei Dingen:

1. Ein schlechtes Gewissen
2. Eine unzufriedene Gottheit

Da ein schlechtes Gewissen der menschlichen Psyche innewohnt, ist es kein Wunder, dass Religion in jeder Kultur gedeiht.
Wir wollen so sehr zu unserer eigenen Erlösung beitragen, dass
wir von den Regeln berauscht werden. Wenn ich von Religion
spreche und davon, wie sehr ich sie hasse, muss ich klarstellen,
was ich unter ihr verstehe.

Jefferson Bethke formuliert es in seinem Buch *Jesus is Greater
Than Religion* brillant:

*Wenn ich sage, dass ich die Religion hasse, dann sage ich
nicht, dass ich die Kirche hasse. Ich sage nicht, dass ich die*

Gebote, Traditionen oder Gesetze hasse. Ich sage nicht, dass ich Organisationen oder Institutionen hasse, was ich aber sage, ist, dass ich jedes System hasse, das moralische Anstrengungen oder gutes Verhalten als die Art und Weise hochhält, wie wir eine richtige Beziehung zu Gott haben können. Mein Hauptproblem mit der Religion, wie ich sie definiere, ist die Tatsache, dass wir Jesus damit ins Gesicht spucken, wenn wir es für möglich halten, für Gott einfach so gut genug sein zu können. Wir verspotten Jesus, indem wir sagen, sein Opfer reiche nicht oder sei nicht nötig gewesen.

Genau meine Meinung. Leistungsorientierte Religion ist eine kriminelle Sache; tatsächlich bezeichnet Jesus das gesetzesbasierte, leistungsorientierte, religiöse Predigen als kriminell. Auf diesen Aspekt werde ich später eingehen.

Als ich die Begebenheit um Bartimäus las, die sich am Wegesrand kurz vor Jericho abspielte, fiel mir eine Sache auf, die das von mir Gesagte nochmals unterstreicht: Gnade ruft lauter als die Religion.

Es ist interessant festzustellen, dass die Antwort, die Bartimäus auf seine Frage, was los sei, erhielt, nicht mit seiner nachfolgenden Reaktion zusammenpasste.

»Jesus von Nazareth kommt vorbei«, teilten sie mit, aber die Reaktion von Bartimäus hat mich echt vom Hocker gehauen. So laut er konnte, schrie er: »Jesus, Sohn Davids, hab Erbarmen mit mir!« Sie versuchten, ihn niederzubrüllen, aber die Bibel berichtet, dass sie ihn nicht nur nicht zum Schweigen bringen konnten, sondern dass er auch noch die Lautstärke erhöhte.

Die Menge vor Jesus versuchte, den Mann zum Stillsein zu bewegen, aber er schrie nur noch lauter: »Jesus, Sohn Davids, hab Erbarmen mit mir!«

Da starrte es mir ins Gesicht. Die Religion beschreibt auf nüchterne Weise, was geschieht (Jesus von Nazareth kommt vorbei), aber die Stimme der Gnade schreit lauter und ruft es heraus, wobei sie das anspricht, was Jesus wirklich ist (Jesus, Sohn Davids).

Die Religion ruft: »Jesus von Nazareth.«

Er ist aus Nazareth.

Er ist ein Mensch, ein guter Mensch, ein kluger Mensch, ein freundlicher Mensch, aber trotzdem nur ein Mensch.

In Nazareth war er der Sohn Marias und nicht der Sohn Gottes.

In Nazareth war er ein Zimmermann und nicht der Christus.

In Nazareth war er ein Ärgernis und kein Segen.

In Nazareth war er begrenzt und nicht Herr.

In Nazareth wurde ihm mit Vertrautheit und nicht mit Verehrung begegnet.

In Nazareth wurde er entehrt und nicht geehrt.

In Nazareth wurde er abgelehnt und nicht angenommen.

In Nazareth setzte man sich ihm entgegen, statt Glauben in ihn zu setzen.

Die Religion ruft: »Kann etwas Gutes aus Nazareth kommen? Wir brauchen seine Güte nicht, wir haben unsere eigene« (siehe Mk 6,1–6).

Du siehst, dass die religiösen Selbstgerechten nicht nach Gnade schreien, sondern nach Ansehen.

Nazareth steht für Unglauben, Ablehnung, Unehre, Stigmatisierung und Selbstgerechtigkeit.

Bartimäus sah Jesus mit anderen Augen. Er mag im Natürlichen blind gewesen sein, aber er hatte eine übernatürliche Offenbarung von Jesus, die andere nicht hatten.

Für ihn war dies kein gewöhnlicher Mensch; seine Abstammung ging nicht auf Nazareth zurück, er war mehr als der Sohn Marias, er kam aus der Abstammungslinie Davids, die ihn zum

Messias, zum Herrn und Retter machte. Er war der Verheißene. Derjenige, der versprach, den Kopf Satans zu zermalmen, den Blinden die Augen zu öffnen und sogar die Toten aufzuerwecken. Derjenige, der die Sünde der Welt wegnimmt und die Gottlosen rechtfertigt. Er ist das Alpha und Omega, der Herrscher des Universums. Er ist der Sohn Gottes, voll Gnade und Wahrheit.

Ich glaube, dass die Stimme der Gnade aus dieser Generation aufsteigt und dabei langsam die Stimme der Anschuldigungen, der selbstgerechten und leistungsorientierten Religion übertönt und erklärt:

Gott aber, der reich ist an Erbarmen, hat um seiner großen Liebe willen, mit der er uns geliebt hat, auch uns, die wir tot waren durch die Übertretungen, mit dem Christus lebendig gemacht – aus Gnade seid ihr errettet! – und hat uns mitauferweckt und mitversetzt in die himmlischen [Regionen] in Christus Jesus, damit er in den kommenden Weltzeiten den überschwänglichen Reichtum seiner Gnade in Güte an uns erweise in Christus Jesus. Denn aus Gnade seid ihr errettet durch den Glauben, und das nicht aus euch – Gottes Gabe ist es; nicht aus Werken, damit niemand sich rühme. – Epheser 2,4–9

Religion hasst Barmherzigkeit, liebt aber erworbene Verdienste.
Religion sagt »verdiene«, aber Gnade sagt »glaube«.
Religion rechnet auf, Gnade erlässt.
Religion bringt einen Fluch, Gnade bringt einen Segen.
Religion konzentriert sich auf das Verhalten, Gnade auf das Blut.
Religion sagt »tu«, Gnade sagt »getan«.

Religion verlangt, dass man Gott respektiert; Gnade lädt einen ein, Gott zu glauben.

Religion regt die Sünde an, Gnade herrscht über die Sünde.

Religion ruft »Jesus von Nazareth«, Gnade ruft »Jesus, Sohn Davids«.

Religion rief »Kreuzigt ihn«, Gnade rief »Vater, vergib«.

Wenn du Jesus wirklich kennst, kannst du jede andere Stimme übertönen

Ein Botschafter des Satans schreit durch Verfolgung, dass du es nie schaffen wirst. Die Gnade ruft lauter: »Ich bin genug für dich.«

Gott wies Mose an, den Gnadenstuhl dimensional größer zu bauen als die Lade mit dem Gesetz, weil die Gnade lauter ruft (siehe 4Mo 7,89ff.).

Die erste Person, die Paulus nach drei Tagen Blindheit sah, war Ananias – dessen Name bedeutet die »Gnade Gottes«, nicht das »Gesetz Gottes«. Das würde den Rest seines Lebens bestimmen. Bis zu diesem Zeitpunkt war die Religion die Melodie gewesen, zu der er getanzt hatte, aber die Gnade rief lauter, das Lied war ein anderes.

Die Religion sagte: »Steinigt sie«, die Gnade sagte: »Lasst sie gehen« (siehe Joh 8,5–7).

Die Religion sagte: »Bleib im Haus, du bist unrein«, die Gnade schrie lauter und sagte: »Geh hin in Frieden, dein Glaube hat dich geheilt« (siehe Lk 8,43–48).

Haben wir vielleicht eine geistliche Lernstörung?

Viele Christen kämpfen mit Sünde, quälenden Emotionen, Angst, Schuld und geistiger Unruhe, weil sie unter dem leiden, was ich »geistliche Dyslexie« nenne. Dyslexie ist auch bekannt als Leseschwäche, bei der Menschen Schwierigkeiten haben, Gelesenes oder Gehörtes zu verstehen. Jeder kann sie haben und Betroffene weisen tendenziell eine normale oder sogar überdurchschnittliche Intelligenz auf – sie kämpfen nur mit dieser einen – inzwischen gut untersuchten – Störung.

Wenn man das in einen geistlichen Kontext überträgt, könnte es dann Menschen mit normaler oder sogar hoher Intelligenz geben, die Schwierigkeiten haben, die Worte der Bibel zu verstehen? Während ich über 1. Johannes 4,17 nachsann, zeigte mir der Heilige Geist etwas.

Hierin ist die Liebe bei uns vollendet worden, dass wir Freimütigkeit haben am Tag des Gerichts, denn wie er ist, sind auch wir in dieser Welt. – 1. Johannes 4,17 ELB

Ich werde mich in einem anderen Kapitel mit der Sache der Freimütigkeit vor Gott befassen. Jetzt wollen wir uns mit dem auseinandersetzen, was ich »geistliche Dyslexie« nenne. Versteh bitte, dass ich mit dieser Bezeichnung niemanden beleidigen will. Sie dient einfach dazu, uns zu helfen, einen »Zustand« zu verstehen, unter dem viele von uns leiden.

Der Vers sagt nicht »**wie er war, so müssen wir sein**«, aber genau das demonstrieren viele von uns durch ihren Lebensstil. Dieser Vers zeigt uns, wo wir falsch liegen. Wir sind nicht berufen, sein Leben zu kopieren, sondern dazu, es *in uns zu tragen*. Uns ist nicht befohlen, *wie* er zu leben, sonde*r*n *aus* ihm zu leben. Paulus erklärt nachdrücklich: »… nicht mehr lebe ich, sondern Christus lebt in mir« (Gal 2,20 ELB).

Weil ich jahrelang an geistlicher Dyslexie litt, las ich statt der Wahrheit eine verzerrte Version davon, die mich zu einer pharisäerhaften, gesetzlichen, moralisierenden, armseligen, unvollkommenen Kopie werden ließ. Wir überschreiben unser Leben mit »Was würde Jesus tun?« anstelle von »Was hat Jesus getan?«. Wenn wir wirklich nach dem Lebensprinzip »Was würde Jesus tun?« handeln würden, säßen viele von uns jetzt im Gefängnis.

Dieser Vers ermutigt uns, ein »menschgewordenes« Leben zu führen, indem wir dem Heiligen Geist vertrauen, in jeder Situation sein Leben durch uns zu leben. Wenn wir versuchen, aus eigener Kraft seinen Lebensstil nachzuahmen, sind wir am Ende frustriert und empfinden noch mehr Schuldgefühle und Reue. Wir schauen uns an, was Jesus am Kreuz getan hat, und unsere geistliche Dyslexie lässt uns lesen: »Wie er es machte, so müssen wir es tun.«

Und so begeben wir uns auf einen Weg der morbiden Selbstbeobachtung, um das Leiden Jesu nachzuahmen, ohne zu begreifen, dass das eigene Ich sterben zu lassen nicht der Weg in die Heiligkeit ist, sondern das Mittel, um das Leben Christi aus unserem Inneren zu befreien. »Wie er ist, sind wir auch.«

Dieser Vers ist die Bekanntgabe unserer Identität und kein Befehl, was unsere moralische Lebensführung angeht. Gottes wünscht sich, dass wir durch die Kraft unserer Identität leben, nicht durch die Kraft unserer Tugendhaftigkeit. Wir preisen Gott für das, was er getan hat – für Jesus und sein sündloses Leben, seinen stellvertretenden Tod, seinen auferstandenen Körper – aber das hat er einmalig und für alle getan. Johannes bringt uns dazu, uns auf das zu konzentrieren, was er jetzt tut, denn eine Offenbarung darüber ist der Schlüssel zu einem siegreichen und produktiven christlichen Leben.

Schau dir diese Abschnitte aus dem Hebräerbrief an:

Wir haben ja nicht einen Hohepriester, der nicht mitfühlen könnte mit unseren Schwächen, sondern einen, der in allem wie wir versucht worden ist, aber nicht gesündigt hat. Lasst uns also voll Zuversicht hinzutreten zum Thron der Gnade, damit wir Erbarmen und Gnade finden und so Hilfe erlangen zur rechten Zeit! – Hebräer 4,15–16 EÜ

Und dann:

Ein weiterer Unterschied besteht darin, dass es nach der alten Ordnung viele Priester gab, denn wenn ein Priester starb, musste ein anderer seinen Platz einnehmen. Jesus dagegen bleibt für immer Priester; sein Priestertum wird nie enden. Deshalb kann er auch für immer alle retten, die durch ihn zu Gott kommen. Er lebt ewig und wird vor Gott für sie eintreten.

Er ist ein Hoher Priester, wie wir ihn nötig haben, denn er ist heilig, ohne jede Schuld und unberührt von der Sünde. Er wurde von den sündigen Menschen getrennt und hat den höchsten Ehrenplatz im Himmel erhalten. Er braucht nicht täglich Opfer zu bringen, wie es die anderen Hohen Priester zunächst für ihre eigenen Sünden und dann für die Sünden des Volkes tun mussten, sondern er tat dies ein für alle Mal, als er sich selbst am Kreuz opferte. Diejenigen, die unter dem Gesetz als Hohe Priester eingesetzt wurden, waren Menschen mit menschlichen Schwächen. Doch nachdem das Gesetz gegeben worden war, setzte Gott mit einem Eid seinen

Sohn ein, und dieser Sohn wurde auf ewig vollkommen.
– Hebräer 7,23–28 NLB

Wie er ist, sind auch wir.

Er ist unser Hohepriester und auch unser Stellvertreter. Mit anderen Worten, wir stehen vor Gott in ihm, er steht vor Gott für uns. Er ist für immer gerecht, er wurde auf ewig vollkommen. Wie er ist, so sind auch wir – das setzt geistlicher Unsicherheit ein Ende. Er wird auf ewig geliebt. Wie er ist, so sind auch wir – das setzt Schuld- und Verdammnisgefühlen ein Ende.

Und was ist mit diesen unfassbaren Worten in Römer 8,34–35 (NLB):

Wer sollte uns verurteilen? Christus Jesus selbst ist ja für uns gestorben. Mehr noch, er ist der Auferstandene. Er sitzt auf dem Ehrenplatz zur rechten Seite Gottes und tritt für uns ein. Kann uns noch irgendetwas von der Liebe Christi trennen? Wenn wir vielleicht in Not oder Angst geraten, verfolgt werden, hungern, frieren, in Gefahr sind oder sogar vom Tod bedroht werden?

Er ist für immer siegreich.

Wie er ist, sind auch wir.

Der Schlüssel zum Leben, wie Gott es für uns vorgesehen hat – mental, emotional und geistlich –, liegt im Glauben, der die Wahrheit dieser Verse umsetzt. Mit welchen Veränderungen in deinem Leben hast du Mühe? Womit kämpfst du in deinem Leben ohne scheinbar einen Durchbruch erzielen zu können?

Das, was ich als Nächstes schreibe, zu verstehen, könnte dein Leben verändern. Bist du bereit?

Buße bedeutet nicht, dass du etwas »korrigierst«, sondern tatsächlich hilft sie dir, in etwas »einzuwilligen«.

Sei nicht schockiert, denk es einfach mal durch:

Sexuelle Begierde, Wut, Unversöhnlichkeit ... konzentriere dich nicht darauf, wie du bist, sondern darauf, »wie er ist«.

Lass es mich erklären. Dein Gebet klingt vielleicht so: »Herr, ich kann mich in diesem Bereich nicht ändern, gib mir Zeit, ich werde mein Bestes geben, ich habe das letzte Mal versagt, aber ich probiere es noch einmal.« Und das machst du und wieder scheiterst du, und wieder kommen Schuldgefühle in dir auf und wieder bereust du, was passiert ist, und so drehst du auf dem Karussell der Buße, das auf Schuld, Verdammnis und Versagen basiert, immer weiter deine Runden. Viel Aktivität, viel Energie, aber kein Fortschritt.

Du musst dein Gebet so ändern, dass es auf »Wie er ist, so sind auch wir« basiert, und dann so beten: »Herr, ich danke dir, für das, was ich in Christus bin. Ich finde es schwierig, mich in diesem Bereich meines Lebens zu ändern, also willige ich ein, dass die Kraft der Gnade mich zu einer Veränderung befähigt.« Das ist biblische Buße – keine schuldbasierte Form von Selbstkasteiung, sondern eine Reaktion auf die Wahrheit und Realität der Güte Gottes.

Während ich dieser Wahrheit etwas weiter nachging, hörte ich eine Botschaft von Joseph Prince, die mich förmlich umhaute. Mit Hilfe des biblischen Prinzips der Rolle eines Hohenpriesters half mir das, worüber er sprach, mit dem größten Bereich der geistlichen Kriegsführung in meinem Leben umzugehen: meinem Gedankenleben. Ich bin überzeugt, dass es einer der am stärksten umkämpften Bereiche im Leben eines Gläubigen ist, und was unsere Gesundheit angeht, womöglich sogar der am stärksten angefochtene.

Wie kann ich vor Gott gerecht sein, wenn mein Gedankenleben manchmal so unheilig ist?

Sogar während des Lobpreises in der Gemeinde können wir Gott anbeten, und plötzlich kommt ein lüsterner oder bitterer Gedanke in unseren Kopf, der uns sofort beschmutzt, verurteilt und uns überzeugt sein lässt, für Gott jetzt nicht mehr annehmbar zu sein und sofort Buße tun zu müssen. Doch je mehr wir versuchen, diese Gedanken zurückzuweisen, desto stärker greifen sie uns an. Wir geben auf und verlassen Gottes Haus deprimiert, besiegt und entmutigt.

Das ist ein echtes Problem, aber wenn wir die Realität von »Wie er ist, so sind wir auch« verstehen und anwenden, kann man Freiheit genießen. Da ist wirklich wahr. So wie unser Hoherpriester uns den Vorschriften nach vertritt, so vertritt er uns auch im Hinblick auf unser Innenleben. So wie Gott uns in Jesus trotz unseres unvollkommenen Verhaltens annimmt, nimmt er uns auch trotz unseres unvollkommenen Gedankenlebens an. Deshalb fordert uns die Bibel auf, uns dem Himmel zuzuneigen und ihm unsere Aufmerksamkeit zu schenken.

Seid ihr nun mit Christus auferweckt, so strebt nach dem, was oben ist, wo Christus zur Rechten Gottes sitzt! Richtet euren Sinn auf das, was oben ist, nicht auf das Irdische! Denn ihr seid gestorben und euer Leben ist mit Christus verborgen in Gott. – Kolosser 3,1–2 EÜ

Warum ermahnt uns Gott, unsere Gedanken dorthin zu richten, wo Christus sitzt? Denn wo er ist, sind auch wir. Wie er ist, sind auch wir. Denn »wie er **ist**, so **sind** auch wir«, *sogar* in unserem Gedankenleben. Im Alten Testament stand der Hohepriester vor Gott und vertrat das Volk. Wie er, so waren auch die Menschen. Er war so gekleidet, dass er vor Gott annehmbar war. Wie er war, so waren auch die Menschen.

Er vertrat sie.

Aber du fragst vielleicht: »Was hat das mit meinem unvollkommenen Gedankenleben zu tun?« Die Lektüre und Betrachtung von 2. Mose 28,36–38 (LUT) geben uns die Antwort.

Du sollst auch ein Stirnblatt machen aus feinem Golde und darauf einschneiden, wie man Siegel schneidet: »Heilig dem HERRN«.

Und du sollst es heften an eine Schnur von blauem Purpur vorn an den Kopfbund. Und es soll sein auf der Stirn Aarons, damit Aaron bei allen ihren Opfern alle Sünde trage, die an den heiligen Gaben der Israeliten haftet. Und es soll allezeit an seiner Stirn sein, dass sie wohlgefällig seien vor dem HERRN.

Auf dem Siegel, das der Hohepriester auf der Stirn trug, stand: »Heilig dem Herrn«. Vers 38 besagt, dass Aaron es auf der Stirn tragen muss, damit er jede Sünde des Volkes Israel auf sich nehmen kann, wenn es seine heiligen Opfergaben darbringt, und dass er es allezeit auf seiner Stirn tragen muss, **damit das Volk dem Herrn wohlgefällig sei.**

Das Gedankenleben unseres Hohenpriesters ist beständig, auf ewig heilig vor dem Vater. Halleluja! Welch eine befreiende Offenbarung. Jesu Gedankenleben ist vor dem Vater immer heilig und durch den Glauben daran beziehen wir uns auf die Wahrheit: »Wie er ist, sind auch wir.«

Lies **1. Korinther 2,16** als zusätzlichen Beleg für dieses Prinzip.

Jesus – unser Fürsprecher, nicht unser Widersacher

Wenn wir schlechte Gedanken haben, gehen wir aufgrund des Schuldgefühls sofort in den Bußmodus, obwohl wir stattdessen in den Offenbarungsmodus gehen sollten. Der Vater verurteilt dich für dein unvollkommenes Gedankenleben genauso wenig wie für dein unvollkommenes moralisches Leben, und er lehnt dich auch nicht deswegen ab. Er nimmt dich an, weil dein Stellvertreter, dein Hoherpriester, Jesus im Himmel, ein vollkommen heiliges Gedankenleben hat.

Deshalb ermahnt uns Petrus, die Lenden unserer Gesinnung zu umgürten (siehe 1Petr 1,13–16).

Lenden sind dein Fortpflanzungssystem. Gedanken tragen die Kraft zur Fortpflanzung, also denke daran, dass dein Gedankenleben vor Gott immer heilig ist; sei heilig, weil du heilig bist, nicht: Sei heilig, sonst kannst du was erleben!

Gott würde dich nie bitten, etwas zu sein, was du nicht bist. Wenn dir das nächste Mal ein Trommelfeuer unreiner, übler Gedanken in den Kopf schießt, solltest du dich mit ihnen nicht in reumütiger Weise auseinandersetzen, sondern auf Grundlage einer Offenbarung.

Nimm sie nicht an. Dein wiedergeborener Geist hat sie nicht erzeugt, sie kommen entweder aus deinem Fleisch oder vom Teufel, aber du bist eine neue Schöpfung, die den Sinn Christi hat. Du bist heilig vor Gott und deine Gedanken sind es auch. In dem Moment, in dem du teuflische oder fleischliche Gedanken annimmst, werden Schuld- und Verdammnisgefühle folgen. Erlaube dem Sinn Christi in dir zu sein.

Das bedeutet nicht, dass du einen Freibrief hast, deinen Verstand mit unreinen, bitteren oder zornigen Gedanken zu füllen. Wir haben eine Verantwortung, unser Herz und unseren Verstand zu behüten, aber ich glaube, die Mehrheit der Gläubigen ist nicht auf einen Freibrief zum Sündigen aus, sondern auf einen Sieg über die Sünde. Wer wirklich als neue Kreatur wiedergeboren ist, wird von der Gnade ermächtigt, gestärkt und unterwiesen, nein zur Gottlosigkeit zu sagen. Trotzdem tun sich manche schwer damit, aus der Kraft der Gnade zu leben, aber nur deshalb, weil sie versuchen, sie emotional und mental zu empfangen, anstatt sie von Rechts wegen zu ergreifen. Wir verstehen immer noch nicht, dass Jesus unser Fürsprecher, unser Anwalt, und nicht unser Widersacher ist.

Meine Kinder, dies schreibe ich euch, damit ihr nicht sündigt! Und wenn jemand sündigt, so haben wir einen Fürsprecher bei dem Vater, Jesus Christus, den Gerechten.
– 1. Johannes 2,1

Zu verstehen, dass wir jemanden im Himmel haben, der in unserem Namen spricht, ist unerlässlich. Wiederum kam mir Timothy Keller zur Hilfe, als ich eine seiner Predigten hörte. Sie schaltete in meinem Geist ein Flutlicht ein. Was folgt, sind eher seine Worte, weniger meine. Ich musste ihn zwar umschreiben, aber das hier ist der grundsätzliche Gedanke:

Wir haben in unserer Kultur vielleicht Schwierigkeiten damit, uns mit einem Priester in einem Tempel zu identifizieren, aber wir verstehen, was ein Anwalt in einem Gerichtssaal tut. Wir sind vielleicht nicht mit der Fürbitte innerhalb eines Tempelsystems vertraut, aber wir haben kein Problem damit, die Fürsprache im Rahmen eines Gerichtssaals zu verstehen. Wenn du mit einer Anklage konfrontiert wärst, bei der es um Leben oder Tod ginge, würdest du deinen Anwalt

sorgfältig auswählen, weil du wüsstest, dass du nicht quali-
fiziert bist, dich selbst zu vertreten. Der Anwalt wird vor Ge-
richt zu der Person, die an deiner Stelle für dich spricht.

Wie gut stehst du vor Gericht da? So gut wie dein Anwalt. Und warum kann er dich vertreten? Weil er selber schuldlos ist. Wäre er genauso schuldig wie du, dürfte er nicht dein Fürsprecher sein. Der Schreiber an die Hebräer erklärte, dass keine Notwendigkeit bestehe, dass Jesus Opfer für seine eigenen Sünden bringe. Denn: Jesus hat das vollkommene, sündlose Leben. Er steht makellos da. Niemand kann an ihm etwas auszusetzen haben und er vertritt dich.

Aber anders als ein Anwalt vor einem menschlichen Gericht, der die rechtlichen Konsequenzen seiner Vertretung nicht tragen muss, hat Jesus einen wasserdichten Fall vor dem Gericht des Himmels, denn er hat den Preis für deine Sünde mit seinem vollkommenen Opfer bereits bezahlt. Aus diesem Grund stehen wir auf dem unerschütterlichen Fundament der Zuversicht, dass unsere Beziehung im Himmel eine rechtsgültige Sache ist. Der Himmel erkennt es an, Satan hasst es und wir sollten es genießen. Jesus bittet im Himmel nicht um Gnade. Er fordert Freispruch auf der Grundlage seines Opfers für uns.

Er hat einen todsicheren Fall. Er steht nicht vor dem Vater und bittet ihn, dir eine zweite Chance zu geben. Er bittet um Gerechtigkeit. Jesus steht für uns vor dem Vater und fordert Gerechtigkeit auf der Grundlage seines vollbrachten Werkes. Es ist, als würde er sagen: »Ich habe den Preis bezahlt, Vater, und von Rechts wegen kann es für dieselbe Sünde keine zwei Verurteilungen geben.« Tatsächlich wird dies in Hebräer 10,18 bestätigt, wenn es heißt, dass es nicht notwendig sei, weitere Opfer zu bringen, wenn Sünden vergeben werden.

Dann steht in Hebräer 7,27:

*Er braucht nicht täglich Opfer zu bringen, wie es die anderen
Hohen Priester zunächst für ihre eigenen Sünden und dann
für die Sünden des Volkes tun mussten, sondern er tat dies
ein für alle Mal, als er sich selbst am Kreuz opferte.*

Als Ergebnis ist die Gerechtigkeit Gottes zufriedengestellt und
gleichzeitig ist unsere Unschuld mit einem einmaligen Opfer für
immer legitimiert. Ein absoluter Geniestreich!

Glaube und empfange

Unter dem alten Bund musste man gehorchen und sich benehmen. Unter dem neuen Bund musst du glauben und empfangen.
Der Ruf der Gnade ist »Was soll ich für dich tun?« und nicht »Das
ist es, was du für mich tun musst.« Im neuen Bund ist der Glaube der Schlüssel, um zu empfangen, nicht die Buße. Das ist das
Wesen der Gnade – keine Forderungen, keine Bedingungen, kein
Kleingedrucktes. Sie wird nicht erarbeitet, ist unverdient und un-
begrenzt. Die Gnade sagt nie: »Du musst dies für mich tun, bevor
ich jenes für dich tue.« Zu empfangen ist das, was Gläubigen mit
am schwersten fällt. Wie man Buße tut, wissen wir – lange genug
wurden wir mit dem alten Liedchen aus 2. Chronik traktiert, in
dem wir an Folgendes erinnert werden: »Wenn dann dieses Volk,
über dem mein Name ausgerufen ist, sich besinnt, wenn es zu mir
betet …, will [ich] ihm alle Schuld vergeben und auch die Schäden
des Landes wieder heilen« (2Chr 7,14 GNB).

Diese Bibelstelle betont das Verhalten der Menschen, mit dem
sie sich Gottes Gunst sichern. »**Wenn** dann dieses Volk …« dies

oder das tut, werde ich vergeben und heilen. Wann werden wir erkennen, dass das Kreuz alles verändert hat? Wann werden wir erkennen, dass man nicht die Prinzipien des alten Bundes anwenden und Ergebnisse des neuen Bundes erwarten kann?

Das ist, als würde man zu einem Geldautomaten gehen und versuchen, Bargeld mit einer abgelaufenen EC-Karte zu bekommen. Du wirst frustriert, wütend und völlig enttäuscht wieder abdampfen. Im neuen Bund hängt der Segen Gottes nicht von meiner Buße oder meinem Verhalten ab, sondern davon, dass ich an das vollbrachte Werk Christi glaube, daraus empfange und es wirksam werden lasse.

Denn Gott war in Christus und versöhnte so die Welt mit sich selbst und rechnete den Menschen ihre Sünden nicht mehr an. Das ist die herrliche Botschaft der Versöhnung, die er uns anvertraut hat, damit wir sie anderen verkünden. So sind wir Botschafter Christi, und Gott gebraucht uns, um durch uns zu sprechen. Wir bitten inständig, so, als würde Christus es persönlich tun: »*Lasst euch mit Gott versöhnen!*« *Denn Gott machte Christus, der nie gesündigt hat, zum Opfer für unsere Sünden, damit wir durch ihn vor Gott gerechtfertigt werden können. – 2. Korinther 5,19–21 NLB*

Wir wissen, was Verantwortung ist, und das ist sehr wichtig, aber was man uns darüber beigebracht hat, wie wir auf Verantwortung reagieren sollen, gründete auf Schuld und Angst. Es hieß: Sei verantwortungsvoll, sonst passiert was. Dabei war uns nicht bewusst, dass wir »verantwortungs-voll« reagieren können, wenn wir *voll* der Kraft der Gnade sind.

Du kannst einen Apfelbaum so viel anschreien, wie du willst, und ihm sagen, dass er verantwortlich sei, Äpfel zu produzieren, aber der Apfelbaum ist von sich aus nicht fähig, darauf zu reagieren. Er muss die in ihm angelegte Kraft wirken lassen, die dafür sorgt, dass er die erwarteten Äpfel hervorbringen kann. So werden auch wir erst von der Kraft der Gnade Gottes befähigt, richtig zu reagieren. Es ist die Gnade Gottes, die uns in die Lage versetzt, »verantwortungs-voll« zu sein. Und die Gnade, die uns verantwortungsvoll macht, kann nur empfangen werden.

Quäl dich nicht damit ab, ein verantwortungsvoller Ehepartner sein zu wollen. Empfange Gottes Gnade, damit dir geholfen wird, ob du nun Hilfe brauchst, ein verantwortungsvoller Arbeitgeber, Arbeitnehmer, Elternteil, Leiter oder Freund zu sein. Angesichts all der Verantwortung, die Paulus trug, steht er beispielhaft für dieses Prinzip der befähigenden Gnade und bringt es in 1. Korinther 15,10 zum Ausdruck:

Aber durch Gottes Gnade bin ich, was ich bin; und seine Gnade, die er an mir erwiesen hat, ist nicht vergeblich gewesen, sondern ich habe mehr gearbeitet als sie alle; jedoch nicht ich, sondern die Gnade Gottes, die mit mir ist.

Ich wiederhole mit Nachdruck, dass das größte Problem, das wir als von einer religiösen, leistungsorientierten, schuldbeladenen, angstgetriebenen Kirchenkultur umgebene Gläubige haben, das Empfangen ist. Der Schlüssel zu der Explosion des Lebens in der Gemeinde zur Zeit der ersten Apostel war nicht ihre Heiligkeit, noch ihre Buße, noch ihre geistliche Disziplin noch ihr biblisches Wissen – er war ihre Bereitschaft, zu empfangen. Wenn du den Vorfall zwischen Jesus und seinen Jüngern in Johannes 20,19–22 liest, bei dem Jesus in seinem Auferstehungsleib zum ersten Mal allen Jüngern gemeinsam gegenüberstand, nachdem sie ihn feige verlassen hatten, wirst du verstehen, was ich meine.

Dort kauerten sie in einem verschlossenen Raum und fürchteten um ihr Leben. Sie hatten Jesus schmählich im Stich gelassen, man hätte es Verrat auf höchster Ebene nennen können. Ihre Versprechen à la »Wir werden dir immer nachfolgen« erwiesen sich als oberflächlich und heuchlerisch. Da waren sie nun, jene, die auserwählt waren, die Welt für Jesus zu verändern. Furchtsam, illoyal und völlig verantwortungslos. Jesus betritt übernatürlich den Raum. Als sie ihn sahen, dachten sie wahrscheinlich: »Jetzt kriegen wir Ärger, wir können uns hier nicht rausreden, wir sind schuldig und müssen akzeptieren, was jetzt kommt.« Doch während sie diese selbstverdammenden Gedanken hegten, wurden ihre Herzen zum Schmelzen gebracht, als die Gnade Frieden über sie aussprach.

Friede!

Das war nicht nur unerwartet, sondern als Reaktion auf ihre Feigheit auch völlig unverdient, wie sie wussten, denn ein schuldiges Herz weiß genau, was es verdient, und die Verkündung von Frieden ist es sicher nicht. Wie also ist das möglich?

Die richtige und gerechtfertigte Antwort hätte lauten können: »Tut Buße, ihr habt Mist gebaut, ich brauche ein Bekenntnis, und es muss aufrichtig sein, denn ich kann den Unterschied zwischen echt und falsch erkennen. Bevor ich euch etwas gebe, falls ich euch überhaupt etwas gebe, will ich sehen, ob eure Umkehr echt ist. Los, verschwindet aus diesem Raum, ihr Haufen gescheiterter Heuchler. Geht auf die Straße und verkündet, dass ich lebe. Tut das, und ich ziehe vielleicht in Betracht, euch zu segnen.«

Wenn die Religion in diesem Raum gestanden hätte, hätte sie sich barsch geäußert, aber die Religion war nirgendwo zu sehen. Die Gnade trat in ihre ängstliche, treulose, schuldige Welt und rief lauter: »Friede sei mit euch.« Oh, wie wunderbar die Stimme der Gnade in unseren Ohren klingt, wenn wir es vermasselt haben.

Wie demütig es werden lässt, wenn wir die Gnade Frieden aus-
sprechen hören über unsere armseligen, mangelhaften Versuche,
treu zu sein, aber da ist sie. Da stand er.

Was mich beim Lesen über dieses Aufeinandertreffen von Gnade und Schuld tief beeindruckte, war das, was Jesus tat, während
er den Frieden aussprach. Er zeigte ihnen seine Hände und Füße.
Er wollte sie wissen lassen, dass dies ein neues Zeitalter war. Er
hatte einen neuen Bund geschlossen. Er wollte, dass sie wussten,
dass der Segen und die Gunst Gottes von nun an nicht mehr auf
ihrer, sondern auf seiner Leistung beruhten.

Ich kann trotz eures unvollkommenen Verhaltens Frieden
über euch verkünden; ich kann trotz eurer oberflächlichen
Versprechungen an mich Frieden über euch ausrufen. Ein
neuer Tag ist angebrochen. Dies ist nicht die Zeit der Buße,
sondern des Empfangens, denn ohne meine Gnade könnt ihr
weder Buße tun noch verantwortungsvoll sein.

Wie viele von uns haben das Prinzip der Buße oder Umkehr
im neuen Bund falsch verstanden? Wie viele von uns hatten eine
falsche Vorstellung von der ganzen Sache rund um Heiligkeit und
Verantwortung? Wie lange haben wir den Segen Gottes versäumt,
weil wir als Gläubige dachten, dass die Buße dem Empfangen vo-
rausgeht?

Nein, wir können das Pferd nicht von hinten aufzäumen, es
läuft andersherum, und diese Begegnung der Jünger mit der Gnade vor dem Hintergrund ihrer Untreue demonstriert es.

Die Gnade beruhigt unsere Herzen, indem sie Frieden verkündet. Dann stärkt die Gnade unser Herz, indem sie uns einlädt, zu
empfangen.

Wie uns Römer 5,17 mitteilt, war es die Sünde Adams, die den Tod über viele herrschen ließ, aber viel größer ist Gottes Gnade und sein Geschenk der Gerechtigkeit, denn jeder, der es empfängt, wird durch Jesus im Sieg über Sünde und Tod leben.

Der Schlüssel, um als Gläubige zu empfangen, ist der Glaube, nicht Buße tun und sich benehmen. Alles, was Bartimäus tun musste, war glauben und empfangen. Die gleiche Verheißung, die für diesen hilflosen Bettler erklang, erklingt für jeden Gläubigen.

Gott liebt dich so, wie du bist, nicht so, wie du sein solltest

Brennan Manning war ein katholischer Priester, der sein ganzes Leben lang mit Alkoholismus, Einsamkeit und den Folgen einer Scheidung zu kämpfen hatte. Während er seine Memoiren schrieb, ließ er das Wirken der Gnade Gottes in seinem Leben Revue passieren. Es war ein Leben voller Versagen, geistlicher Versäumnisse und Kummer, und wie er seine Auffassung von Gnade zusammenfasste, machte die Reaktion, die Jesus auf einen Haufen unvollkommener Jünger mit ähnlichem Bedauern zeigte, für mich noch nachvollziehbarer.

Diese Auffassung kommt von einem Mann, der wie der Apostel Paulus nicht nur von der atemberaubenden Offenbarung der Gnade in der Schrift sprach, sondern von der unbestreitbaren Realität der Gnade in seinem Leben. Sowohl Brennan als auch Paulus hatten als Folge dessen, was sie erfahrungsmäßig und nicht nur akademisch gelernt hatten, großes Vertrauen in Gottes Gnade und waren dankbar für sie.

Gott liebt dich so, wie du bist, nicht so, wie du sein solltest. Das Evangelium verkündet dies als Feststellung, nicht als Überlegung. Die Erklärung des Himmels durch das Evangelium der Gnade ist folgende: »Gott hat die ganze Arbeit in Jesus getan. Ein für alle Mal. Wir sind einfach eingeladen, es zu glauben.«

Jedenfalls kam Manning zu einem Verständnis der Macht und befreienden Kraft der Gnade. Er schrieb in *The Ragamuffin Gospel: Good News for the Bedraggled, Beat-Up, and Burnt Out* (dt.: Größer als dein Herz: Erlebe, was Gnade heißt):

Weil die Errettung aus Gnade durch den Glauben geschieht, glaube ich, dass ich unter den unzähligen Menschen, die in weiße Gewänder gekleidet und mit Palmzweigen in den Händen vor dem Thron und vor dem Lamm stehen (Offb 7,9), auch die Prostituierte von der Kit-Kat-Ranch in Carson City, Nevada, sehen werde, die mir tränenreich mitteilte, dass sie keine andere Beschäftigung finden könne, um ihren zweijährigen Sohn zu versorgen. Ich werde die Frau sehen, die eine Abtreibung hatte und von Schuld- und Reuegefühlen heimgesucht wird, aber angesichts zermürbender Alternativen das Beste tat, was ihr möglich schien; den hochverschuldeten Geschäftsmann, der seine Integrität zusammen mit einer Reihe von verzweifelten Transaktionen verkaufte; den unsicheren Geistlichen, der unbedingt gemocht werden wollte und sich nach bedingungsloser Liebe sehnte, und deshalb seine Gemeinde von der Kanzel aus nie herausforderte; den sexuell missbrauchten Teenager, der von seinem Vater belästigt wurde und nun seinen Körper auf der Straße verkauft, der, wenn er nachts nach seinem letzten »Freier« einschläft, den Namen des unbekannten Gottes flüstert, den er in der Sonntagsschule kennengelernt hat.

»Aber wie kann das sein?«, fragen wir.

Dann sagt die Stimme: »Sie haben ihre Gewänder gewaschen und sie im Blut des Lammes weiß gemacht.«

*Da sind sie ja. Da sind **wir** – die Vielen, die so gern treu
sein wollten, die zeitweise besiegt, vom Leben beschmutzt
wurden und an Prüfungen scheiterte, die die blutbefleckten
Gewänder der Trübsale des Lebens trugen, aber durch alles
hindurch am Glauben festhielten.*

*Meine Freunde, wenn das keine gute Nachricht für euch
ist, habt ihr das Evangelium der Gnade niemals wirklich verstanden.*

Es gilt, der abenteuerlichen, unbeweisbaren Aussage zu vertrauen, dass es in Jesus bereits jeder einzelne Mensch auf Erden
geschafft hat, ohne sich religiös verrenken zu müssen. Es gilt, zu
erkennen, dass keine Notwendigkeit besteht, zu fasten, bis die
Knie schmerzen; dass es keine Gebete gibt, die man richtig hinkriegen muss, um keinen Ärger zu bekommen; dass man nicht
mit dem Daumen im Ohr auf dem Kopf stehen und das richtige
Glaubensbekenntnis aufsagen muss …

Diese ganze Show wurde im Geheimnis Christi abgeschafft
und richtiggestellt.

Ja, es ist verrückt. Ja, es ist wild. Ja, es ist empörend und für die
Selbstgerechten – regelrecht abstoßend. Jeder Gott, der so etwas
täte, verhielte sich geschmacklos, doch so ist es. Eine gute Nachricht. Die einzige permanente gute Nachricht, die es gibt, und
deshalb ist sie so fesselnd. Das Evangelium der Gnade verblüfft
und stößt gleichzeitig vor den Kopf. Es ist eine Gnade, die dem
Übereifrigen, der den ganzen Tag schuftet, den gleichen Lohn
bezahlt, wie ihn der grinsende Trunkenbold erhält, der erst um
16 Uhr 50 auftaucht. Es ist eine Gnade, die ihre Gewänder hoch-
rafft und rückhaltlos auf einen nach Sünde riechenden Verlorenen
zuläuft, ihm um den Hals fällt und beschließt, eine Party für ihn
zu schmeißen. Ohne Wenn und Aber.

Es ist eine Gnade, die mit blutunterlaufenen Augen auf die Bitte eines sterbenden Diebes blickt, an ihn zu denken, und ihm dann zusichernde Gewissheit gibt. Diese vulgäre Gnade ist unterschiedslos barmherzig, ohne etwas von uns zu verlangen.

Sie ist nicht billig, sondern frei verfügbar und wird als solche immer eine Bananenschale für die strenggläubigen Selbstgerechten sein, auch wenn sie sich schnaufend und keuchend mit aller Kraft bemühen, etwas oder jemanden zu finden, das oder den die Gnade nicht einschließen kann.

In Paulus' Worten ist sie im Überfluss vorhanden (siehe Röm 5,17).

Sie ist unfassbar, unergründlich und völlig bedingungslos.

Überwältigend, ich weiß, aber wir sind aufgefordert, es zu glauben, und eingeladen, sie zu empfangen.

Jemand sagte einmal, wenn man das Evangelium mit dem Verstand begreifen kann, hat man nicht das Evangelium gehört.

Aufgrund der atemberaubenden Wahrheit des Evangeliums von Gottes Gnade und den Worten Jesu, die uns auffordern, wie kleine Kinder zu werden, verstehe ich jetzt etwas mehr. Die Wahrheit der Gnade Gottes erweckt wegen ihrer fantastischen Behauptungen den Anschein, als sollten wir sie in die Welt der Fantasie und der Märchen verbannen.

Das Unmögliche ist Wirklichkeit

Als meine kleine Enkelin fünf Jahre alt war, setzte sie sich in unseren Garten und fragte mich ernsthaft: »Opa, wie alt bist du?«

Ich sagte ihr, ich sei 65 Jahre alt. Sofort begann sie unkontrolliert zu weinen. Ich versuchte, sie zu beruhigen, aber in ihren

Schluchzern wiederholte sie immer wieder: »Ich will nicht, dass du stirbst, Opa, ich will nicht, dass du stirbst.«

Dann hörte sie plötzlich auf zu weinen, ihr Gesicht leuchtete auf, als hätte sie irgendwie auf wundersame Weise eine Art Offenbarung empfangen. »Ich weiß, was ich tun kann, Opa«, sagte sie und wischte sich die Tränen aus den Augen: »Ich werde dich 30 machen!«

Ich stimmte dem Lösungsvorschlag dieses kleinen Mädchens zu und fragte begeistert: »Wie willst du das anstellen?«

»Feenstaub«, antwortete sie zuversichtlich.

Sie erklärte weiter, dass die Zahnfee in der Nacht zuvor da gewesen sei und etwas Feenstaub hinterlassen habe, und dass sie beim Lesen von Peter Pan erfahren habe, dass dieser wegen Naseweis' Feenstaub nie älter geworden sei.

Dann warf sie etwas Feenstaub auf mich und ich reagierte, als wäre etwas Magisches passiert. »Was ist gerade mit mir passiert?«, fragte ich.

»Opa, das ist Zauberei«, sagte sie. »Du bist jetzt 30!«, dann ging sie weg und spielte glücklich mit ihren Spielzeugen und machte sich keine Sorgen mehr darüber, dass ihr Opa sterben könnte.

Fantastisch!

Weißt du, sie lebt in einer Welt, in der Kürbisse zu goldenen Kutschen werden, in der sich Holzpuppen zu Jungen aus Fleisch und Blut verwandeln und Zauberspiegel sprechen können. Kinder mit ihrer Vorstellungskraft leben in einer Sphäre, in der »unmöglich« nicht Teil ihres Wortschatzes ist.

Jetzt verstehe ich, warum auch wir in dieser Sphäre leben müssen – um die erstaunlichen Behauptungen des Evangeliums von Gottes Gnade annehmen zu können. Wir leben nicht in der Welt der Märchen und Fantasien, sondern in einer Sphäre, wo »unmöglich« Wirklichkeit ist. Seine Segnungen sind jenseits des menschlichen Fassungsvermögens, deshalb muss man es einfach glauben, um es anzunehmen.

Wenn die Stimme der Religion es wagt, dich niederzubrüllen, mach dir keine Sorgen. Das unfassbare, kraftvolle, wunderschöne Evangelium der Gnade ruft nur umso lauter.

KAPITEL VIERZEHN

GNADE RUFT LAUTER ALS DAS GESETZ

»Die Gerechten werden aus dem Glauben an das
Evangelium der Gnade Gottes leben.«

Jemand sagte einmal, dass unter dem Gesetz leben zu wollen, dem Versuch gleichkommt, mit einer abgelaufenen EC-Karte Geld von einem Geldautomaten abheben zu wollen. Du ziehst enttäuscht und vielleicht sogar wütend wieder ab. Du hast alle Anweisungen befolgt, die richtige Geheimzahl eingegeben, aber was du auch tust, du bekommst kein Geld, weil deine Karte nicht mehr gültig ist. Sie ist abgelaufen. Sie wurde deaktiviert.

Genau das geschieht seit Jahren in der Kirche. Christen handeln nach einem ausgelaufenen System, einem veralteten Bund, und erwarten den Segen des neuen Bundes. Wir sprechen Gebete des alten Bundes und erwarten Ergebnisse des neuen Bundes.

Der Hebräerbrief ist diesbezüglich wirklich erstaunlich. Er wurde an eine jüdische Leserschaft geschrieben, die an Jesus den Messias glaubte, aber, im Hinblick auf die Errettung und eine dauerhafte Beziehung zu Gott große Schwierigkeiten hatte, allein auf ihn zu vertrauen. Ihr Opfersystem und ihr Tempelprotokoll waren alles, was sie gekannt hatten. Ich stelle mir vor, wenn ich einer von ihnen gewesen wäre, hätte ich Fragen gestellt wie: »Warum können wir nicht Jesus und das Gesetz haben?« oder »Warum können wir uns Gott nicht so nähern, wie wir es immer getan haben, es funktioniert doch seit 1500 Jahren, warum es jetzt ändern?«

Der Schreiber an die Hebräer gab Antworten, die klar und einfach waren, denn diese Art der Annäherung an Gott war überholt, veraltet und eingestellt worden. Leider kamen viele dieser jüdischen Gläubigen nicht damit klar, dass nur die Gnade sie retten und bewahren sollte, und kehrten in die Sklaverei des Gesetzes zurück, indem sie darauf vertrauten, dass das Blut von Tieren sie heiligt. An genau diese Menschen war Folgendes gerichtet:

Denn es ist unmöglich, Menschen, die einmal erleuchtet worden sind – Menschen also, welche die guten Gaben des Himmels zu spüren bekamen, Anteil am Heiligen Geist erhielten, die Güte des Wortes Gottes erfahren und die Macht der zukünftigen Welt kennengelernt haben – und sich dann doch von Gott abwandten, wieder zur Umkehr zu bewegen und ihr Leben dadurch zu erneuern. Denn sie nageln den Sohn Gottes erneut ans Kreuz und verspotten ihn. – Hebräer 6,4–6 NLB

Wenn du dahin zurückkehrst, dem Tieropfersystem im Hinblick auf deine Rettung zu vertrauen, lehnst du den Sohn Gottes ab, weil du mit deiner Handlung sagst, dass sein Tod nicht ausreicht. Aus diesem Grund – das kommt erschwerend hinzu – haben sich viele Christen in eine Lage gebracht, in der es ihnen unmöglich ist, mit Gott ins Reine zu kommen, denn die Wahrheit über den Tod Christi und die Vergebung der Sünden ist ihnen ja bereits dargelegt worden.

Undenkbarer Gott, undenkbare Gnade

Die Wahrheit, dass ein Mensch als einmaliges Opfer für die Sünde aller gestorben war, wurde von einigen jener Menschen als herrliche Realität angenommen. Es schien jedoch, als hätten einige nach Abwägung des Ganzen beschlossen, zu einem veralteten System zurückzukehren, das von Gott eingestellt und nicht mehr als gültiger Weg anerkannt wurde, um mit ihm ins Reine zu kommen. Der Hebräerbrief fährt in Kapitel 10,9–10 (NLB) so fort:

Und er fügte hinzu:»Sieh her, ich bin gekommen, um deinen Willen zu tun.« Er hebt den ersten Bund auf, um den zweiten einzusetzen. Und Gott will, dass wir durch das Opfer des Leibes von Jesus Christus ein für alle Mal geheiligt werden.

In demselben Bibelbuch heißt es zudem sogar, dass es nicht nötig gewesen wäre, den ersten Bund durch einen zweiten zu ersetzen, wenn er fehlerfrei gewesen wäre (siehe Hebr 8,7), und dass Gott, wenn er von einem neuen Bund spricht, damit gleichzeitig sagt, dass der alte jetzt ausgedient hat (siehe Hebr 8,13).

Man hätte es eigentlich nicht deutlicher sagen können, und dennoch zogen viele jener damaligen Juden einen aufgehobenen Bund Gottes neuem Weg vor. Damit trafen sie eine Entscheidung, die sie in eine Lage brachte, in der sie niemals mit Gott ins Reine kommen konnten, so aufrichtig ihre auf dem alten Bund basierende Buße auch war.

Um die Wahrheit noch klarer zu machen, um sie noch offensichtlicher werden zu lassen, tut Gott das Undenkbare. Er führte nicht nur einen neuen Bund ein, sondern auch ein neues Priestertum, um ihn zu verwalten.

Hätte nun das Priestertum Levis den Plan Gottes erfüllt
– und das Gesetz beruhte ja auf diesem Priestertum –,
warum hätte Gott dann noch einen anderen Priester senden
sollen, der zur Ordnung Melchisedeks gehört und nicht ein
Priester war wie Aaron? Wenn nun aber die priesterliche
Ordnung verändert wird, muss auch das ganze Gesetz
entsprechend geändert werden. Denn der, von dem wir
reden, gehört zu einem anderen Stamm, dessen Angehörige
nie am Altar dienten. Unser Herr kam ja aus dem Stamm
Juda, doch Mose hat Juda nie in Verbindung mit dem
Priestertum erwähnt. – Hebräer 7,11–14

Das sind erstaunliche, gar überwältigende Worte. 1500 Jahre lang durften nur Priester aus dem Stamm Levi die heiligen Aufgaben des Tempeldienstes übernehmen. Das war in Stein gemeißelt, und was die Juden betraf, war es undenkbar, unvorstellbar, dass es sich jemals ändern würde.

Aber das tat es. Gott tat das Undenkbare. Er wechselte nicht nur den Bund, sondern auch das Priestertum aus. Der Hohepriester des neuen Bundes kam aus dem Stamm Juda und schlug den letzten Nagel in den Sarg des Opfersystems des alten Bundes. Das Priestertum von Levi zu Juda zu ändern bedeutete, dass es kein Zurück mehr gab; denn dieser Priester ist unsterblich, an seiner Priesterschaft wird sich nichts mehr ändern. Das ist für die Ewigkeit; Jesus ist der neue Hohepriester. Gott hat es bewilligt. Es gibt keinen Weg zurück.

Doch leider sind ihn viele trotzdem gegangen. Noch trauriger ist, dass das Gleiche in der Gemeinde heute geschieht. Wir haben Gläubige, die sich auf das Gesetz verlassen, um geheiligt zu werden. Und obwohl sie ihre Erlösung trotz ihrer wirren Theologie nicht verlieren, genießen sie sie auch nicht. Ihre Namen sind im

Himmel eingetragen, aber sie leben in Sklaverei, bis sie dort ankommen.

Deshalb haben wir so viele freudlose, ineffektive Christen. Sie versuchen immer, perfekt zu sein. Das auf das Gesetz gegründete Leben erfordert es. Ihr Wert wird an ihrer Leistung gemessen und deshalb geht es ihnen schlecht. Das Gesetz verlangt Perfektion und sie wissen im Innern – ungeachtet ihrer äußeren Versuche, durch ihr Verhalten gerechtfertigt zu werden –, dass sie bei Weitem nicht perfekt sind. Tullian Tchividjian sagt in seinem Buch *One Way Love*:

Gesetz ist jede Stimme, die uns das Gefühl gibt, dass wir etwas tun müssen oder etwas sein müssen, um die Anerkennung anderer zu verdienen. Im täglichen Leben ist das Gesetz ein verinnerlichtes Prinzip der Selbstanklage.

Jemand sagte einmal, dass das Leben die Kunst sei, ohne Radiergummi zu zeichnen. Es ist ein Slogan, der dazu gedacht ist, zu harter Arbeit und makelloser Moral anzuregen, aber er spricht in Wirklichkeit als die dröhnende Stimme des Gesetzes zu jedem, der ihn liest. Was er eigentlich sagt, ist das, was auch das Gesetz sagt: »Vermassle es nicht, es gibt keine zweiten Chancen, du machst es besser gleich beim ersten Mal richtig.«

Wie der große schottische Kirchenmann Ralph Erskine wunderschön schrieb: »Das Gesetz könnte mir Leben verheißen, wenn mein Gehorsam vollkommen wäre.«

Jemand sagte einmal: »Wenn du die Menschen wütend machen willst – predige das Gesetz, wenn du sie richtig wütend machen willst – predige die Gnade.«

Das geschah in der Gemeinde zur Zeit der ersten Apostel. Einige wie der Apostel Paulus waren wütend wegen des gesetzlichen

Predigens, aber andere wie die Judaisierer waren wirklich wütend wegen des Predigens der Gnade.

Das Gesetz ärgert uns, weil es uns sagt, was wir tun sollen, und meistens können wir es gar nicht leiden, wenn uns jemand sagt, was wir tun sollen. Doch ironischerweise ärgert uns die Gnade noch mehr, weil sie uns sagt, dass es nichts gibt, was wir tun können, dass alles bereits getan wurde. Wenn es etwas gibt, was wir mehr hassen, als gesagt zu bekommen, was wir tun sollen, dann ist es, gesagt zu bekommen, dass wir nichts tun können, dass wir nichts verdienen können, dass wir hilflos, schwach und bedürftig sind. Wie sehr wir das Gesetz auch hassen, wir haben mehr Angst vor der Gnade. Da wir von Natur aus dem »Do-it-yourself«-Prinzip anhängen, ist diese heftige Reaktion auf die Gnade verständlich. Die Gnade erzeugt Panik, weil sie uns sowohl Kontrolle als auch Ruhm aus den Händen ringt.
– Tullian Tchividjian

Und so war es auch mit den armen frühen Juden, die an Jesus glauben wollten, aber mit der bedingungslosen Gnade Gottes nicht umgehen konnten und es nicht schafften, mit ihr als Basis eine Beziehung zu ihm aufzubauen und aufrechtzuerhalten.

Das Gesetz muss gehen, wenn die Gnade auftaucht

Die Bibel ist voll von Bildern, die den Übergang vom Gesetz zur Gnade darstellen. Eines davon ist wunderschön in Lukas 2,25–32 in der Geschichte von Simeon zu sehen, der als tiefgläubig bekannt war.

In der Geschichte heißt es, dass er auf den Messias wartete, da zu einem früheren Zeitpunkt der Heilige Geist auf ihn gekommen war und ihm gesagt hatte, dass er nicht sterben würde, bis er ihn gesehen hätte. Als Maria und Josef Jesus in den Tempel brachten, war Simeon dort, wo er Jesus auf seine Arme nahm und sagte: »Herr, nun kann ich in Frieden sterben! Wie du es mir versprochen hast, habe ich den Retter gesehen, den du allen Menschen geschenkt hast. Er ist ein Licht, das den Völkern Gott offenbaren wird, und er ist die Herrlichkeit deines Volkes Israel!« (V. 29–32 NLB).

Welch ein schönes Bild dafür, wie sich das Gesetz vor der Gnade beugt und zurückzieht. Simeon steht für alles, was das Gesetz verlangt. Er war gläubig, gerecht, aber im Übergang begriffen. Er wartete auf die Realität. Er brauchte das Foto nicht mehr aufzubewahren. Er hielt nun das Echte im Arm. Simeon bedeutet Hören und Gehorsam, er ist der perfekte Repräsentant des Gesetzes, denn das war das Wesen des Gesetzes. Hören und Gehorchen – im Gegensatz zum neuen Bund, in dem es um Hören und Glauben geht. Aber für mich waren es die Worte, die Simeon in den Versen 29–30 (NLB) sprach, die alles sagen:

Herr, nun kann ich in Frieden sterben! Wie du es mir versprochen hast, habe ich den Retter gesehen ...

Die Bibel erklärt, dass das Gesetz lediglich ein Schulmeister ist, der uns zu Christus führt. Sobald das im Leben eines Menschen passiert ist, braucht er keinen solchen Lehrer mehr. Jesus wird ab da übernehmen. Wir sehen nicht nur, wie sich das in Simeon repräsentierte Gesetz zurückzieht, sondern in Vers 38 (ELB) wird auch sein wunderbarer Übergang vom Gesetz zur Gnade in der Ankunft von Hanna festgehalten.

Und sie [Hanna] trat zur selben Stunde herbei ...

Welche Stunde? In dem Moment, in dem Simeon geht.
Hanna bedeutet Gnade.
Genial!
Atemberaubend.
Ehrfurchtgebietend.
Das Gesetz muss gehen, wenn die Gnade kommt.
Gesetz und Gnade können im Leben eines Gläubigen nicht ko-existieren.

Diese grundlegende Wahrheit muss durch den Glauben verstanden und angewandt werden, wenn wir produktive Christen voller Freude sein wollen. Eine schöne Geschichte, die uns deutlich zeigt, dass Gesetz und Gnade nicht im selben Raum nebeneinander existieren können, findet sich in Johannes 8,1–11.

Die Frau, die beim Ehebruch ertappt wurde

Das Gesetz zerrte sie aus einem Bett des Ehebruchs. Sie wurde auf frischer Tat ertappt. Sie war ohne Zweifel schuldig. Keine Verhandlung nötig. Es gab keine Verteidigung. Kein Anwalt in Israel würde sich ihrem Fall annehmen. Die Sache war glasklar.

Was für ein perfektes Bild von der korrekten Anwendung des Gesetzes im Leben eines Menschen – uns vor Gott für schuldig zu erklären.

Aber auch die andere Seite der Bestimmung des Gesetzes wird deutlich; es ist wie ein Schulmeister, um uns zu Christus zu bringen.

Das Gesetz schleppte sie nackt, beschämt und schuldig durch die Straßen und warf sie vor die Füße der Gnade.

Was für eine eindrückliche Szene. Das Gesetz, mit Steinen bewaffnet und zum Töten bereit, die Verurteilte, die auf die verdiente Strafe wartete, und die Gnade, die im Begriff ist zu sprechen. Während das Gesetz Gerechtigkeit verlangt, beugt sich die Gnade nach unten und beginnt mit ihrem Finger zu schreiben.

In dem Film *Die Passion Christi* zeigt diese Szene Jesus, wie er in den Staub schreibt, aber der Bericht über diese Begebenheit in Johannes Kapitel 8 sagt uns, dass Jesus in den Tempelhöfen lehrte. Früher wie auch später im Buch wird dieser Bereich die Säulenhalle Salomos genannt.

Jesus stand nicht auf staubigem Boden. Er stand auf Steinplatten. Als er sich bückte und mit dem Finger schrieb, schrieb er höchstwahrscheinlich auf Pflastersteine oder Steintafeln.

Die Lektion war für diejenigen, die zum Gericht bereit waren, offensichtlich.

Die Reaktion war völlig vorhersehbar.

Sie gingen weg, weil sie erkannten, dass an diesem Tag niemand da stand, der der Überprüfung durch die Zehn Gebote, das Gesetz Gottes, den Maßstab der Gerechtigkeit, der 1500 Jahre zuvor mit dem Finger Gottes auf Steintafeln geschrieben wurde, standhalten konnte.

Sie waren alle schuldig und sie alle gingen.

Außer dem Einzigen, der ein Urteil hätte fällen und die Strafe vollstrecken können, weil er nämlich der Einzige war, der jemals die im Gesetz gestellten Anforderungen an die Gerechtigkeit erfüllt hat.

Welch ein Bild.

Die Schuldige zittert vor Angst zu Füßen der Gnade.

Keine Verteidigung.

Keine Hoffnung.

Das Gesetz hatte seine Arbeit getan und sie gut gemacht … aber es musste die Verurteilte zu den Füßen der Gnade zurücklassen und nach der Ausgangstür suchen.

Die Gnade beugte sich wieder nach unten und brachte das Bild zur Vollkommenheit. Es gab nämlich zwei Sätze Tafeln, auf die Gott seinen Maßstab der Heiligkeit schrieb. Ein Satz wurde im Gericht zertrümmert, der andere war außer Sichtweite in der Bundeslade untergebracht, bedeckt von dem mit Blut besprengten Gnadenstuhl.

Gott sagte Mose, dass er ihm dort begegnen würde, zwischen den Cherubim über dem Gnadenstuhl, wo es keine Verurteilung gibt.

Jesus als der wahre Gnadenstuhl streckt sich zur Schuldigen aus und seine Worte und Taten machen der Frau deutlich, dass ihre Scham jetzt auf ihm liegt. Dass sie gehen kann, weil er sie nicht verurteilen wird. Dann fügt er noch etwas Wunderbares hinzu. Er fordert sie auf, diese Gnade als ihren Anreiz zu nutzen, ein gerechtes und kein sündhaftes Leben zu führen.

Gnade bringt Leben und der Feind will es stehlen

Als Jesus als der gute Hirte sagte, dass er für seine Schafe Leben im Überfluss wünscht, warnte er auch vor einem geplanten Raubüberfall, der den Zweck habe, es zu stehlen.

Da sprach Jesus wiederum zu ihnen: Wahrlich, wahrlich, ich sage euch: Ich bin die Tür für die Schafe. Alle, die vor mir kamen, sind Diebe und Räuber; aber die Schafe hörten nicht auf sie. Ich bin die Tür. Wenn jemand durch mich hineingeht, wird er gerettet werden und wird ein- und ausgehen und Weide finden. Der Dieb kommt nur, um zu stehlen, zu töten und zu verderben; ich bin gekommen, damit sie das Leben haben und es im Überfluss haben.

– Johannes 10,7–10

Jesus verspricht seinem Volk Leben im Überfluss. Ein Leben voller Freude, Sieg, Frieden und Sicherheit. Warum genießen dann große Teile der Gemeinde Jesu diese Segnungen nicht?

Jesus gibt uns die Antwort: »Diebe und Räuber.«

Interessant ist hier, dass er in Bezug auf Diebe und Räuber unsere Aufmerksamkeit auf alle richtet, die je vor ihm kamen. Dies ist kein Hinweis auf den Teufel, sondern auf seine irdischen Handlanger: die Lehren des Gesetzes und die Pharisäer.

Der Kontext von Johannes Kapitel 10 ist Jesu Antwort auf die Frage der Pharisäer in Johannes 9,40.

Sind denn auch wir blind?

Willst du sagen, dass wir in Bezug auf eine Beziehung mit Gott keine Ahnung haben?

Er trifft sie an ihrer empfindlichsten Stelle und brandmarkt sie als Kriminelle.

Das wirksamste Mittel Satans, um der Gemeinde den Segen des neuen Bundes zu stehlen, ist nicht die Verfolgung von außen, sondern die Verschmutzung von innen.

Ich liebe es, Bankraubfilme wie *The Italian Job – Jagd auf Millionen* oder *Der große Eisenbahnraub* zu sehen. Wenn man sich Filme über Bankraub ansieht, stellt man fest, dass immer das Gleiche passiert. Damit der Raub erfolgreich ist, muss es einen Insider geben; jemand, der der Bank gegenüber loyal und vertrauenswürdig erscheint und gleichzeitig jemand ist, der von den Räubern überredet und gekauft wurde.

Der Erfolg von Satans Diebstahl von der Gemeinde ist in seiner Subtilität begründet. Wie in den Filmen benutzt er keine Dämonen, um *Den großen Gemeinderaub* durchzuziehen, sondern Insider. Pastoren und Leiter in der Gemeinde, aufrichtige, treue Männer und Frauen, die sich ihrer Zusammenarbeit mit dem Feind nicht bewusst sind. Durch gesetzliches, leistungsorientiertes Predigen wird der Gemeinde alles geraubt, was sich der Gute Hirte für seine Schafe wünscht.

Nicht durch Verfolger, sondern durch Prediger.

Während ich über diesen Gedanken nachsann, wurden für mich einige alttestamentliche Stellen zum Leben erweckt, die diese Verunreinigung der Gemeinde unter dem neuen Bund deutlich beschreiben.

Die erste war Esra 9.

⁷ Seit den Tagen unserer Väter leben wir in großer Schuld,
bis heute. Wegen unserer Sünden wurden wir, unsere
Könige und unsere Priester in die Hand der Könige der
Länder ausgeliefert; dem Schwert, der Gefangenschaft, der
Plünderung und den offenen Schmähungen übergeben. Das
ist noch heute so.
⁸ Doch nun wurde uns ein kurzer Augenblick der Gnade
geschenkt, denn der Herr, unser Gott, hat uns Gerettete
überleben lassen. Er hat uns Zuflucht an dem Ort seines
Heiligtums gewährt. Unser Gott hat unsere Augen hell
gemacht und unsere Unterdrückung erleichtert. ⁹ Denn wir
sind Sklaven, doch unser Gott hat uns auch in der Sklaverei
nicht verlassen, sondern uns durch die Könige Persiens
Gnade gewährt. Er hat uns wieder zum Leben erweckt,

*sodass wir das Haus unseres Gottes aufbauen und es aus
seinen Trümmern erstehen lassen konnten. Er hat uns ein
Bollwerk in Juda und Jerusalem gegeben.*

Vers sieben beschreibt das Problem: Seit Jahren ist die Kirche
sündenbewusst, kulturell und sozial unproduktiv, weil sie getötet,
gefangen genommen, beraubt und entehrt wurde.

Aber die Verse acht und neun verkünden prophetisch, wie die
befreiende Botschaft des Evangeliums der Gnade Gottes sie in die
Freiheit entlässt.

Dank der Erweckung, die durch die Verkündigung des Evangeliums der Gnade Gottes gerade über den Planeten fegt, werden
die Ketten der Sklaverei aufgebrochen, was unsere Augen erhellt
und uns mit Gunst ausstattet – für nur einen Zweck.

Er hat uns wiederbelebt, damit wir den Tempel unseres Gottes wieder aufbauen und das, was zerstört war, wieder reparieren
können.

Eine schuldbeladene, auf dem Gesetz gegründete Gemeinde ist
für Gott nutzlos. Sie ist ineffektiv darin, eine verlorene Welt zu
erreichen, viel zu schwach, um sich selbst aufzubauen.

Eine versklavte Gemeinde ist nicht erst ein Problem der heutigen Zeit. Paulus kämpfte Tag für Tag mit den Waffen des Evangeliums der Gnade Gottes, um die Gemeinde von Sklaverei frei zu
halten.

William Wilberforce verbrachte sein Leben mit einer Leidenschaft – die Sklaverei aus der Welt zu verbannen. Der Apostel Paulus verbrachte sein Leben mit der gleichen Leidenschaft, die Sklaverei aus der Gemeinde verbannen. Sein Brief an die Galater, eine
Gemeinde, die von den Insidern des Teufels durchdrungen war,
die die Gemeindeglieder bis aufs Hemd auszogen, war nicht von
politischer Korrektheit geprägt.

So hat uns Christus also wirklich befreit. Sorgt nun dafür,
dass ihr frei bleibt, und lasst euch nicht wieder unter das
Gesetz versklaven. – Galater 5,1 NLB

Die Erweckung, nach der sich die Gemeinde sehnt, ist nicht das, als was die christlich-charismatische Tradition sie dargestellt hat. Bei der wahren himmlischen Erweckung geht es nicht um Manifestationen und Bewegungen Gottes. Es geht darum, dass die Gemeinde die befreiende Offenbarung, die im Evangelium von Gottes Gnade enthalten ist, zum Leben erweckt.

Es geht um die Gemeinde, die aus der Sklaverei in die Freiheit kommt. Es geht um die Abschaffung der Sklaverei. Die Reformation, deren treibende Kraft Martin Luther war, schafft den Präzedenzfall für jede echte Erweckung.

Die Gerechten werden aus dem Glauben an das Evangelium der Gnade Gottes leben.

Die Stimme der Religion verlangt, dass du den Preis für die Annahme bei Gott bezahlst, aber durch das Evangelium der Gnade Gottes fällt Gott das Urteil vor deiner Leistung.

Als wir noch Sünder waren, ist Christus für uns gestorben (siehe Röm 5,8).

Timothy Keller hat das mal brillant formuliert. Er sagte: »Religion bringt dich jeden Tag vor Gericht.«

Das ist wahr. Es ist, als würde ein Urteil über deine Leistung an diesem Tag gefällt. Eine religiöse, durch das Gesetz geprägte Mentalität lebt mit der Hoffnung, dass das Urteil gut ist, doch unser Evangelium *beginnt* mit einem guten Urteil.

Jede große Religion fußt auf dieser Drohung – dass man jeden Tag vor Gericht steht.

Das Evangelium entlässt die Geschworenen, der Richter hat das Urteil gefällt und wir sind frei.

Es gibt jetzt keine Verdammnis für die, die in Christus Jesus sind (siehe Röm 8,1).

In dem Moment, in dem du dem Evangelium glaubst, heftet Gott deinem Leistungsbericht die vollkommene Leistung Christi an, als ob es deine eigene wäre.

Es war diese Offenbarung, die Luther von der religiösen Sklaverei in die Freiheit des Evangeliums der Gnade entließ.

Luther glaubte, dass Religion bedeute, ein rechtschaffenes Leben zu führen und es Gott zu weihen. Er wurde frei, nachdem er erkannt hatte, dass Jesus ein gerechtes Leben geführt und es ihm gegeben hatte.

Bewegungen Gottes kommen und gehen, aber eine Gemeinde, die für diese Offenbarung des Evangeliums der Gnade Gottes wiederbelebt wurde, eine Gemeinde, die von der Kette der Sklaverei befreit ist, wird nicht nur bestehen bleiben, sondern auch ein starker und tatkräftiger Einfluss in dem Gemeinwesen sein, in dem sie angesiedelt ist.

Das Gesetz ist unzureichend, die Gnade ist ausreichend

Als Jesus den Mann am Teich Bethesda heilte, befreite er ihn nicht nur von 38 Jahren Traurigkeit und Krankheit, sondern malte uns auch ein Bild davon, wie die Gemeinde die gleiche Befreiung genießen kann. Als Johannes das Ereignis in Johannes 5 aufzeichnete, verfolgte er dabei ein bestimmtes Motiv. Die Wunder oder Zeichen, die er aufschrieb, wurden nämlich bewusst ausgewählt, um einem jüdischen Publikum die Unzulänglichkeit des Judentums und die Hinlänglichkeit der Gnade aufzuzeigen.

Der Teich Bethesda war von fünf Säulenhallen umgeben, in denen die Kranken und Sterbenden lagen. Die fünf Vorhallen stehen für die ersten fünf Bücher des Alten Testaments oder des Gesetzes.

Die Lektion? Das Gesetz kann niemanden heilen, erlösen oder befreien.

Erscheinen Gnade und Wahrheit in der Person Jesu, wird der Mensch befreit.

Ab und zu bewegte sich das Wasser des Teichs und heilte den ersten, der hineinstieg. Aber das war's dann schon. Nachdem sich das Wasser kurz bewegt hatte, kehrten die Menschen zu ihrem traurigen, kranken Leben in den fünf Säulenhallen zurück.

Für mich ist das ein perfektes Bild einer gesetzlichen Gemeinde, die auf die nächste große Bewegung Gottes wartet. Ob Pensacola, Argentinien oder die Täler von Wales. Sie bewegten nur kurzzeitig das Wasser, und wenn alles vorbei ist, kehrt die Gemeinde zu ihrem Leben in den fünf Säulenhallen des Gesetzes zurück und wartet auf die nächste Bewegung.

Jesus will nicht, dass die Gemeinde so lebt. Durch die Kraft der Gnade will er, dass du aufstehst, deine Matte nimmst und solcher Sklaverei den Rücken kehrst.

Erinnern wir uns noch einmal daran, wie Jesu Frage an den blinden Bartimäus die Stimme der Gnade an seine Gemeinde verkörpert. »Was soll ich für dich tun?« Die Gnade sagt nie: »Folgendes musst du für mich tun.« Für einen Gläubigen, der lange blind oder lange Zeit angekettet oder verkrüppelt war, liegt eines der größten Probleme nicht in der Bereitschaft zur Buße, sondern in der Fähigkeit, empfangen zu können. Kaum etwas fällt Gläubigen schwerer als das Empfangen.

Dies ist nicht die Zeit, um Buße zu tun, sondern um zu empfangen.

Wie Jesus einem Haufen unwürdiger Jünger erscheint, veranschaulicht auf wunderbare Weise, wie wichtig es ist, Gottes Gnade und seine unverdiente Gunst zu genießen.

Am Abend dieses ersten Tages der Woche trafen die Jünger sich hinter verschlossenen Türen, weil sie Angst vor den Juden hatten. Plötzlich stand Jesus mitten unter ihnen!»Friede sei mit euch«, sagte er. Und nach diesen Worten zeigte er ihnen seine Hände und seine Seite. Freude erfüllte die Jünger, als sie ihren Herrn sahen. – Johannes 20,19–20 NLB

Sie waren ängstliche, illoyale, untreue, unverantwortliche Feiglinge und Gesetzesbrecher, aber Jesus erschien mitten unter ihnen ohne eine Spur von Verurteilung oder Verdammung. Keine Schuldzuweisungen, kein Aufwärmen vergangener Sünden und Fehler. Er gab ihnen das, was wir alle brauchen, wenn wir rückfällig werden und uns schämen – Gnade. In den vier Worten »Friede sei mit euch« stecken die Zutaten, um zur Jüngerschaft zu bewegen. Nicht »Ihr hättet es besser machen können«, sondern »Friede sei mit euch«.

Es ist entwaffnend, so unerwartet und dringend benötigt.

Jesus war im Begriff, sie zu beauftragen, nicht zu verurteilen, sie auszusenden, nicht zu zerschmettern. In Gegenwart einer solch bedingungslosen Liebe und Annahme würde jedes Herz schmelzen. Jeder würde folgen. Während er sie mit Schalom überschüttete, zeigte er ihnen die ganze Zeit über seine Hände und Füße. Er zeigte ihnen den Grund, warum an ihre Sünden nicht mehr gedacht wurde. Es war vollbracht. Das Opfer war ein für allemal angenommen worden. Er wollte sie wissen lassen, dass der Segen und die Gunst Gottes von nun an nicht mehr auf ihrer, sondern auf seiner Leistung beruhten. Seine Anweisung an sie richtet sich über die Zeitalter hinweg auch an uns.

Dies ist nicht die Zeit, um Buße zu tun, sondern um zu empfangen.

Er zeigte ihnen nicht das Gesetz, das ihre Vollkommenheit forderte, sondern seine Hände und Füße, sein vollbrachtes Werk, das ihre Vollkommenheit sicherte. Der Segen Gottes war nicht mehr von ihrer Treue abhängig, sondern von seiner. Gottes Friedensverkündigung kann niemals durch das Gesetz genossen werden, sondern allein durch die Gnade.

Weil die Gnade lauter ruft als das Gesetz.

Unter dem alten Bund war die Vergebung von ihrer Buße abhängig. Im neuen Bund ist die Buße bzw. Umkehr die Reaktion auf seine Vergebung. Es ist wirklich die Güte Gottes, die uns zur Umkehr führt. Hätte Jesus ihnen das Gesetz gezeigt, hätte Verdammnis den Raum erfüllt. Doch er zeigte ihnen sein vollbrachtes Werk, sodass Frieden den Raum erfüllte.

Deshalb, Pastoren, sollten wir in unseren Gemeinden nur die Gnade predigen – sie erfüllt unsere Gemeinden allesamt mit dem Frieden Gottes. Durch eine gesetzliche, leistungsorientierte Lehre ist es Satan gelungen, die Gemeinde ihrer Empfangsfähigkeit zu berauben. Viele Christen sind so sehr darauf konzentriert, mit Gott durch selbstgerechte Buße ins Reine zu kommen, dass sie nicht erkennen, dass das, was sie für einen Türöffner zu Gottes Segen halten, die Tür in Wahrheit verschließt.

Nimm dir eine Minute Zeit und lies **Römer 10,3–4**, bevor du fortfährst.

Das Evangelium, das von Jesus vollbrachte Werk, hat dem Fluch des Gesetzes und der Macht der Sünde den Todesstoß versetzt. Wir müssen es hören, glauben und empfangen. Wir müssen in seinem Licht bleiben und in ihm leben. Wir müssen es an andere weitergeben, damit sie dadurch befreit werden können. Wir müssen Gott dementsprechend anbeten. Wir müssen auf den Heiligen Geist warten, der es inspiriert. Wir müssen Jesus, der im Mittelpunkt steht, erheben. Gott will, dass seine Gemeinde ihn ohne die Ketten der Sklaverei ans Gesetz – des Zuchtmeisters – anbetet.

Meine Berufung als Abolitionist

Im Alten Testament in 2. Mose 3,7–10 findet sich eine schöne Parallele zu dieser Wahrheit:

Und der HERR sprach: Ich habe das Elend meines Volkes in Ägypten sehr wohl gesehen, und ich habe ihr Geschrei gehört über die, welche sie antreiben; ja, ich kenne ihre Schmerzen. Und ich bin herabgekommen, um sie zu erretten aus der Hand der Ägypter und sie aus diesem Land zu führen in ein gutes und weites Land, in ein Land, in dem Milch und Honig fließt, an den Ort der Kanaaniter, Hetiter, Amoriter, Pheresiter, Hewiter und Jebusiter. Und nun siehe, das Geschrei der Kinder Israels ist vor mich gekommen, und ich habe auch ihre Bedrängnis gesehen, wie die Ägypter sie bedrücken. So geh nun hin! Denn ich will dich zu dem Pharao senden, damit du mein Volk, die Kinder Israels, aus Ägypten führst!

Diese Worte wurden für mich lebendig. Sie sind im Lichte meiner Berufung als Abolitionist – jemand, der die Gemeinde Jesu aus ihrer Sklaverei befreien will – sehr persönlich. Was mit großen Teilen der Gemeinde geschieht, hat hier seine Parallele gefunden.

Gottes Antwort auf den Ruf seines Volkes nach Befreiung aus der Sklaverei ist die gleiche Antwort, die er auf den Ruf seiner Gemeinde nach Befreiung und Erweckung gibt.

Er sandte ihnen die Antwort auf ihren Schrei in einem Paket, das sie so nicht erwartet hatten.

Die Gemeinde ruft nach Erweckung und Befreiung von der Sklaverei, aber Gott antwortet auf ihren Schrei mit einem Paket, das sie nicht erwartet oder erkennt. In ihrer Vorstellung hat sie ein Bild davon, wie er Erweckung senden wird – durch charismatische Bewegungen, Manifestationen und Wunder. Durch Ausgießungen, Füllungen und Durchtränkungen, aber wie schon erwähnt, das sind nur kurze Wasserbewegungen.

Gottes Antwort auf das Erweckungsgebet der Gemeinde ist nicht irgendeine flüchtige emotionale Erfahrung, sondern die lebensverändernde, kettenzersprengende Abschaffung der Sklaverei, bewirkt durch eine Offenbarung des Evangeliums der Gnade Gottes.

Der Pharao wollte, dass das Volk Gottes unter seiner Gerichtsbarkeit, unter seiner Kontrolle Gott in Ketten anbetet. Durch Mose, den Abolitionisten, gab Gott den Befehl, sein Volk ziehen zu lassen, damit sie ihn anbeten könnten. Über das, was Gott befohlen hatte, konnte sich der Pharao nicht hinwegsetzen.

Satan kann nicht verhindern, dass du gerettet wirst, Satan kann nicht verhindern, dass du Gott anbetest, aber durch gesetzliche Lehre kann er dich unter seiner Gerichtsbarkeit halten, wodurch du Gott in Ketten anbetest. Satan kann nicht verhindern, dass du das ewige Leben bekommst, es soll sich jedoch nicht voll entfalten. Das Erstaunliche ist, dass selbst unter gesetzlicher Lehre Satan das Wachstum der Gemeinde nicht aufhalten kann. Deshalb brauchen wir neben den Abolitionisten auch die Hebammen.

In 2. Mose 1,7–14 wird uns gesagt, dass die Kinder Israels frucht-bar waren und sich vermehrten. Als der König von Ägypten sie ansah, erkannte er, dass sie mächtiger waren als die Ägypter und befahl seinen Männern, hart mit ihnen umzugehen, damit sie sich nicht erheben und gegen die Ägypter kämpfen würden. Er wollte, dass sie wussten, wer der Boss ist. Doch anstatt dadurch dezimiert zu werden, wuchsen und vermehrten sich die Israeliten weiter.

Gottes Plan in dieser Endzeit ist es, nicht nur Mose, sondern auch die Hebammen aufstehen zu lassen. Beide sind in dieser End-zeiterweckung, die von der Befreiung vom Gesetz in die Freiheit durch die Gnade führt, notwendig. Satan weiß, dass eine neue Ge-neration in die Gemeinde hineingeboren wird, die nie die Knecht-schaft durch das Gesetz erleben wird. Daher ist sein Plan, sie zu töten, solange sie noch in den Kinderschuhen steckt.

Es ist, als ob der Feind flüstert: »Lasst die Babys nicht zu Krie-gern werden. Lasst Samen nicht zu Wäldern werden. Bedroht die Hebammen. Die Hebammen sollen die neue Generation töten, bevor sie durch die Gnade die frische Luft der Freiheit atmet.«

Es ist notwendig, dass die Hebammen ihren Platz einnehmen, um die Geburt dieser Generation in die Gnade Gottes hinein zu beschützen. Menschen, die Gott fürchten statt andere Menschen. Menschen, die Potenzial nicht töten, sondern fördern. Menschen, die der Gemeinde zu Wachstum verhelfen, und es nicht hemmen. Menschen, die ihr Leben darauf verwenden, anderen zu helfen, in die Gnade geboren zu werden.

Wir brauchen mehr Hebammen, Menschen, die andere auf-bauen und unterstützen und sie mit der Frucht ihrer Lippen näh-ren. Mit Worten voller Gnade. Lebensspendenden Worten. Samen des Lebens, nicht des Todes.

Paulus ermunterte die Kolosser, daran zu arbeiten, als er ihnen sagte, ihre Worte sollten allezeit voll Gnade und mit Salz gewürzt sein (siehe Kol 4,6).

Ein kraftvoller Vers, der für mich kürzlich lebendig wurde, als ich über etwas in der Art nachdachte, war Sprüche 13,2, wo es heißt: »Von der Frucht seines Mundes nährt sich einer mit Gutem, die Seele der Treulosen aber [nährt sich] mit Gewalttat.«

Als ich erkannte, dass die Frucht meiner Lippen eine Quelle der Versorgung für mich und andere war, stellte sich mir die Frage, ob die Menschen, die von der Frucht meiner Lippen leben, unterernährt sein könnten? Hungerten sie womöglich nach liebevollen, gnadenvollen Worten?

Für mich stellte sich die Aufgabe, sicherzustellen, dass die Menschen in meinem Umfeld, die sich von der Frucht meiner Lippen ernähren, nicht nach Worten der Liebe und der Gnade hungerten, und dass ich Gott auch selbst frei und nicht in Ketten anbetete, um nicht das Potenzial anderer an seiner Entfaltung zu hindern.

Die Priorität für eine Gemeinde in Ketten sind nicht noch mehr von harten Zuchtmeistern herausgebrüllte Pflichten, sondern die befreiende Botschaft der Gnade, die ihre Kraft im vollbrachten Werk Christi findet.

David sagte: »Er führt mich zu stillen Wassern« (Ps 23,2). Das tut er immer noch. Der Heilige Geist führt uns ständig an stillen Wassern entlang. Kein sprudelndes, rauschendes, schnell strömendes Wasser, sondern stilles Wasser. Wasser im Ruhezustand. Wasser in Frieden. Wasser, das nicht mehr arbeitet, um irgendwohin zu gelangen. Wasser, das alles vollbracht hat. Wenn das Gesetz durch das rauschende Wasser repräsentiert wird, steht das stille Wasser für die Gnade.

Der Heilige Geist führt die Schafe ständig an stillem Wasser entlang, denn es ist das einzige Wasser, das unseren Durst stillen kann.

Stille Wasser stellen für mich das vollbrachte Werk Christi dar. Kein Hetzen und Eilen mehr, kein Abmühen und Schuften um Gerechtigkeit, sondern durch stilles Wasser verliehene Gerechtigkeit, unverdiente Gerechtigkeit, geschenkte Gerechtigkeit.

Inmitten meiner unvollkommenen Leistung und Untreue, inmitten meines unheiligen Gedankenlebens und meiner unheiligen emotionalen Reaktionen muss ich wissen, dass ich immer noch geliebt, angenommen und gerecht bin. Deshalb führt er mich zu stillen Wassern. Deshalb führt er mich zum vollbrachten Werk – um mir zu versichern, dass es um seine Leistung geht und nicht um meine.

Laut Phillip Keller und seinem Buch *Psalm 23: Aus der Sicht eines Schafhirten* werden Schafe, wenn sie durstig sind, unruhig und machen sich auf die Suche nach Wasser. Wenn sie nicht zu einer guten Versorgung mit reinem, sauberem Wasser geführt werden, trinken sie oft aus verunreinigten Wasserlöchern, wobei sie darin enthaltene Parasiten und Keime aufnehmen. Wie viele Christen trinken aus verunreinigten Wasserlöchern, die mit gesetzlicher, Leistung fordernder Religion kontaminiert sind?

Der Senior-Pastor von Hillsong Church, Brian Houston, sagte einmal: »Kirchen sind kein Ort, an dem Gesetze gegeben werden, sondern sie dienen als Stützpunkte der Gnade.« So viele Gemeinden übersehen, dass sie Stützpunkte der Gnade sind und keine verunreinigten Wasserlöcher, aus denen das Volk Gottes Parasiten der Arroganz, des Gerichts und der Verurteilung in sich aufnimmt.

Jesus weist deutlich darauf hin, dass kein anderes Wasser als stilles Wasser – Wasser, das alles vollbracht hat – jemals unseren

Durst löschen wird. Er erklärt sogar, dass das Trinken seines stillen Wassers, seiner Gerechtigkeit, die Heilung für alles Leben ist.

Stille Wasser zeigen Gnade, die in die Tiefe geht

Zwei großartige und anschauliche Demonstrationen dieser Tatsache sind zum einen der Jakobsbrunnen, an dem Jesus mit einer Samariterin spricht, und zum anderen seine Aussage zum Laubhüttenfest, mit der er die religiöse Matte unter den Füßen wegzieht. Zuerst lauschen wir dem sehr privaten, persönlichen, aber kraftgeladenen Gespräch zwischen Jesus und der Samariterin, die in ihrem Beziehungsleben Probleme hatte.

Bist du größer als unser Vater Jakob, der uns den Brunnen gegeben und selbst daraus getrunken hat, samt seinen Söhnen und seinem Vieh?
Jesus antwortete und sprach zu ihr: Jeden, der von diesem Wasser trinkt, wird wieder dürsten.
Wer aber von dem Wasser trinkt, das ich ihm geben werde, den wird in Ewigkeit nicht dürsten, sondern das Wasser, das ich ihm geben werde, wird in ihm zu einer Quelle von Wasser werden, das bis ins ewige Leben quillt.
Die Frau spricht zu ihm: Herr, gib mir dieses Wasser, damit ich nicht dürste und nicht hierherkommen muss, um zu schöpfen! – Johannes 4,12–15

Hier sehen wir ein klassisches Beispiel für religiös wirkendes Wasser im Vergleich zu lebensspendendem stillen Wasser. Stolz machte diese Frau geltend, dass dies Jakobs Brunnen sei. Sie wollte sicherstellen, dass Jesus von dessen ehrwürdiger Geschichte wusste. Dass er wusste, dass es ein heiliger Ort war – ein gerechter Brunnen.

Die Antwort Jesu sagt alles:

Das mag sein, aber du musst immer wiederkommen, um zu trinken. Das bedeutet viel harte Arbeit in der heißen Sonne, schwere Lasten zu tragen, und nach all dem, stillt es einen trotzdem nicht wirklich – man muss ständig wiederkommen, um mehr zu holen. Ich bin stilles Wasser, Wasser im Ruhezustand, Wasser, das es vollbracht hat. Wer von dem Wasser trinkt, das ich habe, wird nie wieder Durst haben. Keine schweren Lasten mehr in der heißen Sonne zu tragen. Kein ständiges Pilgern mehr zu einem religiösen Ort.

Ihre Antwort: »Das will ich.«

Es gibt Millionen von Christen, die Wasser aus dem Brunnen Jakobs trinken, obwohl es nebenan stilles Wasser gibt, das ihren Durst stillen möchte. Millionen von Gottes Schafen tragen schwere Lasten in der heißen Sonne, um Wasser zu trinken, das ihren Durst nach Heiligkeit nie stillen wird.

Du musst arbeiten, um einen Brunnen zu graben, und du musst immer wieder an den gleichen Ort zurückkehren, um sein Wasser zu trinken. Jesus erklärt, dass das Wasser seiner Gerechtigkeit – das einzige Wasser, das unseren Durst löschen kann – eine beständige Quelle in uns ist. Anstatt zu arbeiten, zu schleppen und zu schwitzen, um unseren Durst zu stillen, ist alles, was wir zum Leben und zur Gottseligkeit brauchen, in uns. Es ist lebendiges Wasser. Es wird zu einer frischen sprudelnden Quelle in uns, die uns ewiges Leben gibt (siehe Joh 4,14).

Bei der zweiten Szene finden wir uns zum Laubhüttenfest in Jerusalem mit Jesus wieder, der dabei ist, die Unzulänglichkeit des religiösen Wassers im Vergleich zur Hinlänglichkeit des stillen Wassers aufzuzeigen.

Aber am letzten, dem großen Tag des Festes stand Jesus auf, rief und sprach: Wenn jemand dürstet, der komme zu mir und trinke! Wer an mich glaubt, wie die Schrift gesagt hat, aus seinem Leib werden Ströme lebendigen Wassers fließen. Das sagte er aber von dem Geist, den die empfangen sollten, welche an ihn glauben; denn der Heilige Geist war noch nicht da, weil Jesus noch nicht verherrlicht war.
– Johannes 7,37–39

Das hier erwähnte religiöse Fest war das letzte Fest im jüdischen Kalender, das Laubhüttenfest.

Es wurde acht Tage lang gefeiert. Am siebten Tag stand Jesus auf.

Der siebte Tag war der Höhepunkt.

Die Priester schöpften Wasser aus dem Teich von Siloah und führten unter großem Jubel, mit Feiern und religiösem Prunk eine große Prozession zum Altar am Tempel, um Wasser in ein Silberbecken zu gießen. Zwei silberne Posaunen erklangen, begleitet von religiösem Gebrüll. Es war laut. Ein Rabbi schrieb mal, dass jeder, der diese Wasserzeremonie nicht gesehen hat, noch nie in seinem Leben Freude gesehen hat.

Auf dem Höhepunkt dieser dramatischen religiösen Raserei tat Jesus das Undenkbare. Er erhob seine Stimme und mit den Worten, die aus seinem Mund donnerten, sagte er im Grunde genommen: »Das alles ist gut, doch es reicht nicht aus.«

Inmitten dieser aufrichtigen, heiligen, rituellen und doch nur symbolischen Show der Hingabe an Gott, noch während diese

Fülle von zeremoniellem religiösen Wasser ausgegossen wurde, erhob die Gnade ihre Stimme und übertönte alles.

Jesus stand auf und rief mit lauter Stimme: »Wenn jemand Durst hat, soll er zu mir kommen und trinken.«

Beeindruckend.

Erstaunlich.

Ehrfurchtgebietend.

Jesus wartete, bis die Religion ihren Höhepunkt erreicht hatte. Er wartete, bis das Schöpfen, das Tragen und das Ausgießen von religiösem Wasser und alles andere erledigt war und verkündete dann: »Euer Durst nach Annahme bei Gott und euer Streben nach Heiligkeit vor Gott kann nur durch das Wasser, das ich habe, gelöscht werden.«

Stilles Wasser. Wasser, das alles vollbracht hat.

Wie viele Jahre habe ich meine Zeit damit verbracht, religiöses Wasser zu schöpfen und es bis vor Gott zu tragen, um es vor ihm in der Hoffnung auszugießen, dass es genug war, nur um diesen Prozess dann Tag für Tag zu wiederholen, bis ich erschöpft war. Ich bin so froh, dass das Evangelium von Gottes Gnade an jenem Tag durch Joseph Prince seine Stimme erhob und mich einlud, von Jesu vollkommenem Leben zu trinken, nicht von meinem religiösen.

Stilles Wasser erzeugt lebendiges Wasser. Es mag still sein, aber es ist nicht abgestanden. Stille steht für Ruhe. Sie signalisiert: Es ist vollbracht. Trink von Jesu vollbrachtem Werk und aus dir werden Ströme lebendigen Wassers fließen. Keine Ströme, die nach Ruhe suchen und streben, sondern Ströme, die *aus* der Ruhe fließen.

Ein gerechtes Leben kann nur aus ruhigem Glauben heraus fließen.

Ich bete für die Gemeinde, dass sie voller Hebammen sei, die angesichts der religiösen Tyrannei dazu beitragen werden, eine neue Generation von Gläubigen zur Welt zu bringen, die mit den Abolitionisten zusammenarbeiten, um Gottes Volk aus der religiösen Sklaverei zu befreien, und sich weigern, Gott in den Ketten des Pharaos anzubeten, sondern ihn in Freiheit und Wahrheit anbeten.

Seit fünfhundert Jahren fassen Christen das Evangelium in Form von Solas zusammen. Das ist das lateinische Wort für »einzig und allein«. Unvergleichlich. Unerreicht. Historisch gesehen würde ich also das Evangelium der Rechtfertigung durch Glauben so beschreiben:

Allein aus Glauben, allein durch Gnade, allein auf der Grundlage von Christus, allein zur Ehre Gottes, allein in Gott haben Sünder die ewige Herrlichkeit. Allein die Schrift ist die höchste Autorität, was die Offenbarung und Definition des Evangeliums angeht.

Paulus donnerte mit lauter Stimme über dem religiösen Getöse der Gemeinde in Galatien: »Wenn euch jemand ein anderes Evangelium verkündigt als das, was ihr empfangen habt, der sei verflucht« (siehe Gal 1,8–9).

Die Gnade ruft lauter. Das muss sie, wenn die Gemeinde von ihren Ketten befreit werden soll.

Sei befreit, Freund. Gnade ruft lauter.

KONTAKT ZU RAY BEVAN

Ray Bevan reist als Lehrer und Prediger durch Europa, um Menschen auf leidenschaftliche Weise das Evangelium der Gnade nahezubringen. Bei Interesse an einem Predigtdienst kannst du seine persönliche Assistentin Hayley Corley kontaktieren: *hayley.corley@kings-church.org.uk*

Übrigens: Auf YouTube findest du eine Vielzahl beeindruckender Predigten von Ray Bevan: *youtube.com/gracetoday*

Joseph Prince
Die Kraft des richtigen Glaubens

Was du glaubst, hat Macht! Wenn du ändern kannst, was du glaubst, kannst du dein Leben verändern; du kannst frei werden von Ängsten, Schuldgefühlen und Abhängigkeiten. Darum ist es so wichtig, das Richtige zu glauben. Pastor und Bestsellerautor Joseph Prince stellt sieben täglich anwendbare biblische Prinzipien vor, die dir zum Sieg verhelfen.

393 Seiten, gebunden, ISBN 978-3-943597-80-6
Auch als E-Book erhältlich.

Die Kraft des richtigen Glaubens
Hörbuch

Gelesen von Philipp Schepmann
626 Min. – ungekürzte Lesung

1 MP3-CD: 978-3-95933-092-3
9 Audio-CDs: ISBN 978-3-95933-093-0
Auch als Download erhältlich.

Joseph Prince

Zur Herrschaft bestimmt

Menschen sind zu einem erfüllten und siegreichen Leben berufen. Gott hat dafür alles vollbracht. Pastor Joseph Prince, der weltweit das Evangelium der Gnade verkündet, zeigt, wie wir Krankheiten, finanziellen Notlagen, zerbrochenen Beziehungen und zerstörerischen Gewohnheiten mit Zuversicht und Autorität entgegentreten können.

348 Seiten, gebunden, ISBN 978-3-943597-70-7
Auch als E-Book erhältlich.

Zur Herrschaft bestimmt
Hörbuch

Gelesen von Philipp Schepmann
600 Min. – ungekürzte Lesung

1 MP3-CD: ISBN 978-3-943597-73-8
8 Audio-CDs: ISBN 978-3-943597-72-1
Auch als Download erhältlich.

Joseph Prince
Unverdiente Gunst

Gott will, dass du in jedem Bereich deines Lebens erfolgreich bist. Seine Gnade bzw. unverdiente Gunst öffnet dir Türen und bringt dich voran. Dieses Buch zeigt dir, wie alle deine Begegnungen und Vorhaben gesegnet und ein voller Erfolg sein können. Es erklärt, wie du durch Gottes Liebe ein Überwinderleben führen kannst.

395 Seiten, gebunden, ISBN 978-3-943597-75-2
Auch als E-Book erhältlich.

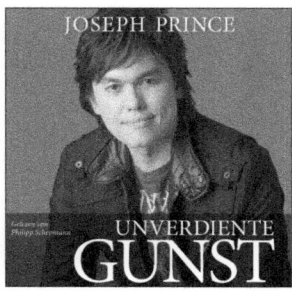

Unverdiente Gunst
Hörbuch

Gelesen von Philipp Schepmann
665 Min. – ungekürzte Lesung

1 MP3-CD: ISBN 978-3-943597-77-6
Auch als Download erhältlich.

Tullian Tchividjian
Jesus + Nichts = Alles

Jesus allein ist genug – das ist die Kernbotschaft des christlichen Glaubens. Doch oft vergessen wir das, mühen uns ab und scheitern. In diesem Buch erklärt der Autor, dass wir ein umfassendes und alltagsrelevantes Verständnis von Jesus und seinem vollbrachten Werk brauchen. Das wird uns frei machen und in stürmischen Zeiten fest verankert halten.

249 Seiten, Paperback, ISBN 978-3-95933-058-9
Auch als E-Book erhältlich.

Brian Houston

Es gibt mehr

In *Es gibt mehr* zeigt Brian Houston, dass du dein „Mehr" nur findest, indem du mehr über Gottes Plan für dein Leben entdeckst. Brians eigene Geschichte zeigt, wie du Gottes zielgerichtete Träume für dich ausleben kannst. Für dich stehen mehr Gnade und Gunst bereit, als du dir vorstellen kannst. Gott will mehr für dich. Warum mit weniger zufrieden sein?

271 Seiten, gebunden, ISBN 978-3-95933-082-4
Auch als E-Book erhältlich.

Weitere Bücher über das Evangelium
der Gnade und Lese- bzw. Hörproben
findest du auf **gracetoday.de**
bzw. auf **youtube.com/gracetoday**.